August Fournier

Handel und Verkehr in Ungarn und Polen um die Mitte des 18. Jahrhunderts

August Fournier

Handel und Verkehr in Ungarn und Polen um die Mitte des 18. Jahrhunderts

ISBN/EAN: 9783743328471

Hergestellt in Europa, USA, Kanada, Australien, Japan

Cover: Foto ©ninafisch / pixelio.de

Manufactured and distributed by brebook publishing software
(www.brebook.com)

August Fournier

Handel und Verkehr in Ungarn und Polen um die Mitte des 18. Jahrhunderts

HANDEL UND VERKEHR

IN

UNGARN UND POLEN

UM DIE MITTE DES 18. JAHRHUNDERTS.

EIN BEITRAG

ZUR

GESCHICHTE DER ÖSTERREICHISCHEN COMMERZIALPOLITIK

VON

Dʳ· AUGUST FOURNIER,

PROFESSOR AN DER K. K. DEUTSCHEN UNIVERSITÄT PRAG.

WIEN, 1887.

IN COMMISSION BEI CARL GEROLD'S SOHN

BUCHHÄNDLER DER KAIS. AKADEMIE DER WISSENSCHAFTEN.

Vorwort.

Im Archive des k. k. Ministeriums des Innern fand ich zur Zeit, als ich noch die Geschäfte desselben leitete, zwei Manuscripte, welche Handelssachen enthielten, zwei Foliobände, die seltsamer Weise mit Acten der ehemaligen Polizeihofstelle dahin gelangt waren. Der eine stärkere Band trug die Aufschrift:

,Relation über die unterm 19ten Maji des 1755ten Jahrs von Brünn angetrettene, durch Hungarn, Sirmien, das Temesvárer Bannat, Siebenbürgen, Böhmisch-Schlesien, Pohlen, dann die berühmte Handelsstädte Danzig, sofort durch Pommern über Wiszmar, Rostock, Lübeck, Hamburg, Lüneburg, Braunschweig, Leipzig, wie auch andere beträglichere Örter des Churfürstenthums Sachsen, endlich mit Besuchung ein- so anderer Böhmischen Fabriquen den 6. Jenner des lauffenden 1756ten Jahrs vollendete hoch-verordnete Commercial-Reise. Mit Allegatis a n⁰ 1 bis n⁰ 151 instruiret, dann ein so anderen hieraus gezogenen unvorgreiflichen Reflexionen begleitet. Erste Abtheilung: Von Hungarn anfangend bis inclusive Danzig.'

Der zweite Band nannte sich:

,Reflexionen über die beschriebene Commercial-Reise durch Hungarn, Slavonien, Syrmien etc. sammt angehängten verschiedenen unmassgebigen Vorschlägen.'

Wie sich aus den ,Reflexionen' ergab, waren die Berichterstatter Graf Carl Otto von Haugwitz, der einzige Sohn des dirigirenden Staatsministers, und der Inspector des Brünner Manufacturamtes Ludwig Ferdinand Procop, die im Auftrage des Wiener General-Commerzdirectoriums die Reise unternommen hatten, um dem damals aus eigener Kraft emporstrebenden Handel Oesterreichs neue Wege zu bahnen. Von den vier Bänden der Relation, die sie erstatteten, ist nur der

1*

vorgenannte erste erhalten. Nach den drei übrigen waren die
Nachforschungen vergeblich. Gerade aber jener erste Band
ist von Wichtigkeit, weil er über Handel und Verkehr in
Ländern Aufschluss gibt, über deren commerzielle Verhältnisse
zu jener Zeit wir nur ganz obenhin unterrichtet sind, und zwar
mit einer bis auf Namen und Geltung der einzelnen Firmen
eingehenden Gründlichkeit.

Es war ursprünglich meine Absicht, den werthvollen Bericht mit anderen Resultaten archivalischer Forschung einer
umfassenderen Darstellung zu Grunde zu legen. Da aber diese
Absicht durch anderweitige Entwürfe fürs Erste in den Hinter-
grund gedrängt wurde, entschloss ich mich, meinen Fund den
Gelehrten und allen Denen, die sich für die Geschichte dieses
Culturgebietes interessiren, nicht länger vorzuenthalten. Er
wird hiermit dargeboten. Ich hätte mich dabei gerne darauf
beschränkt, die Berichterstatter allein das Wort führen zu lassen,
wenn nur erst die Grundzüge einer Geschichte der österreichischen Handelspolitik feststünden. Aber es will scheinen, als ob
bei der bisherigen Behandlung der österreichischen Geschichte
den Actionen des Staates weitaus mehr Aufmerksamkeit und
Eifer zu Theil geworden wäre als den Kräften, mit denen der
Staat agirt, während doch ein giltiges historisches Urtheil nur
dann möglich ist, wenn Action und Organisation im Zusammenhange gewürdigt werden. Thatsache ist, dass wir heute —
von einzelnen Monographien abgesehen — noch keine Geschichte
der österreichischen Verwaltung im Allgemeinen oder Besonderen, keine Geschichte des öffentlichen Aemterwesens, der
Finanzen, der Zollpolitik u. dgl. m. besitzen. Ich musste mich
daher entschliessen, der österreichischen Commerzialpolitik in
den Jahren wirthschaftlichen Aufschwunges vor dem sieben-
jährigen Kriege ein besonderes Studium zu widmen, um, wenn
auch nur in der Form einer Skizze, die Umstände zu kenn-
zeichnen, unter denen es zu jener amtlichen Handlungsreise kam,
und die Gesichtspunkte darzuthun, von denen aus der Bericht
darüber wissenschaftlich zu erfassen sein dürfte.

Die Quellen — archivalische und literarische — die mir
dabei dienten, habe ich an den betreffenden Stellen ange-

führt. Wer, wie ich wünschen möchte, später einmal dem
Gegenstande noch eingehendere Betrachtung und ausführlichere
Darstellung widmet, als es hier meine Absicht sein konnte, wird
noch manches Andere, insbesondere die nach einer übergrossen
Anzahl von Schlagwörtern zerpflückten Commerzialacten des
Hofkammerarchives (von 1749 ab) und, wofern ich richtig ver-
muthe, die Bestände des kaiserlichen Cabinetsarchivs zu be-
rücksichtigen haben. Nur über einen der benützten handschrift-
lichen Behelfe sei mir ein beiläufiges Wort gestattet: über die
von dem preussischen Bevollmächtigten Baron Fürst, der von
1753 bis 1755 in Wien weilte, herrührenden ‚Lettres sur Vienne‘.
Dieselben wurden von dem feinsinnigen, scharf beobachtenden
und treu berichtenden Verfasser als ein zusammenhängendes
Werk noch im Jahre 1755 — unabhängig von seinen geschäftlichen Depeschen — niedergeschrieben, haben dann Friedrich
Nicolai vorgelegen, der daraus in seiner bekannten Reise-
beschreibung fünf der Briefe (unvollständig) veröffentlichte,
und sind endlich von Ranke in seinem Aufsatze ‚Maria Theresia, ihr Staat und ihr Hof‘ theils wörtlich, theils dem
Sinne nach aus einer von Nicolai gefertigten Abschrift ins
Deutsche übertragen worden. Es war mir auffallend, dass
weder bei Ranke noch bei Nicolai ein Capitel über den Handel
und das Fabrikswesen Oesterreichs vorkam, wo doch gerade
auf diesen Gebieten in jener Zeit eine lebhafte Bewegung
herrschte und wo doch Fürst selbst in einer Handelsmission
nach Wien gekommen war. Ich erbat mir von der Leitung
der königlichen Bibliothek zu Berlin, in deren Besitz jüngst
die Nicolai'sche Abschrift der ‚Lettres‘ mit anderen in den
Jahren des Wiener Aufenthaltes von Fürst gesammelten Papieren übergegangen war, diese Manuscripte zur Benützung,
was mit rühmenswerther Bereitwilligkeit gewährt wurde, und
fand nun Folgendes: Nicolai hatte — das lehrte eine Ver-
gleichung mit einer der Copie voranstehenden Table des ma-
tières der Fürst'schen Briefe — nur einen Theil der ‚Lettres
sur Vienne‘ abgeschrieben, und nur dieses Bruchstück hatte
Ranke benützt. Ein Rest von achtzehn Briefen ist wohl
mit dem Originalmanuscripte verloren und darunter auch der

siebenunddreissigste: ‚Des manufactures et du commerce‘, welcher in der ursprünglichen Handschrift die Seiten 441 bis 461
eingenommen hatte.[1] Bei der erprobten Glaubwürdigkeit und
Zuverlässigkeit Fürst’s, bei seiner Vertrautheit mit Allem, was
Handel und Gewerbe anging, ist der Verlust gerade dieser
Aufzeichnung sehr zu beklagen; denn was die uns erhaltene
fünfbändige Sammlung seiner sonstigen Papiere an Ersatz bietet,
ist nur wenig. Gut, dass in jüngster Zeit — durch Fechner,
‚Die handelspolitischen Beziehungen Preussens und Oesterreichs
von 1741 bis 1806‘ (Berlin 1886) — in den Inhalt der geschäftlichen Depeschen des Abgesandten ein Einblick eröffnet
wurde.

In einem Nachtrage habe ich aus dem Bande der ‚Reflexionen‘ mitgetheilt, was darin über einzelne böhmische Fabriken gesagt ist. Dem zur Seite stelle ich einen anderen
gleichzeitigen Bericht über die fünf Industriekreise Böhmens
im Jahre 1756, der manches interessante Detail zur Geschichte
des Emporkommens der erbländischen Gewerbethätigkeit in
der ersten Regierungszeit der grossen Kaiserin enthält. Derselbe
ist heute Eigenthum des Prager ‚Vereines für Geschichte der
Deutschen in Böhmen‘, dessen Leitung mir das Manuscript
freundlichst zur Verfügung stellte. Ihr, wie Allen, die mich
mit Material zu unterstützen die Güte hatten, gebührt mein
besonderer Dank.

Prag, im December 1886. A. F.

---

[1] Die von Nicolai nicht copirten Briefe hatten folgende Titel: XXVIII. De
l'état des dépenses en général; XXX. De la Cour; XXXI. De la caisse
des Legations; XXXII. Des pensions des dicastères; XXXIII. Des pensions extraordinaires; XXXIV. Des dépenses extraordinaires; XXXV. De
la chasse; XXXVI. Des spectacles; XXXVII. Des manufactures et du
commerce; XXXVIII. Des académies; XXXIX. Des dettes; XL. De la
justice; XLI. De la police; XLII. Des mœurs et du caractère de la
nation; XLIII. Des maisons de plaisance et bains; XLIV. De Vienne et
de ce qu'il y a à voir de remarquable à Vienne; XLV. Des pays de la
domination autrichienne en général; XLVI. De la famille impériale;
XLVII. D'autres états. Die 47 Briefe vertheilten sich auf 557 Seiten
des Manuscriptes.

Inhalt.

	Seite
Vorwort	319

I. Zehn Jahre österreichischer Handelspolitik (1746 bis 1755). . . . . 325—372

   1. Die Theresianische Staatsreform und die Gründung des General-Commerzdirectoriums 325

   2. Zustände und Probleme 333

   3. Hebung und Schutz der erbländischen Industrie 342

   4. Verkehrswege und Handlungsreisen. Ergebnisse: a) Ungarn, b) Polen 353

II. Die Haugwitz-Procop'sche Relation (1756) . . . 373—465

   Oedenburg. Pressburg. Raab. Komorn. Stuhlweissenburg. Ofen. Pest. Essegg. Semlin. Peterwardein. Temesvár. Hermannstadt. Kronstadt. Schässburg. Elisabethstadt. Mediás. Karlsburg. Klausenburg. Számos-Ujvár. Debreczin. Tokay. Kaschau. Eperies. Leutschau. Neusohl. Schemnitz. Kremnitz. Sillein. Teschen. Skotschau. Bielitz. Biala. Krakau. Malogosz. Konskie. Warschau. Thorn. Danzig

III. Anhang: Zwei zeitgenössische Berichte über den Stand der böhmischen Industrie im Jahre 1756. 466—481

   a) Relation Ludwig von Loscani's 466

   b) Aus den Haugwitz-Procop'schen ‚Reflexionen' 480

I.

Zehn Jahre österreichischer Handelspolitik.
1746—1755.

1. Die Theresianische Staatsreform und die Gründung des General-Commerzdirectoriums.

Unter der Herrschaft der letzten Habsburger, insbesondere
Josef I. und Karl VI., sind in Oesterreich die ersten Versuche
gemacht worden, aus dem feudalen Wesen heraus in die Bahn
des modernen Staates mit geeinter Regierungsgewalt und ge-
ordneter und unabhängiger Wirthschaft einzulenken. Das war
jedoch nur unbeholfenes Tasten ohne Nachhalt gewesen, und
erst von Maria Theresia wurde der entscheidende Schritt gewagt, zu dem, wie sie selbst sagt, keiner ihrer Vorfahren den
Muth besessen hatte.[1] Die Erfahrungen, welche sie in fünf

---

[1] ,... ein so grosses als beschwerliches Werck zu unternehmen, so Keiner
Meiner Vorfahren anzugreiffen sich getrauet hatte.' Zwei Denkschriften
der Kaiserin Maria Theresia. Herausgegeben von A. v. Arneth im
Archiv f. österr. Geschichte XLVII, 352. Ich möchte die Abfassung der
einen dieser Denkschriften — derselben, aus welcher der citirte Satz
entnommen ist — nicht mit Arneth in den Winter 1756/57, sondern
noch vor den Ausbruch des Krieges setzen. Denn 1. ist von dem letzteren
darin gar nicht die Rede, was auffallen muss, sondern nur von ,derma-
ligen sehr verwirrt aussehenden Weltkünften', von denen gehofft wird,
dass sie ,Etwas clährer sich aushsitteren' (S. 353), und 2. heisst es S. 352:
,In weniger als drei Jahren gehen die mit denen ländern geschlossene
Recess (s. unten) zu Ende'. Nun galten diese Steuerrecesse aber vom 1. November 1748 ab für die Daner von zehn Jahren. (Vgl. die ,Exposition
abrégée du système de gouvernement présent, 1748' bei Pettenegg,
Ludwig und Karl von Zinzendorf, S. 56.) Die Denkschrift muss also
gegen Ende 1755 oder Anfangs 1756 aufgezeichnet worden sein. Auch
das andere, früher verfasste Memoire der Kaiserin scheint mir eher 1750

2

Jahren schwerer Kämpfe um ihr Erbe erworben, namentlich
aber der unglückliche Krieg gegen den Preussenkönig Friedrich II., nöthigten ihr Erwägungen auf, die in die That umgesetzt
zu haben eines ihrer grössten Werke bleibt. Wer die beiden
Memoires liest, welche sie als Begründung der von ihr unter-
nommenen Staatsreform ihren Nachfolgern zur Unterweisung
verfasste, dem offenbart sich der ganze Gedankengang der
jungen Monarchin, ihre allmälig zur Ueberzeugung gediehene
Einsicht in die Unhaltbarkeit der herrschenden Regierungsweise,
ihre Energie und Entschlossenheit, die als nothwendig erkannte
Aenderung durchzuführen. Noch war, was man in Oesterreich
innere Politik nannte, blosse Länderpolitik, nicht Staatspolitik —
die Verwaltung aufgetheilt in eine Mehrheit von Kanzleien für
einzelne Ländergruppen (die böhmische Hofkanzlei für Böhmen,
Mähren und Schlesien, die österreichische für Nieder-, Ober-
und Innerösterreich, die ungarische, die siebenbürgische, ganz
abgesehen von der Sonderadministration Italiens und der Nieder-
lande) — die Vorstände dieser Bureaux sämmtlich den Ständen
jener Länder entnommen, in denselben begütert, von den Mit-
ständen besoldet und beeinflusst, nur für ihre Heimat ohne
Rücksicht auf das allgemeine Wohl bedacht, in stetem Hader
mit den Collegen — die Staatsfinanzen abhängig von der alljährlich nachgesuchten und selten ohne Mäkeln gewährten Hilfe
der Landstände — die Armee ohne feste Staatsbesoldung, schlecht
gerüstet und aus Schonung für dieses oder jenes Land schlecht
dislocirt: in solchen Verhältnissen hatte die junge Königin den
Kampf aufgenommen mit dem Monarchen eines innerlich gefestig-
ten und von einer einzigen Autorität dirigirten Gemeinwesens,
der sein gut geschultes, von ihm allein abhängiges Heer von Sieg
zu Sieg zu führen wusste. Maria Theresia erkannte mit ihrem
durchdringenden Scharfsinn gar bald, dass, was auf den Schlacht-
feldern von Chotusitz und Hohenfriedberg über ihre Truppen
triumphirt hatte, nicht nur das Kriegsgenie des königlichen
Feldherrn war, sondern auch die einheitlich organisirte Kraft
des preussischen Staates, das grossartige Vermächtniss Friedrich

als 1751, gewiss aber noch vor dem ungarischen Reichstag (April bis
August 1751) verfasst zu sein, denn der der kaiserlichen Politik ungünstige Verlauf dieses Reichstags würde die erzürnte Monarchin wohl
abgehalten haben, einzelne den Ungarn besonders freundliche Stellen
(z. B. S. 302) darin aufzunehmen.

Wilhelms I. an seinen Sohn. Es machte ihr den tiefsten Ein-
druck, dass bei Beginn des Kampfes die böhmische Kanzlei
ihr die Unmöglichkeit vorgestellt hatte, auch nur zwei Cavallerie-
regimenter in Böhmen zu verpflegen, während kurz nachher
Friedrich II. dort für seine ganze Armee Brot genug zu finden
wusste.[1] Sie sehnte sich nach unabhängiger Entfaltung ihres
Willens, den sie gerne jeder besseren Einsicht unterzuordnen
bereit war, den sie jedoch nicht gehemmt und eingeschränkt
sehen mochte durch starren Formalismus und particularistische
Tendenzen. Sie beneidete Friedrich, dessen Wink, wie sie sagte,
allsogleich befolgt werde, während bei den ständischen Insti-
tutionen Oesterreichs, wenn überhaupt etwas zu Stande komme,
dies nur mit dem grössten Zeitverlust geschehe. Sie strebte
nach Concentration der Staatsgewalt, nach ‚Universalität‘, nach
‚Uniformität‘ der Geschäfte.

Und sie führte ihr Vorhaben aus, unterstützt gegen die
Wortführer der ständischen Opposition durch den Rath zweier
Männer, deren Heimat nicht innerhalb der Staatsgrenzen lag
und die daher frei von aller landsmannschaftlichen Rücksicht
und Parteinahme dem ‚allgemeinen Wohle‘ dienen konnten: des
Grafen Friedrich Wilhelm von Haugwitz und des Staatssecretärs
Bartenstein. Den Letzteren hatte sie von ihrem Vater über-
kommen: der Erstere trat als neuer Mann in die Geschäfte.
Convertit und der preussischen Herrschaft gegnerisch gesinnt,

---

[1] Zwei Denkschriften etc. 328. Im Memoire von 1750/51 macht Maria
Theresia dem obersten Kanzler für Böhmen, dem Grafen Philipp Kinsky,
den Vorwurf, er habe ‚öffentlich aus praevention für seine Nation, der
er nur allein zu favorisieren sich bemühete, folglich lediglich denen
Ihme anvertrauten Ländern das Wort redete, sich gegen alle übrige
Erblande declarirt, eine Ideale Proportion zwischen denen Böhmisch-
und Oesterreichischen Ländern vorschützend, um Letztere mehr und
Erstere weniger zahlen zu machen.‘ An einer anderen Stelle heisst es,
dass ‚das vormahlige Uebel, so meiner Monarchie zugezogen worden,
haubtsächlich darinnen beruhet, dass jeder Minister und Hofstelle sich
jederzeit begnüget, den Advocatum und Protectorem des ihm anvertrauten Landes abzugeben, hierbey aber das allgemeine Beste und Landes-
fürstliche Interesse öfters lau tractiret worden‘, und an einer dritten:
‚Aus dieser nehmlichen zwischen denen Canzleyen fürgewalteten wenigen
Einigkeit folgte, wie natürlich, die Uneinigkeit unter denen Ländern
selbsten, weilen jede Canzley den auf das Universum fallenden Last
denen ihr anvertrauten Ländern zu erleichtern und selben auf die Anderen
zu schieben suchte‘ (a. a. O., S. 290, 321. 334 f.).

hatte Haugwitz nach der feindlichen Besetzung Schlesiens dieses
Land, wo seine Wiege gestanden, verlassen, seine Güter ver-
schleudert und war nach Oesterreich gegangen, wo er zum
Danke für seine Anhänglichkeit 1742 zum Präsidenten des
Oberamtes in Troppau ernannt wurde. Schon am Breslauer
Amte war er — verschieden von seinen Standesgenossen —
ein selbstthätiger Arbeiter gewesen; jetzt entfaltete er in seiner
neuen Stellung seine ganze Kraft, um die kleine Provinz, die
Oesterreich aus dem Kriegsverluste gerettet hatte, emporzubringen.[1] Er erwirbt durch Kauf und Verkauf der Bielitzer
Gutsherrschaft ein Vermögen und macht sich in Mähren an-
sässig. Schon ist er der Kaiserin bekannt geworden, die, seit-
dem im Jahre 1745 mit den beiden Hauptfeinden, Preussen
und Baiern, Friede geworden war, vor Allem nur noch auf
innere Kräftigung sinnt.[2] Die im Kriege gemachten Erfahrungen belehrten sie über die Nothwendigkeit eines stehenden
Heeres von über 100.000 Mann in guter Ordnung. Ein solches
heischte grössere Opfer, als die Stände der Länder bisher ge-
steuert hatten, und, wenn die Wehrkraft permanent erhalten
werden sollte, diese Opfer durch eine Reihe von Jahren. Da
liefert Haugwitz der Monarchin das Project einer festen Contribution in der Höhe von 14 Millionen Gulden, zu denen die
Stände sich durch besondere Recesse auf zehn Jahre hinaus
verpflichten sollten. Nicht die immerhin bedeutende Rente selbst
war an diesem Projecte das Wesentliche, sondern die ein-
schneidende Neuerung, dass die Landherren nunmehr auf ihr
herkömmliches Recht alljährlicher Steuerbewilligung nach ihrem
jeweiligen Ermessen verzichten sollten, dass die Naturalliefe-

---

[1] Fechner, Die handelspolitischen Beziehungen Preussens zu Oesterreich
(1886) S. 220. Ueber Haugwitz vgl. den guten, theilweise nach Acten
des Wiener Staatsarchivs verfassten Artikel in der Allgem. deutschen
Biographie, ausserdem: Ranke, SS. WW. XXX. 21 und Arneth,
Maria Theresia nach dem Erbfolgekriege, S. 11. Maria Theresia nennt
ihn ‚ehrlich, ohne praedilection und ohne ambition noch Anhang'. Zwei
Denkschriften etc., S. 309.

[2] ‚Und wie gesehen, dass die Hände zu dem Dresdener Frieden (25. De-
cember 1745) reichen musste, so habe auch auf einmahl meine Gedenckens-
Art geändert und solche allein auf das innerliche deren Länder gewendet.'
Zwei Denkschriften etc., S. 306. An einer anderen Stelle sagt sie,
dass sie schon 1746 angefangen habe, ‚das Werk in Bewegung zu bringen'.
Ebenda S. 338.

rungen für das Heer und damit die ständische Ingerenz auf
militärische Dinge aufhörten, und dass ein gleichmässiger Be-
steuerungsmodus jede Abgabenfreiheit, die bisher noch gegolten
hatte, beseitigen sollte.[1] Der Plan wurde von der Kaiserin mit
Eifer ergriffen und mit zäher Energie, jedem Widerspruche zum
Trotz, ins Werk gerichtet.[2] Wo die Stände sich zur Zustimmung
nicht bereit finden liessen, setzte sie ihren Willen ‚jure regio‘
durch.[3] Das war ein entscheidendes Wort, und im Leben des
österreichischen Staates war einer der wichtigsten Momente
gekommen. Maria Theresia ist sich der Bedeutung ihres Ent-
schlusses auch voll bewusst. Es drängt sie, davon besonders
Rechenschaft zu geben und ihren Nachkommen zu beweisen,
dass sie nicht anders handeln konnte. Sie, die sich gerne ‚un
naturel de l'autre siècle‘ zuerkannte, welches sie von den grund-
sätzlichen Fortschrittsleuten trennte, hatte hier eine That gewagt
und zu Ende gebracht, die anderwärts nur unter den grössten
staatlichen und socialen Erschütterungen unternommen wurde.
‚Ich verlange weder selbsten — so schreibt sie — noch meinen
Nachfolgern einzurathen, die Stände in nützlichen und wohl-
erworbenen Privilegiis zu kräncken, anerwogen das Aufnehmen
meiner Länder mir über die massen am Herzen liegt und also
zwar, das nicht oft genug repetiren kann, dass wann ihre Privilegien so klar gefunden hätte, oder sie die Administration
justizmässiger als ich oder der Landesfürst geführet hätten,

---

[1] Der preussische Gesandte Podewils wollte wissen, das neue Steuerproject
rühre von Kaiser Franz I. selbst her, der es schon unter Karl VI. in
Vorschlag gebracht habe; Haugwitz sei nur Strohmann gewesen. Vgl.
Fechner a. a. O., S. 233, Anm. 3.

[2] ‚Nichts desto weniger lasse mich nichts abhalten, auch darinnen meinen
Zweck zu erreichen, folgbar denenselben (den Ständen) in domesticali
zum Nutzen des armen Contribuenten engere Schrancken zu setzen,
beynebenst auch die noch mehr als anderwärts dahier erforderliche Recti-
fication und Beyziehung derer zeithero frey gebliebenen Gründen zu betreiben und in billige Mass-Regeln einzuleiten.‘ Zwei Denkschriften
etc., S. 317. Aus einem Briefe an Philipp Kinsky († 1749) geht hervor, dass Maria Theresia in jenen Jahren auch schon an Aufhebung der
Leibeigenschaft dachte! Vgl. Folkmann, Die gefürstete Linie der Kinsky,
S. 58 f.

[3] ‚In Kärnthen ware nichts zu thun, und ich sahe mich bemüssigt, weilen
die Stände in keine raisonable Ideen einzuleiten waren, Jure Regio die
Praestanda zu collectiren.‘ Zwei Denkschriften etc. S. 315.

ich nicht allein keinen Anstand genommen hätte, meine Autorität völlig selbst zu unterwerfen und zu überlassen, sondern
eher meinen Nachkömmlingen selbe diminuiret und benommen
oder eingeschräncket hätte, weilen der Länder Wohl und Gutes
allzeit meinem particulari, famigle und Kindern vorgezogen
haben würde. Allein übel hergebrachte und durch Connivenz
des Ministerii eingewurzelte Missbräuche können weder mir
noch meinen Nachfolgern, am allerwenigsten aber dem gemeinen
Wesen zu einem unverwündlichen Nachtheil gereichen.'[1]

Der Einschränkung ständischer Vorrechte gingen andere
Reformen zur Seite. Haugwitz, der nun das volle Vertrauen
seiner Herrin besass, wurde zum Präses einer ‚Hofdeputation
zur Organisirung der Central-Hofstellen‘ ernannt und arbeitete
einen Entwurf zur Zusammenfassung der getrennten Admini-
strationen zunächst der böhmischen und österreichischen Erbländer, in eine Central-Staatsverwaltung, ein ‚Directorium in publicis et cameralibus‘ aus, dem auch die Finanzgeschäfte der betreffenden Provinzen übertragen, die Justizangelegenheiten derselben jedoch einer besonderen Centralbehörde, der ‚Obersten
Justizstelle‘ zugewiesen werden sollten. Auch dieses Project
gewann Leben (1748), und damit war der erste Grund gelegt
zu einer einheitlichen Staatsadministration. Haugwitz wurde
Präsident des neuen ‚Directoriums‘ und somit dirigirender Minister.[2] Was Friedrich Wilhelm I. im Jahre 1723 mit der
Schöpfung des ‚Generaldirectoriums‘ für Preussen erstrebt und
erreicht hatte, d. i. einen wirksamen Ausdruck der Staatsgesammt-
heit, das erlangte Maria Theresia mit dem ‚Directorium in publicis
et cameralibus‘, und wenn auch diese erste grosse Central-Ver-
waltungsbehörde Oesterreichs noch nicht das ganze weite Staats-
gebiet umfasste — die ungarischen, italienischen, niederlän-
dischen Territorien waren darin nicht begriffen — wenn sie auch
Mängel und Fehler aufwies, welche dieselbe nach einer Reihe
von Jahren aufzuheben nöthigten, so hatte dieser Zeitraum
doch hingereicht, die Idee der einheitlichen Regierung einzu-
bürgern und sie dem Höchsten wie dem Letzten geläufig zu

---

¹ Zwei Denkschriften etc., S. 316.

² Siehe die angeführten Werke von Arneth und Ranke a. a. O. insbesondere aber die ‚Exposition abrégée du systéme de gouvernement présent
(1748) bei Pottenegg, Zinzendorf, S. 56 f.

machen. Zum alten Systeme ständischer Mitregierung ist man
nicht wieder zurückgekehrt.[1]

Die neue Steuer war eine gewichtige Mehrbelastung der
Länder, die der langjährige Krieg ohnehin tief ins Mitleid
gezogen hatte.[2] Man ist nicht überrascht, zu hören, dass die
Bevölkerungen unmuthig wurden und ihrem Unmuth hie und
da durch die That Ausdruck gaben, dass es in Niederösterreich und Tirol zu förmlichen Aufständen gegen die kaiserlichen
Behörden kam. Es leuchtete ein, dass mit der Erhöhung der
Contribution die Aufgabe der Regierung nicht erfüllt sein konnte,
sondern dass vielmehr Alles darauf ankam, den Druck der
öffentlichen Lasten durch Hebung des Wohlstandes zu mildern,
die materiellen Kräfte der Unterthanen zu stärken und dieselben
zu Opfern für den Staatszweck fähiger und williger zu machen.
Nach der herrschenden Ueberzeugung der Zeit lag die Möglichkeit hiezu vor Allem in der grösseren Rücksicht auf Handel
und Gewerbe. Schon zu Ende des Jahres 1743 hatte die
Königin an den obersten Hofkanzler Graf Ulfeld einen bezüg-
lichen Auftrag ergehen lassen. ‚Ich sehe je länger je mehrers
— schrieb sie — dass in denen Ländern keine genugsambe
sorg auff Commercien und Manufacturen angeordnet werde,
wo doch dise das alleinige Mittel seynd umb denen Ländern
aufzuhelffen und frembdes gelt in selbe zu bringen. Ich will
dahero, dass in allen Ländern die schon geweste Commercien-
Commissiones erneuert werden und kan darmit alhier (d. i. in
Niederösterreich) der Anfang gemacht werden.‘ Sie ordnete die
Zusammensetzung dieser niederösterreichischen Hofcommission
an, an deren Spitze sie den Grafen Kuefstein berief, und trug
derselben auf, ‚Alles was in die Manufacturen und Commercien
einschlaget zu tractiren‘ und ‚hauptsächlich darauf zu sehen,
damit die Künstler geschützet, die manufacturen befördert und
sonderlich das hungarische Commercium wieder herbeygebracht

---

[1] Als die mährischen Stände das Ansuchen stellten, es möchten die Land-
tage bestehen bleiben, resolvirte die Kaiserin, sie finde keinen Anstand,
‚pro formalitate‘ dieselben beizubehalten, ‚jedoch mit der bedingnus, dass
was jetztund festgesetzt nicht einmahl mehr in Question zu ziehen
wäre‘. Arneth, Maria Theresia nach dem Erbfolgekriege, S. 510.

[2] Ueber die Kriegssteuern vgl. Arneth, Maria Theresia nach dem Erbfolgekriege, S. 62 f.

werde, worzu alle Dicasterien die Assistenz mit Nachdruck
ertheilen sollen.'[1]

Aber ehe diese Anordnung zur Wirkung gelangen konnte,
hatte der Krieg durch das erneute Eingreifen Preussens eine
ernstere Wendung genommen, und an innere Wohlfahrt war,
bevor der Friede von 1745 den Nachbar beruhigte, nicht zu
denken. Erst dann, im Jahre 1746, als Maria Theresia fürs
Erste ihren Blick resignirt von Schlesien ab- und ihren Erbländern zuwandte, konnte wieder davon die Rede sein. Jetzt
aber stellte sich die Aufgabe anders: jetzt zog die centralisirende
Reformtendenz auch Handel und Gewerbe in ihre Kreise. Bisher war die staatliche Fürsorge für die materielle Cultur auf
dem particularistischen Standpunkte stehen geblieben, und auch
das Decret vom December 1743 hatte nur eine Behörde für
einzelne Provinzen geschaffen. Jetzt dagegen trat auch hier
eine höhere ‚universale‘ Auffassung zu Tage, wie in dem ganzen
Verwaltungswesen: die Landesökonomie wurde zur Staatsökonomie. Den ersten Schritt hiezu gewahren wir in einem Hand-
billet Maria Theresias vom 6. April 1746 an den Grafen Philipp
Kinsky, den Leiter des österreichischen Finanzwesens. Darin
tritt die Absicht zu Tage, ein ‚Universal-Commerzdirectorium‘
als Central-Staatsbehörde in allen Handelssachen ins Leben zu
rufen.[2] Die in den Ländern bestehenden Commerzcollegien
sollten nicht aufgehoben werden, sie hatten nach wie vor an
die betreffenden Hofkanzleien — die ja erst im Jahre 1748
verschmolzen wurden — ihre Berichte zu erstatten; diese
Berichte aber sollten von den Kanzleien an das Commerzdirectorium zur weiteren geschäftlichen Behandlung abgetreten

[1] Archiv d. Minist. d. Innern V. G. 1. Commerz-Behörden. Nied.-Oest.
21 ex 1743. Auf Kufstein's Vorschlag wurde die Wirksamkeit dieser
Commission am 16. December 1743 auch auf InnerÖsterreich ausgedehnt.
[2] ‚... dass zu Einführ- und Feststellung eines Universal-Commercii
in meinen gesammten Erblanden ein ganz besonderes von Mir un-
mittelbahr dependirendes Directorium stabiliret werde, welches, gleichwie
bisshero die das Commercium respicirende Materien sparsim bey allen
Hof- und Land-Mitteln sehr different tractiret worden und dahero nie-
mahlen der rechte End-Zweck, ein Universal-Commercium einzuführen,
erreichet, noch ein dahin abzielendes einförmiges Systema gefasset werden
mögen, führohin universaliter alle in diese sphaeram einlauffende Materien conjunctim und allein tractiren solle.' Archiv d. Minist. d. Innern
V. G. 1. Böhmen.

werden.[1] Auch durften von nun ab die Hofkanzler ‚wegen des
allgemeinen Zusammenhangs im Handels- oder Fabrikswesen‘
keine selbstständige Entscheidung treffen, ohne das Gutachten
des Commerzdirectoriums erbeten zu haben. Das Letztere
wurde dem Präsidium Kinsky's als Präsidenten der Ministerial-
Banco-Deputation unterstellt und aus Beamten der höchsten
Verwaltungsbehörden zusammengesetzt: von der böhmischen
Hofkanzlei wurde Hofrath Kannegiesser, von der österreichischen Doblhoff, von der ungarischen Fekete, von der Hofkammer
Schwandner zugezogen. Was den Wirkungskreis betraf, so ward
derselbe in sechs Hauptpunkten festgesetzt: es galt die Reform
des Zollwesens, die besondere Fürsorge für die Industrie und
‚ein nützlich einzuleitendes Baratto‘ (Austauschhandel), die Schiff-
barmachung der Flüsse, Anlegung von Commercialstrassen, Ver-
besserungen im Küstenlande, endlich ‚wird bei dem General-
Commercien-Directorio über den Zusammenhang des Erbländischen Commercii mit frembden Nationen und die darbey sich
ereignende Anstände oder Vortheile zu berathschlagen sein‘.
Fremde Geschäftsträger waren in allen Handels- und Zollange-
legenheiten an die neue Behörde gewiesen.

2. Zustände und Probleme.

Ueber die Wirksamkeit des Commerzdirectoriums in den
ersten beiden Jahren seines Bestehens sind wir nur überaus
spärlich unterrichtet. Was in den Sitzungen desselben verhandelt und festgestellt wurde, ist uns nicht bekannt.[2] Die Staatsreform, an welcher in den Jahren 1746 bis 1748 gearbeitet
wurde, mag, ebenso wie der Fortgang des Krieges bis zum
Aachener Frieden, eine grössere amtliche Thätigkeit in Sachen

---

[1] ‚Alle von diesen Commerz-Collegiis oder auch sonsten von anderwerths
her einlauffende Relationes, Bericht und Anbringen aber sollen sodann
wegen Zusammenhanges gesamter Länder und einzuführen
intendirenden Universal-Comercii von denen Hof-Räthen in
das unter Euch angestellte Directorium mitgebracht, daselbst vorgetragen,
darüber deliberirt, pro re nata entweder ein Schluss gefasst oder aber
die Sach mir referiret und meine Resolution erwartet werden.‘ Ebenda.

[2] Im Archive des Ministeriums des Innern findet sich so gut wie nichts
hierüber. Die Commercialacten im Hofkammerarchiv datiren erst seit 1749.
Vielleicht dürfte Eines und Anderes unter den Beständen des bisher allzu
sorgsam gehüteten Cabinetsarchivs zu finden sein.

des Handels und des Verkehrs gehindert haben. Dazu kam,
dass Kinsky, dessen Ehrgeiz Haugwitz' Uebergewicht in Finanz-
sachen nicht ertragen konnte, sich gegen dasselbe auflehnte, darüber in Ungnade fiel, sich endlich von den Staatsgeschäften ganz
zurückzog und im Jahre 1749 starb. Den Vorsitz bei den Be-
rathungen der Commerzbehörde hatte er Kannegiesser überlassen.[1]
An seine Stelle als Präsident der Hofkammer und des Handelsdirectoriums trat Graf Rudolph von Chotek, ‚einer der geschicktesten Minister‘, wie ihn Fürst nennt.[2] Nicht minder eifer-
süchtig als Kinsky auf Haugwitz, war er doch in Sachen der
Staatsreform und in den Tendenzen der Handelspolitik mit
demselben eines Sinnes, so dass man nicht mit Unrecht be-
hauptet hat, der Director in publicis et cameralibus habe auch
in Commerzangelegenheiten die Richtung angegeben.[3] Erst
jetzt, nachdem der Friede geschlossen und am 10. März 1749
das Commerzdirectorium mit dem Directorium in publicis et
cammeralibus vereinigt worden war,[4] begann der grosse industrielle und commercielle Aufschwung, den wir Oesterreich
nehmen sehen. Ihn zu würdigen, bedarf es eines Umblicks
über die materiellen Zustände des Staates, wie sie sich nach
dem Erbfolgekriege darstellen, und einer Betrachtung der Aufgaben, die sich aus denselben für diejenigen ergaben, die zu
Besserung und Förderung auf dem Gebiete der materiellen
Cultur berufen waren.

Hier ist eine Thatsache vor allen anderen von Wichtigkeit. Oesterreich war aus dem Kampfe um seine unabhängige
Existenz im Staatenconcert von Europa nicht ohne fühlbaren

---

[1] Fechner a. a. O., S. 41.

[2] Ranke, SS. WW. XXX., 35.

[3] Fechner a. a. O., S. 220.

[4] Erlass an alle Länderstellen vom 10. März 1749; Archiv d. Minist. d.
Innern. In der Denkschrift von 1750/51 heisst es: ‚Pro Commerciali habe
zwar ein eigenes Directorium, dependent vom Directorio in publicis et
cameralibus bestellet, allein dieses besteht meistens aus Räthen, so aus
dem Directorio in publicis et cameralibus gezogen werden und ist auch
solches dahin angewiesen, jene Materien, so in das Publicum einschlagen,
mit dem Directorio in publicis et cameralibus auf das genaueste zu con-
certiren, zu dem Ende auch der Praeses gedachten Commercien-Direc-
torii einer wöchentlichen Session des Directorii in publicis et cameralibus beywohnet, nicht minder von mir zu der Conferenz in internis
zugezogen wird.‘ Zwei Denkschriften etc., S. 323.

Verlust hervorgegangen: seine blühendste, activste Provinz,
Schlesien, war fast gänzlich dem siegreichen Gegner zugefallen.
Den Gedanken, dieselbe wiederzuerlangen, hat Maria Theresia
wohl ihr lebelang nicht fallen lassen, und die Idee einer Recu-
peration sollte sich noch über ihren Tod hinaus und bis ins
neunzehnte Jahrhundert in der auswärtigen Politik des Wiener
Cabinetes behaupten. In der inneren Verwaltung aber musste
man nach 1745 von ihr absehen, und auch die Kaiserin hat,
wie erwähnt, fürs Erste ihre ‚Gedenkens-Art geändert‘.[1] Man
musste sich damit vertraut machen, dass ein Land, welches unter
den Habsburgern zu einer hohen Bedeutung für den Welthandel
gediehen war, dessen lebhafte Manufacturenindustrie seinen
Erzeugnissen Absatzwege bis über dem Ocean verschaffte,
dessen Mittellage zwischen der hochentwickelten Kunstproduction
des europäischen Westens und der Naturproduction des Ostens
ihm reichen Erlös vom Stapelhandel und Baratto einbrachte,
dass dieses wichtige Gebiet vom ‚Inland‘ ins ‚Ausland‘ gewandert
war. In dem bisherigen Zusammenhange mit den übrigen
Ländern Oesterreichs (die nach den einzelnen Gruppen der
böhmischen, österreichischen, ungarischen u. A. besondere
Zollgebiete bildeten) hatte Schlesien gleichsam die Rolle des
Fabrikanten und Grosshändlers gespielt. Aus Böhmen hatte es
Garne und geringere Leinwand bezogen, um die ersteren auf
seinen Stühlen zu verweben, die letztere, da die eigene Production nicht die Bedürfnisse des Exports deckte, mit eigenen
Fabrikaten in die Ferne zu senden; aus Böhmen und Mähren
war grobe Wolle ins Land gekommen, um für Tücher geringerer
Sorte verwendet zu werden, die dann mit der besseren heimischen Waare zugleich nach Aussen wanderten; aus Steiermark
waren Sensen und Sicheln, aus Böhmen Glas, aus Oesterreich
Eisen, Zinn und Leder, aus Ungarn Wein, Kupfer und Salz
herbeigebracht worden, nicht sowohl um dem schlesischen Bedarf
zu genügen, sondern um als Artikel des Baratthandels mit
dem polnischen, russischen, walachischen Osten zu dienen.[2]
Schlesien hinwieder hatte die übrigen österreichischen Länder

---

[1] Siehe oben S. 328, Anm. 2.

[2] Fechner, Der Zustand des schlesischen Handels vor der Besitzergreifung
  des Landes durch Friedrich den Grossen, in den ‚Jahrbüchern für Nationalökonomie und Statistik‘, Neue Folge, X., 232 ff. Vgl. auch: Grün-
  hagen, Geschichte des ersten schlesischen Krieges, II., 319 f.

mit feineren Webewaaren und sonstigen Industriegegenständen,
die dort nur in geringer Menge und Qualität gefertigt wurden,
mit Colonialwaaren und Gewürzen, die aus Hamburg den Weg
nach Breslau nahmen, versorgt. Das Ergebniss war, dass
Schlesien, als Fabrikant sowohl wie als Spediteur, mit den
übrigen Provinzen der habsburgischen Krone ein vortreffliches
Geschäft gemacht hatte, wogegen diese in einem Zustande
commercieller Abhängigkeit und industrieller Unselbstständigkeit
verblieben waren, der nicht fühlbar wurde, so lange Schlesien
noch mit Böhmen und Mähren zu einem Zollgebiete gehörte und
die von dem Handel mit den anderen inländischen Territorien
erhobenen Gebühren ein Geringfügiges betrugen, der aber nach·
der Abtretung Schlesiens drückend werden musste. Jetzt war
der österreichische Markt nicht mehr abhängig von einer inländischen Provinz, sondern vom Auslande, und das Ausland
zog den Gewinn aus der Unselbstständigkeit der österreichischen
Industrie und der Unbeholfenheit des erbländischen Handels.
Blieben jetzt noch die Beziehungen mit Schlesien dieselben
wie bisher, so sanctionirte der österreichische Staat diese
Abhängigkeit und wurde in commercieller Hinsicht dem Nachbar
tributär, der schon im Jahre 1741 in der neuen Provinz die
preussische Accise einzuführen und die Abgaben auf ungarischen
Wein und böhmisches Glas nicht unbedeutend zu erhöhen
begann.[1] Den Breslauer Kaufleuten freilich und der preussischen Regierung konnte nichts erwünschter sein, als wenn Alles
beim Alten blieb und Schlesien seinen jährlichen Handelsgewinn
von ungefähr vier bis fünf Millionen Gulden weiter erhob.
Niemand aber wird es Wunder nehmen, zu hören, dass man am
Wiener Hofe nach commercieller Unabhängigkeit von Preussen
strebte und kein Verlangen zeigte, dem Nachbar, der die Provinz genommen, auch noch deren uneingeschränkte Wohlfahrt

---

[1] Nach dem königlichen Edict vom 31. August 1741 betrug die Accise
für ungarische und österreichische Weine 3 Reichsthaler (ungefähr drei
Gulden mehr, als bisher an Abgaben gezahlt worden war), während Rhein-,
Mosel- und Neckarweine nur 2 Reichsthaler vom Berliner Eimer bezahlten und französisches Gewächs auch nicht viel höher besteuert wurde.
Böhmische Glaswaaren, die ehedem gar keiner Accise unterlagen, waren,
mussten jetzt 18 gute Pfennige vom Reichsthaler zahlen, während branden-
burgisches Fabricat nur 3 Pfennige zu entrichten hatte. Siehe Fechner,
Handelspolit. Beziehungen, S. 11 ff.

mit in den Kauf zu geben. Man hätte damit nur den Staat, dessen Stärke man gefühlt und fürchten gelernt hatte und gegen den man sich gerade jetzt mit dem Aufgebot aller Steuerkraft der Unterthanen militärisch in Stand setzte, auf der anderen Seite materiell unterstützt und gekräftigt. Eine solche Politik wäre widersinnig gewesen, und weder Maria Theresia noch ihre Rathgeber haben sich dieses Widersinnes schuldig gemacht.. Im Berliner Frieden von 1742 wurde zwar vorläufig das alte Verhältniss beibehalten, zugleich aber doch auch schon eine neue Abmachung ins Auge gefasst (,jusqu'à ce qu'on en soit convenu autrement'). Im Dresdener Frieden von 1745 war vom Status quo gar nicht mehr, sondern nur davon die Rede, den Handel wechselseitig ,nach Möglichkeit' (,autant qu'il est possible') zu begünstigen. Im Jahre darauf sagte Kinsky dem preussischen Residenten Gräve, der sich über einige Zolländerungen beklagte und den Status quo von 1739/40 forderte, dass Status quo und wechselseitige Begünstigung durch Friedrich und seine hohe Accise selbst in Frage gestellt worden seien. Als Preussen in den nächsten Jahren noch immer auf seinem Verlangen nach den alten Beziehungen beharrte, erklärte der Minister des Auswärtigen, Graf Ulfeld, dem preussischen Residenten Dewitz endlich, 1751, gerade heraus, dass der Status quo für die öster-reichischen Länder schädlich und nicht zu halten sei. Chotek in seiner Eigenschaft als Präsident des Handelsdirectoriums be-stätigte dies mit dem Hinweise darauf, dass man fremden Unter-thanen doch nicht die gleichen Vortheile wie den eigenen be-willigen könne, da zwischen den Producten und Fabrikaten der beiden Staaten nicht das gleiche Verhältniss herrsche. [1]

---

[1] Fechner (Handelspolit. Beziehungen etc., S. 142 ff., 168 ff.) hat die Bemühungen Preussens um den Status quo und die dilatirende Weige-rung Oesterreichs, darauf einzugehen, so detaillirt dargestellt, dass ich mich hier um so kürzer fassen und auf sein Buch verweisen darf. Nur sein wegwerfendes Urtheil über die Wiener Politik vermag ich nicht zu unterschreiben. Wenn er von ,Schlangenwegen' spricht, auf denen Friedrich II. von den Ministern Maria Theresias ,um sein gutes Recht gebracht' worden sei, von ,diplomatischen Fechterkünsten' derselben, von ,Falschheit, Doppelzüngigkeit, hinterlistiger Feindseligkeit', die er der Kaiserin zur Last legt, und Alles das, weil man österreichischerseits die nachbarliche Forderung des Status quo nicht erfüllte, sondern seine eigenen Wege zu schreiten begann, so ist er arg im Unrecht. Denn wenn die Wiener Minister den preussischen Geschäftsträger, der eine

Dass hier eine Aenderung eintreten müsse, war aber nicht
blos ein Postulat praktischer Politik, sondern auch gleichsam
eine theoretische Forderung. Das System des Mercantilismus,
welches Frankreich reich und Preussen kräftig gemacht hatte,
bestand, wie in aller Welt, auch in Oesterreich zu Geltung und
Ansehen, und der oberste Grundsatz dieses Systems war: die
Unabhängigkeit vom Auslande. In Hornick's Buche ‚Oesterreich
über Alles, wann es nur will‘, dessen Autorität in den habsburgischen Ländern so unbestritten galt, dass es noch 1753,
ja selbst noch 1784 neu aufgelegt wurde, las man die Haupt-
regel der Staatsökonomie: Es sei ‚in keinerley Weiss noch Weg
zu gestatten, dass Güter, deren Art inner Lands zu Genüge
und in erträglicher Güte fällig, von aussen hineingebracht
werden; worinnen mit denen Auswärtigen weder Mitleiden
noch Barmherzigkeit zu tragen, sie seien gleich Freunde, Ver-
wandte, Alliirte oder Feinde. Denn da hat alle Freundschaft
ein Ende, wo solche zu meiner Schwächung und Verderbung
abgesehen. Und solches behält Platz, wanngleich die inländische
Waar schlechter an Güte oder auch höher an Werth sein sollte.
Denn besser wäre — es komme auch einem übel Berichteten
so seltsam vor als es wolle — für eine Waar zwei Thaler
geben, die im Land bleiben, als nur einen, der aber hinaus-
gehet‘. [1] Und Professor Justi verkündete vom Katheder des
Theresianums: ‚dass Alles, was sich im Lande selbst anlegen

---

unmögliche Sache vertrat, hinhielten, bis sie offen aussprechen durften —
was für Preussen doch nichts Ueberraschendes haben konnte — dass das
System der Abhängigkeit von dem ausländischen Schlesien für Oesterreich fürder undenkbar sei, so war dies einfach ihre Pflicht, und wer ein
zureichendes Verständniss für das Geschäftsleben der Politik besitzt, er
wohne dies- oder jenseits der Oppa, wird das erkennen müssen. Fanden
es doch die damaligen Bevollmächtigten Preussens selbst, fand es doch
Dewitz ‚ganz in der Ordnung‘, dass ‚Maria Theresia in die Bahnen eines
bis zur Prohibition gehenden protectionistischen Systems, wie es ja auch
in Brandenburg golte, einlenkte‘ (Fechner, S. 149), und konnte doch
auch Fürst die Haltung Oesterreichs nicht vorurtheilen (Fechner, S. 275).
Der Mann, dessen Andenken Fechner sein Buch widmet, Leopold Ranke,
hat die Grösse seines Namens zum nicht geringen Theile dem Entschlusse
verdankt, derlei historische Processmacherei nicht unter die Aufgaben
der Geschichtschreibung zu zählen.

[1] Seite 31 der Ausgabe von 1753. Vergl. über Hornick Inama's Artikel
in den ‚Jahrbüchern für Nationalökonomie und Statistik‘, Neue Folge,
II, 194 ff.

oder gewinnen lässt, aus fremden Ländern nicht eingeführt
werden müsse; man müsse demnach alle dienlichen Anstalten
und Massregeln ergreifen, damit alle solche Waaren im Lande
selbst gearbeitet und hervorgebracht werden. Hierunter ver-
dienen nun alle Arten von Manufacturen das vornehmste Augen-
merk; da sie zur Kleidung und anderen Nothwendigkeiten der
Menschen dienen, die Niemand entbehren kann, so gehen davor
wichtige Summen aus dem Lande. Dennoch ist kein Land,
das nicht entweder die Materialien dazu bereits hätte oder mit
leichter Mühe erzeugen oder anschaffen könnte.'[1] Von diesen
Lehren waren die Männer, welche in jenen Jahren an der
Spitze der Geschäfte standen, durchdrungen. Haugwitz fand
den von Justi verfassten Grundriss der Staatsökonomie so durchaus entsprechend, dass er ihn bei den Mitgliedern des Directoriums circuliren liess,[2] und Chotek versicherte der Kaiserin
in einem Memoire, dass nur in der Vermehrung der inländischen
Cultur, der Industrie und des Handels, in der Hebung des
Verkehrs zu Wasser und Land ‚die Grundwahrheit aller Staats-
wohlfahrt' liege.[3]

Aber so bewährt diese Grundsätze sein mochten, ihre
Anwendung war in Oesterreich schwieriger als anderwärts.
Oesterreich war noch immer ein mehrfältiger Staat. Dass derselbe in mehrere Zollgebiete zerfiel, ist bereits erwähnt. Aber
auch die Besteuerung dieser Gebiete war keine gleiche. Was
man bisher in der Verwaltung zusammengefasst hatte, waren
nur die sogenannten böhmischen und die österreichischen
Länder. Ungarn herbeizuziehen hatte Maria Theresia nicht
gewagt. Ohne den Landtag wäre es nicht thunlich gewesen,
und ‚besondere Umstände, so in Ansehung derer Folgen sehr
häcklich sind' — wie die Kaiserin selbst sagt — liessen es mit
dem Administrativwesen im Lande der Stefanskrone beim Alten
bleiben.[4] Ungarn war relativ weit weniger mit Abgaben belastet als die Erbländer; es zahlte an Contribution kaum die

----

[1] Joh. Heinr. Gottl. Justi, Staatswirthschaft I., § 186 f. Justi war 1750
aus Thüringen nach Wien gekommen. Vgl. über ihn Inama in der
Allgem. deutschen Biographie und Cicalek, Zur Geschichte des Theresianums, S. 28.

[2] Inama a. a. O.

[3] Ad. Wolf, Aus dem Hofleben Maria Theresia's, S. 68.

[4] Zwei Denkschriften etc., S. 318.

Hälfte von dem, was Böhmen abzutragen hatte. Während hier alle Steuerfreiheit aufhörte, erfreuten sich dortlands der Adel und die Geistlichkeit noch immer derselben und waren in diesem Vorrecht durch die Verfassung geschützt, an die zu rühren die Königin sich scheute. Was als steuerpflichtig galt, war kaum im Stande, viel mehr als die bisher bezahlte Quote zu leisten; denn Ungarn war lediglich Agriculturstaat, von Industrie nicht die Rede, das Volk also mit seinem Erwerb auf den Erlös aus den Naturproducten angewiesen, der bei dem Naturalreichthume des Landes nur dann erheblich sein konnte, wenn eine ausgiebige Verwerthung des Ueberschusses im Auslande möglich wurde. Aber der ungarische Export war unzulänglich. Im Norden und Osten befanden sich kornreiche Länder, die der ungarischen Feldfrüchte und des ungarischen Viehs nicht bedurften. Die angrenzenden Erblande waren gleichfalls selbst mit Ackerbau und Viehzucht reichlich ausgestattet; die Einfuhr des billigen ungarischen Getreides und Weines hätte die österreichischen Landwirthe ruinirt und der Regierung die besten Steuerträger genommen. So begreiflich es daher ist, dass die Ungarn nach Aufhebung der österreichischen Einfuhr- und Transitzölle verlangten, so begreiflich ist es, dass die Regierung ihnen darin nicht willfahrte. Auf dem Pressburger Reichstage von 1751 trat dieser Interessenconflict deutlich zu Tage. Maria Theresia hatte mit dem Hinweis auf das gesteigerte Staatserforderniss und die Mehrbelastung der Erbländer eine Erhöhung der ungarischen Contribution um zwölfhunderttausend Gulden begehrt. Nach langem Zögern erst und vielen stürmischen Debatten bewilligten die Stände — Adel und Geistlichkeit freilich nicht aus ihrer Tasche — nur siebenhunderttausend, die Reluition der Militär-lieferungen inbegriffen. Hierbei brachte die Opposition ihre Beschwerden über die schlechte materielle Lage des Landes vor: die Naturproducte stünden allzu niedrig im Preise und sicherten keinerlei nennenswerthen Erwerb, weil sie ausserhalb Ungarns keinerlei Absatz finden könnten; der geringfügige Erlös müsse darauf gewendet werden, Industrieproducte, an denen es dem Lande fehle, von Aussen her einzukaufen; wenn man ehevor ungarisches Hornvieh nach Venedig vertrieb, so sei dieser Handel durch die Einführung hoher Viehzölle an den Grenzen von Steiermark und Kärnten unmöglich gemacht worden, und jetzt, wo man diese Zölle wieder aufgehoben, habe sich Venedig

bereits daran gewöhnt, seinen Bedarf aus den Balkanländern
zu beziehen; selbst der Transitohandel durch Oesterreich nach
Deutschland sei durch Abgaben lahmgelegt, der Weinhandel
theilweise in die Hände von Ausländern gerathen, Getreide und
Wolle durch die Zölle der Nachbarn in Ungarn festgebannt.

Diese Bemerkungen waren richtig.[1] Die Regierung Maria
Theresias konnte sie nicht widerlegen und antwortete mit Ver-
sprechungen für die Zukunft. Es blieb ihr nur die Wahl, entweder auf eine höhere Steuerleistung des ungarischen Volkes
zu verzichten, oder — da man dies doch nicht wollte und einen
Staatsstreich perhorrescirte — für die Hebung der materiellen
Kräfte Ungarns, d. i. für einen zureichenden Export seiner Naturproducte zu sorgen.[2]

. So ergab sich aus den inneren Verhältnissen der Monarchie
nach dem Erbfolgekriege ein zwiefaches Problem für die
österreichische Handelspolitik: einmal, in den gewerbsfähigen
deutschen Erbländern die Industrie zu heben, zu entwickeln
und zu schützen, um die verlorene wirthschaftliche Unabhängig-

---

[1] Die Gravamina bei K a t o n a, Historia critica regum Hungariae, XXXIX.,
404 ff. Vgl. A r n e t h, Maria Theresia nach dem Erbfolgekriege, S. 190 ff.
Auch der venezianische Botschafter Trou bestätigt es in einer Depesche
vom 27. December 1749, indem er sagt, die Ungarn seien nicht sowohl
aus angeborner Trägheit lässig in der Cultur ihres heimischen Bodens,
als vielmehr, weil sie dessen Producte nicht zu verwerthen im Stande
seien. (Angeführt von A r n e t h a. a. O., S. 514, Anm. 89.) Und in den
Papieren des preussischen Grosskanzlers Fürst (Bd. VI) findet sich die
folgende Notiz über Ungarn: ‚Le commerce dans les villes se fait avec
les Polonais et les Turcs. Les négociants les plus considérables sont
les Raitzes ou ceux de la religion grecque. Ce commerce seroit beaucoup
plus florissant si l'entrée dans l'Autriche de leurs grains, vin et du tabac
étoit permise. Mais les grains et le tabac n'y entrent point de tout,
et le vin paye tant d'entrée que le négoce n'est pas très lucratif. La
paresse donc des habitans, leur petit nombre, le peu de consomption,
le peu de commerce avec leurs vins, grains et tabac, et les fortes gar-
nisons qu'on y met ordinairement sont les raisons que le Royaume de
Hongrie n'est pas aussi riche, florissant et commerçant qu'il pouvait l'être.‘
[2] In einem Referate vom 21. Juli 1751 sprach es Bartenstein der Kaiserin
gegenüber aus: ‚dass ohnmöglich Rath zu schaffen seye, wenn man nicht
in billigen Dingen ihnen Ungarn den grossen Nutzen, den sie von der
mutuellen Verbrüderung mit denen Erblanden ziehen können, mit Händen
greifen zu machen vermag; worzu die Einleitung des commercii ad extra
mir das füglichste, ja fast einzige Mittel zu seyn scheinet‘ (A r n e t h,
Maria Theresia nach dem Erbfolgekriege, S. 527).

keit des Staates wieder zu erlangen, und zweitens, den ungarischen Rohproducten neue Absatzwege zu eröffnen. In der
That sieht man während der nächsten Jahre das General-Com-
merzdirectorium diese beiden Richtungen verfolgen.

3. Hebung und Schutz der erbländischen Industrie. [1]

Es hat vor der Abtretung Schlesiens in den übrigen Erbländern der habsburgischen Krone keineswegs gänzlich an Industrie gemangelt. Haben sich doch einzelne Producte derselben
zu Welthandelsartikeln aufgeschwungen, wie z. B. die steirischen
und österreichischen Eisenwaaren, das böhmische Glas u. A.
Auch an Manufacturen hat es nicht gefehlt. Mährische Tücher
und geringere böhmische Leinwanden haben immer Absatz gefunden, und das aus spanischer Wolle gefertigte Product der Oberleutensdorfer Fabrik in Böhmen war sogar von nicht geringem
Ansehen. In Ober- und Nieder-Oesterreich arbeiteten die grossen
Fabriken der orientalischen Compagnie zu Linz und an der
Schwechat, durch die ihnen von Kaiser Karl VI. verliehenen
Privilegien gegen jede Concurrenz gesichert. Aber das waren
doch nur vereinzelte Unternehmungen, das war noch keine Industrie, die auch nur entfernt den inneren Bedarf hätte decken
können. Wollte man jetzt den Ausfall der schlesischen Production
ersetzen, so mussten von Regierungswegen die grössten Anstren-
gungen gemacht werden. Das galt vor Allem in Bezug auf
Manufacturen in Wolle, Leinen und Seide, da gerade in diesen
Artikeln die nunmehr entfremdete Provinz prädominirt hatte
und in denselben die Abhängigkeit Oesterreichs die grösste
war. Hier waren neue Etablissements ins Leben zu rufen
und die Qualität der Fabrikate zu bessern. Eine aus Räthen
des General-Commerzdirectoriums zusammengesetzte ‚subdelegirte Hofcommission‘, die anfangs unter dem Vorsitze des
Grafen Stella, später unter dem des Grafen Wrbna, des Stief-
sohnes des Grafen Chotek, tagte, hatte sich mit dieser doppelten

---

[1] Unter den ‚Erbländern‘ verstand man jener Zeit, obgleich auch Ungarn
ein Erbreich war, in erster Linie die österreichischen und böhmischen
Kronländer, welcher Sprachgebrauch der Kürze halber auch hier beibehalten ist.

Aufgabe zu beschäftigen, Projecte auszuarbeiten und Vorschläge
zu machen. [1]

Was die Erzielung einer besseren Qualität anlangte, so
hatte schon 1742 Haugwitz als Chef der Troppauer Verwaltung
schlesische Arbeiter herüberzuziehen gesucht; nicht ohne Erfolg,
der schliesslich zur Erschwerung der Auswanderung von preussischer Seite führte. Im Jahre 1749 bemühte sich der zu Verhandlungen über die schlesischen Schulden nach Breslau gesandte
Hofrath Seyferth in derselben Richtung. [2] Ein Jahr zuvor war
ein Domherr Maxer nach der Schweiz gegangen, um dort
geschickte Appreteurs anzuwerben. [3] 1749 werden zur Verbesserung der böhmischen Tuchfabrikation Meister aus den
Niederlanden, 1750 solche aus Italien verschrieben; aus Frankreich kommt ein Meister der Schönfärberei nach Böhmen. [4]

Dieses Land fand zunächst die meiste Berücksichtigung.
Hier war der Gemahl Maria Theresias, Franz I., persönlich inter-
essirt. Den ‚grössten Fabrikanten‘ hat ihn einmal Friedrich II.
genannt, [5] ein Urtheil, welches Fürst's Aufzeichnungen über die
unleugbare Begabung des Kaisers für die ökonomischen Fächer,
seinen praktischen Geschäftsgeist und sein Glück im Erwerben,
bestätigt. [6] Seine Bedeutung als ein unermüdlicher Schatz-

---

[1] Ueber diese ‚subdelegirte Hofcommission‘ siehe Arneth, Maria Theresia
nach dem Erbfolgekriege, S. 77 und die Auszüge aus der Selbstbiographie
Ludwig Zinzendorf's bei Pettenegg a. a. O., S. 61 und 65. Zinzendorf erhielt 1763 das Woll- und Leinen-Departement zugewiesen; für das
Departement der Seidenmanufactur war der Sicilianer Baron Lopresti
gewonnen worden. Was Nicolai, Beschreibung einer Reise etc., S. 400 ff.,
von der Gründung eines ‚Hofcommercienrathes‘ im Jahre 1752 erzählt,
beruht auf Weinbrenner, ‚Patriotischer Vorschlag, wie dem gesammten
Ausfuhrhandel aus den ungarischen und österreichischen Provinzen auf-
geholfen werden könne‘ (1781), welcher 1752 mit 1762 verwechselt. Wie
gering übrigens bis auf die jüngste Zeit die Aufmerksamkeit der Gelehrten
auf diese Dinge war, zeigt z. B. der Umstand, dass der im März 1762
errichtete Hofcommercienrath von Krones, Handbuch der österr. Geschichte, IV., 460 ins Jahr 1766, von Beer, Geschichte des Welthandels,
II., 447, ins Jahr 1763, von Falke, Geschichte des deutschen Handels,
II., 223 ins Jahr 1752 gesetzt wurde.

[2] Fechner, Handelspolit. Beziehungen, S. 237.

[3] Fechner, ebenda.

[4] Bidermann, Die technische Bildung in Oesterreich. S. 34, Anm. 16.

[5] Fechner a. a. O., Anm. 4.

[6] Ranke, SS. WW., XXX., 47.

meister des regierenden Hauses, insbesondere in einem so emi-
nent dynastischen Staate wie Oesterreich, darf nicht übersehen
werden. Unter seine glücklichen Güterkäufe gehörte die Er-
werbung der Herrschaften Pardubitz, Bresnitz, Podiebrad in
Böhmen. 1748 bereiste er selbst mit seinem vertrauten Zahl-
meister Toussaint die Provinz, um sie auf die Errichtung von
Leinenfabriken hin zu prüfen.[1] Es entstand das Brandeiser
Etablissement, und die Herrschaft Pottenstein wurde zu gleichem
Zwecke angekauft.[2] Hier wurden dann unter der Leitung eines
aus Preussisch-Schlesien nach Oesterreich übersiedelten Grafen
Chamaré kaiserliche Bleichereien und eine Waarenniederlage
errichtet; auch entstanden solche in Pardubitz, Wamberg und
Tetschkawald.[3] Um dieselbe Zeit erschienen die ersten Ver-
ordnungen im ‚Fabrikswesen'. Am 3. August 1750 wurde ein
Garn- und Leinwandpatent für Böhmen veröffentlicht, um dessen
Zustandekommen sich besonders der böhmische Graf Hatzfeld
bemüht hatte.[4] Als dann die Commission in Wien den vielen
Anforderungen nicht mehr gerecht werden konnte, wurde mit
Hofrescript vom 25. Juni 1753 ein eigenes Manufacturamt in
Prag errichtet und demselben die Sorge für Hebung der böhmi-
schen Industrie aufgetragen, wo dann vorzüglich Graf Chamaré
und Ludwig von Loscani thätig waren.[5] Noch im selben Jahre
trat ein ‚Garnnachtragspatent' in Kraft, dessen Bestimmungen

---

[1] Fechner a. a. O., S. 233, nach einem Berichte Podewils' vom 24. August
1748. Man hatte nach dem, was durch Ad. Wolf in den Sitzungsberichten
der k. k. Akademie der Wissenschaften, Bd. V, von Berichten dieses
Gesandten aus Wien bekannt geworden war, den Reichthum seiner Mel-
dungen über innere österreichische Verhältnisse nicht vermuthen können,
der jetzt durch Fechner's Nachforschungen offenbar wurde.

[2] Fechner a. a. O., S. 234.

[3] Fechner, ebenda.

[4] Schreyer, Commerz, Fabriken und Manufacturen in Böhmen, I., 31.
Es ist wohl nicht überflüssig, daran zu erinnern, dass der Sprachgebrauch jener Zeit zwischen ‚Fabriken' und ‚Manufacturen' als besonderer Industriemethoden unterschied. ‚Manufacturen' nennt Justi in
seiner ‚Staatswirthschaft' (2. Aufl., Leipzig 1758), I., § 275, jene Industrien,
‚welche mit verschiedenen Arten der Handarbeiten, ohne Feuer und
Hammer zu Stande gebracht werden', Fabriken jene, ‚die Feuer und
Hammer zu ihrer Arbeit brauchen'. Beide standen als Grossindustrien
den in Zünfte und Innungen eingeschlossenen ‚Handwerken' gegenüber.

[5] Kopetz, Allgemeine österr. Gewerbs-Gesetzkunde, II., 436. Ueber Loscani vgl. unten den Nachtrag.

von Fachkundigen besonders gelobt wurden.[1] Im Herbst 1754
begab sich eine ständische Commission — man vermuthete
Chotek und Hatzfeld darunter — nach Braunau, um auch hier
Vorbereitungen zur Fabrikation besonders feiner Leinwanden
zu treffen.[2] Ende 1754 ward in Rumburg eine Garn- und Lein-
wandhandlungs-Societät gegründet, die auch Damaste verfertigte.[3]
Ein Decret vom 2. December dieses Jahres ordnete die Errichtung von Depots für Leinsamen in jedem Kreise an, der über
Hamburg kam; in Prag wurde eine besondere Niederlage dafür
eingerichtet.[1] Mit Hofrescript vom 23. Februar 1755 ward ein
Leinenwaarenhaus gegründet. Zugleich fasste man Böhmen auch
für die Seidenindustrie ins Auge. Im Jahre 1753 entstand
von Regierungswegen eine Maulbeerbaumschule in Prag.[5] Am
1. August 1755 wurde eine Seiden- und Dünntuch- (Flor-)
Fabriksordnung, am 31. October eine Schleierfabriksordnung
erlassen.[6] Die Anregung der Regierung blieb nicht ohne Erfolg.
Die Fabriken der Privaten hoben sich, neue — z. B. die erste
Barchentfabrik in Prag im Jahre 1753 — erstanden und wett-
eiferten mit den kaiserlichen Etablissements.[7]

Wie der Kaiser für Böhmen, so interessirte sich der diri-
girende Minister Haugwitz für Mähren, wo seine Güter lagen
und wo sein Sohn, Graf Otto, der Repräsentation beisass. Schon
1751 kommt es zur Gründung eines Manufacturamtes in Brünn,
welches unter die Leitung des früheren Bancogefäll-Einnehmers
Ludwig Ferdinand Procop als Inspector gestellt wird. Zur
gleichen Zeit wird ebendort eine ‚Lehen- oder Leihbank' ins
Leben gerufen, die für die nöthigen Fonds zu sorgen und den
Verschleiss der Fabrikate, wo möglich ‚ad extra', wie der technische Ausdruck lautete, zu bewerkstelligen hat. Sie steht
gleichfalls unter einem Inspector.[8] Im Jahre 1752 wird auch in
Brünn ein Commerzconsess bestellt; 1753 werden die Brünner
Grosshändler von der Regierung zum Export ermuthigt, unter

---

[1] Schreyer a. a. O., I, 24.
[2] Fechner, S. 234.
[3] Fechner, S. 235.
[4] Fechner, S. 235. 236.
[5] Schreyer, I., 258.
[6] Kopetz, II., 203.
[7] Schreyer, I., 217.
[8] Archiv d. Minist. d. Innern. V. G. 1. Mähren, 8. März 1751.

deren Aegide dann die 'Mährische Compagnie' durch ihre
Agenten mit dem Auslande Fühlung sucht.[1] Unter der Einfluss-
nahme des Manufacturamtes erscheint eine Anzahl von Ver-
ordnungen zur Verbesserung der Fabrikation: ein Flachspatent
(6. März 1753), eine Spinn- und Garnordnung (21. April 1755),
eine Leinwandordnung (20. Juni 1755), eine Bleichordnung
(20. Juni 1755), eine Tuchmacherordnung (4. Juli 1755).[2] Bald
waren auch in Mähren erhebliche Fortschritte zu verzeichnen.
So wurde z. B. in der ersten mährischen Leinenwaarenfabrik,
welche Graf Ferdinand Harrach auf seinem Gute Janowitz 1747
angelegt, ein vorzügliches Product gewonnen; die Tuchschererei
in Brünn lieferte, insbesondere in einer bestimmten Gattung
von Halbtüchern (Londres seconds), ein durchaus concurrenz-
fähiges Fabrikat;[3] in Olmütz entstand 1752 die erste mährische
Tuchfabrik, welcher bald, 1755, eine andere, von Graf Kaunitz
in Wiese angelegte folgte;[4] die auf der kaiserlichen Herrschaft
zu Holitsch in Ungarn nächst der mährischen Grenze einge-
richtete Kattunfabrik lieferte ein jährliches Erträgniss von
300.000 Gulden.[5]

In Oesterreich bestanden noch die grossen privilegirten
Etablissements der ehemaligen orientalischen Compagnie: die
Wollwaarenfabrik zu Linz und die Baumwollwaarenfabrik an
der Schwechat in Niederösterreich. Der letzteren, die der
Compagnie Zehlen und Schumacher gehörte, war noch 1747
ihr altes Patent, dass ausser ihr Niemand ganze oder halbe
Cattune verfertigen dürfe, bestätigt worden. Die Linzer Fabrik
wurde 1754 durch die Wiener Bank für die Regierung angekauft.[6] War damit in Sachen der Woll- und Baumwollmanu-

[1] Siehe unten die Haugwitz-Procop'sche Relation an verschiedenen Stellen.

[2] D'Elvert, Zur Culturgeschichte Mährens und Oesterr.-Schlesiens (1870),
S. 57 ff., 251 ff.

[3] D'Elvert a. a. O., S. 58 und 263 und die Haugwitz-Procop'sche Relation.

[4] D'Elvert a. a. O., S. 64.

[5] Ranke, SS. WW., XXX., 46. Justi, Vollständige Abhandlung von
denen Manufacturen und Fabriken, II., 120.

[6] Ueber die Linzer Fabrik: Schlözer, Briefwechsel, X., 58, 201 ff. Ranke,
SS. WW., XXX., 37. Fechner, S. 237 und 307; über das Schwechater
Etablissement: Codex Austriacus, V., 243. Justi, Vollst. Abhandlung,
II., 119, 126. Eine handschriftliche Notiz in Fürst's Papieren besagt,
die Fabrik verbrauche jährlich eine halbe Million Gulden Einkaufswerth

factur durch die Patente vorläufig eine Concurrenz in den österreichischen Provinzen ausgeschlossen, so bemühte sich das Commerzdirectorium um so mehr um die anderen Branchen. Im Jahre 1753 wurde in Graz eine Zwirnfabrik errichtet;[1] anfangs 1756 erhielt Baron da Ricci eine privilegirte Concession für eine Garn- und Zwirnfabrik in Pötzleinsdorf bei Wien.[2] Besondere Aufmerksamkeit widmete man der Seidenindustrie. Im Jahre 1750 ward in Wien eine Seidenfabrik mit 200 Arbeitern gegründet.[3] Im Theresianum stellte man Versuche mit Seidenwürmern an.[4] Um allen Bedürfnissen der Mode zu genügen, erhielt der junge Zinzendorf, der sich mit Kaunitz in Paris befand, den Auftrag, bei den Schneiderinnen nach Mustern beliebter Seidenartikel zu fahnden und dieselben nach Wien zu senden.[5] Am 10. October 1751 — und später am 26. März 1754 — erschien eine Seidenzeug-, Dünntuch- (Flor-) und Sammtfabriksordnung für Niederösterreich, am 12. December 1754 eine Qualitätenordnung für Borten und Spitzen.[6]

Ueber den Manufacturen wurden die anderen Industriezweige nicht vernachlässigt. Wir wissen z. B., dass Maria Theresia die von Pasquier im Jahre 1734 gegründete Wiener Porzellanfabrik 1744 auf Staatsrechnung übernahm und die Production durch Anwerbung von Arbeitern aus Meissen zu heben wusste, und dass, wie schon 1752 berichtet wird, bald Vorzügliches geleistet wurde.[7] Desgleichen erwarb der Hof eine im Jahre 1700 zu Fahrafeld bei Baden errichtete Spiegelfabrik, die 80 Arbeiter erhielt.[8] Es entstand 1749 eine Nähnadelfabrik zu Lichtenwörth bei Neustadt. Man hatte zwei Meister aus Köln kommen lassen, welche die Kunst mittheilten. Bald

---

an Materialien, besolde 400 Arbeiter, etliche tausend Wollspinner in der Umgebung, verkaufe jährlich 30.000 Stück à 8 bis 16 Gulden. Die besten Arbeiter derselben stammten aus Hamburg.

[1] Fechner, S. 232.
[2] Fechner, S. 237.
[3] Fechner, S. 232.
[4] Justi, Vollst. Abhandlung, II., 147.
[5] Pettenegg a. a. O., S. 60. Einen ähnlichen Auftrag erhielt der holländische Gesandte wegen einiger Zitzfarben, die in Schwechat nicht gemacht werden konnten. Justi, II., 127.
[6] Kopetz, II., 203.
[7] Fechner S. 232.
[8] Fürst's Papiere, V. Band.

zählte das Etablissement 120 Arbeiter und verfertigte monatlich
drei Millionen Stück, die zum grossen Theil nach der Türkei
verhandelt wurden. [1]

Es war nicht Chotek's Absicht, diese aufstrebende Industrie
ohne Schutz zu lassen. Wenn wir auch hören, dass er in erster
Linie als Präsident der Ministerial-Banco-Deputation daran dachte,
die Zölle zu erhöhen, weil der Ertrag derselben zur Deckung
der Zinsen der Wiener Bank bestimmt war, so dürfen wir doch
darin gewiss nicht die alleinige Veranlassung zur Steigerung
der Tarife erblicken, die in diesen Jahren eintrat, und auch
dem Gerücht nicht trauen, welches Chotek anklagte, es sei ihm
bei der beträchtlichen Zollerhöhung nur darum zu thun gewesen, das System seines Rivalen Haugwitz ad absurdum zu
führen und denselben zu stürzen. [2] Nein, es handelte sich damals gewiss nicht so sehr um Finanzzölle, als um eine staatliche Protection der eigenen neuen Industrie. Schon 1741 findet
sich, dass — gleichsam als Antwort auf die Erhöhung der
Wein- und Glasaccise in Preussisch-Schlesien — von den schlesischen Tuchmachern, die nach Prag zum Jahrmarkt kamen,
ein Eingangszoll abgefordert und ihnen bedeutet wurde, sie
müssten denselben fortan als ‚Ausländer‘ bezahlen. [3] In den
nächstfolgenden Jahren wurden auf den Märkten von Trautenau
und Prag von schlesischen Händlern und Fabrikanten unterschiedliche Abgaben erhoben und die Zölle auf einzelne Artikel
erhöht. Hirschberger Tuchmachern ward das Feilbieten in
Trautenau geradezu verboten. [4] System aber kam erst während
der Friedensjahre in die Sache, als man mehrfach zu neuen
Unternehmungen anregte und, dieselben gegen die qualitativ
und quantitativ überlegene ausländische Concurrenz zu sichern,
die moralische Pflicht übernahm.

Eine Verordnung vom 11. Juni 1749 ist als die erste
grössere Action in der Richtung des Prohibitivsystems anzusehen. Zum Schutz der Linzer Wollfabrikate wurde festgesetzt,
dass keine ausländische Wollzeugwaare ohne einen Pass des
General-Commerzdirectoriums eingeführt werden dürfe. Es war

---

[1] Ebenda.
[2] Arneth, Maria Theresia nach dem Erbfolgekriege, S. 74.
[3] Fechner a. a. O., S. 16.
[4] Fechner, S. 18 ff.

dasselbe Decret, welches alle Materialien und Geräthschaften, die der Industrie dienten und in Oesterreich nicht zu haben waren, für zollfrei erklärte, welches den Kaufleuten in den grösseren Städten gestattete, Waarenlager erbländischer Producte zu halten und Engros-Verkäufe auch ausser der Messzeit abzuschliessen, welches Denjenigen, die neue Fabrikationen in den Erbländern einführten, Vorschub und Unterstützung zusicherte, welches endlich die ausländischen Waaren, die in Oesterreich zum Verbrauch gelangten, den tarifmässigen Consumzöllen unterwarf.[1] Um über den letzten Punkt keinerlei Zweifel walten zu lassen, wurden später in einem besonderen Rescript die preussisch-schlesischen Waaren geradezu für ausländische erklärt. Am 12. September 1749 erschien dann ein Verbot der Einfuhr fremder Luxusstoffe, Gold-, Silber- und Galanteriewaaren, gestickter und gallonirter Kleider nach Oesterreich.[2] Aber das wichtigste Terrain war auch hier die Gruppe der böhmisch-mährisch-schlesischen Provinzen, wo der Hauptstock der erbländischen Industrie sich bildete und wo die Nachbarschaft Schlesiens in erster Linie Zollmassregeln heischte. Im Herbste 1752 wurde im Schosse des General-Commerzdirectoriums ein von Nefzern entworfener und von Chotek gebilligter Tarif durchberathen. Man hatte eine Enquête von Sachverständigen veranstaltet; der englische Gesandte in London, Graf Richecourt, ein Graf Durazzo aus Genua, dessen Urtheil in ökonomischen Dingen geschätzt wurde und der 1752 in österreichische Dienste getreten war, ein hessen-darmstädtischer Commercienrath Kick, ein lothringischer Banquier Bétange, der Brüsseler Kaufmann Proli und einige andere der namhaftesten belgischen Geschäftsleute nahmen mit den Hofräthen des Wiener Amtes an den Besprechungen Theil. Es bildeten sich zwei Parteien. Die eine, voraus die Hofräthe Kannegiesser und Quieck, später auch Proli, widersetzte sich der von Nefzern ausgearbeiteten Vorlage und wies auf den enormen Schleichhandel hin, der durch so hohe Zollsätze, wie man sie plante, grossgezogen würde; die andere, Chotek vor Allen, betonte die Nothwendigkeit, die heimische Production ausgiebig zu schützen. Die Kaiserin, die in derlei Fragen stets ihren Gemahl zu Rathe

---

[1] Codex Austriacus, V., 424.
[2] Ebenda, 446.

zog, entschied sich für den hohen Tarif, der denn auch am
1. April 1753 für das Zollgebiet von Böhmen, Mähren und
Schlesien in Kraft trat.[1] Nach demselben betrug der Einfuhr-
zoll in die genannten drei Länder vom Auslande her durch-
schnittlich 30%; einzelne Artikel aber waren noch viel höher
besteuert, z. B. der Centner feines und gebleichtes Garn mit
21 Gulden (früher 15 Kreuzer), ordinäres Garn mit 13 Gulden,
Rohgarn mit 9 Gulden (früher ebenfalls nur 15 Kreuzer); Colonialwaaren, die von Hamburg her über Breslau giengen, zahlten
über 30%, Gewürze 10%, Fische 40% und darüber; andere
Objecte hinwieder, z. B. schlesische Rohproducte, die der erbländischen Industrie dienten, waren weit tiefer angesetzt, z. B.
Wolle mit 9%, Flachs mit 10%, Färberröthe mit 2%.[2]
    Waren nun diese Zölle in erster Linie Schutzzölle, so
waren sie doch auch, wie die hohen Ansätze auf Artikel, die
nicht zu den Manufacturen zählten, zeigen, zugleich Trutzzölle
gegen Preussen, und mit der Verkündigung des böhmisch-
mährischen Tarifs von 1753 hebt ein erbitterter Zollkrieg an,
der in einer Untersuchung nach dem Ursprunge des sieben-
jährigen Krieges alle Berücksichtigung verdient. Friedrich II.,
dessen Geschäftsträger zur Zeit noch immer in Wien weilte
und sich um einen möglichst günstigen Handelsvertrag bemühte,
nahm den Kampf auf und antwortete mit Retorsionen. Das
erste Object, welches Preussen ins Auge fasste, war der
ungarische Wein. Schon 1741 hatte man denselben gegen den
‚Franzwein‘ in Nachtheil gesetzt, und der Weinimport aus Ungarn
hatte seither um die Hälfte abgenommen.[3] Jetzt wurde ein
solcher ganz unmöglich gemacht, da man am 4. März 1754
den Zoll auf den Eimer Oberungar mit 31, Niederungar mit
23 Reichsthalern feststellte. Kurz nachher wurde auch österreicher, böhmischer und Tiroler Wein mit 10 Reichsthalern be-

---

[1] Siehe den Abdruck des 19. Fürst'schen Briefes ‚Des Douanes' bei Nicolai,
Beschreibung einer Reise etc., III. Bd., Beilage VII, S. 114 ff.

[2] Ein Exemplar des Tarifs in den Fürst'schen Schriften; ein Auszug bei
Fechner, S. 239 ff.

[3] In einem Rapport des Herrn von Mützberg an das Commerzdirectorium
über die schlesisch-österreichische Bilanz heisst es unter Anderem.: „... das
haubt Productum, die hungarische, österreichische und mährische Weine,
so zwar dermahlen nicht die Helfte dahin gebracht werden, inmassen die
Franzweine diesen Consumo gesperrt haben.' Fürst's Papiere, Bd. VI.

legt. Am 18. April 1754 führte Friedrich den zweiten Schlag:
die in den österreichischen Fabriken so sehr geschätzte und
benöthigte schlesische Wolle sollte fortan einem Essitozoll von
10% unterliegen, der im September desselben Jahres auf 30%
erhöht wurde, und als Oesterreich den Streich abzuwehren
suchte, indem es seinen Vorrath auf dem Umwege über Polen
und Sachsen bezog, ward auch die Ausfuhr nach diesen beiden
Reichen mit 30% belegt (November 1754).[1] Am 6. April 1754
waren auch Papier, Eisenwaaren, Unschlitt und andere österreichische Importartikel mit 30% besteuert worden; im December desselben Jahres erfuhren dann österreichisches Leder,
Stickereien und Tressen, im Februar 1755 österreichischer roher
Zwirn das gleiche Schicksal. Oesterreichischerseits dagegen
wurden am 12. August 1754 alle schlesischen Waaren mit einer
Auflage von 30% beschwert und am 1. October desselben
Jahres der Schutzzolltarif auch im ungarischen Zollgebiete eingeführt. Danach zahlten ausländische Tücher, Leinwanden,
Wollwaaren und sogenannte Mesolan (Halbwollen, Halbleinen)
20% Zoll, während bisher der sogenannte ‚Dreissigste' —
so hiess die Consumzollgebühr — nicht über 5% betragen
hatte; inländische Webewaaren steuerten nach wie vor die
alte Gebühr, österreichische 2, böhmisch-mährische 5%.[2] Am
2. April 1755 endlich wurde auch im Zollgebiete der österreichischen Erbländer ein neuer Tarif veröffentlicht, wonach
unter Anderem ausländische Wollwaaren mit 30%, ausländische
Leinwanden mit 20%, inländische Artikel zumeist mit 3⅓%
belastet wurden.[3]

Die neuen Tarife erregten arge Unzufriedenheit im eigenen
Lager. Die österreichischen und ungarischen Kaufleute, die
bisher ihre Waaren von der Leipziger Messe oder aus Breslau
bezogen hatten, sahen sich jetzt an die inländischen Fabriken
gewiesen, welche, voraus in den ersten Jahren, in Qualität und
Preis mit dem ausländischen Product noch nicht zu concurriren

---

[1] Ueber die preussischen Retorsionszölle vgl. Fechner, S. 298 ff.

[2] Ueber die ungarische Dreissigstordnung von 1754 vgl. Horváth, Az
ipar és kereskedés törtönete Magyarországban a három utolsó század
alatt. Nach der Ausgabe in Horváth's kleineren historischen Schriften
(Pest 1868) S. 162—168; Berzewiczy, Ungarns Industrie und Commerz
(Deutsche Ausgabe, Weimar 1802), S. 51 ff

[3] Codex Austriacus, V.

vermochten.[1] Diese Opposition drang aber gegen Chotek eben-
sowenig durch wie die Vorstellungen der böhmischen und mährischen Stände. Maria Theresia belohnte vielmehr den Schöpfer
des neuen Tarifs, Hofrath Nefzern, mit einem reichen Geschenk.[2]
Ihre Festigkeit und die unermüdliche Thätigkeit der Manu-
facturämter brachte schliesslich den beabsichtigten Aufschwung
der heimischen Fabrikation wirklich zu Stande. Im Jahre 1756
mussten preussische Geschäftsleute zugeben, dass die mährischen
Tücher und Wollzeuge an Güte den schlesischen nicht mehr
nachstünden.[3]

Was der inländischen Industrie aber noch fehlte, das
war ein Handelsstand, der für den Verschleiss ihrer Producte
sorgte und sich nicht damit begnügte, auf der Leipziger Messe

---

[1] So konnte beispielsweise die Linzer Fabrik Kronrasche (ein auf Tuchart
bereiteter Wollstoff) nur zu 54 Kreuzern die Elle liefern, während dieselbe Waare in Schlesien nur auf 40 Kreuzer zu stehen kam. Die
böhmischen Fabriken halfen sich mitunter, indem sie gepachte schlesische
Fabrikate erwarben und als eigene weiter verkauften, wobei einige
Unternehmer, unter Anderen der Abt von Braunau, nicht übel gefahren
sein sollen. Vgl. Fechner, S. 245 f., 307.

[2] Nicolai a. a. O., S. 115.

[3] Fechner, S. 250. In den unten noch zu erwähnenden ‚Reflexionen'
des jüngeren Haugwitz und des Brünner Manufactur-Inspectors Procop
vom Jahre 1756 heisst es: ‚Dass man denen Breslauern und Görlizern
gleiche und auch wohl noch bessre Tücher in Mähren und Böhmen
fabricire, ist ganz offenbar, ja alle Hoffnung vorhanden, dass, wenn man
ein gleiches Woll-Materiale, wie bey denen Leydener und Aachner Tüchern
ist, bey Handen hätte, auch die Fabricata in gleiche Qualität (wie die
Oberleutmannsdorfer Fabrique in Böhmen ein klares Exempel gibt) gesezet und in wenig Jahren bey verschaffendem Abzug ungemein ausge-
breitet werden würden. In den Cron-Raschen hat man bereits gute
Anfänge sowohl in Linz als in Mähren, und die Fabricatur deren Halb-
Rasche, auch Halb-Castor, ist schon auf ansehnliche Quantitäten gestiegen,
gleichwie die Linzer Fabrique in denen verschiedenen wollenen Zeug-
Waaren wirklich vieles thuet, Böhmen in specie zu Osseck schon von
vorhero verschiedene Einleitungen hat und in Mähren sowohl in der
Zeugmacher-Gespinst als Weberey ein hoffnungsvoller Grund gelegt ist,
an gedruckten Flanellen aber die Böhmisch-Heralezer Fabrique in quanto
et quali schon so weit gekommen ist, (auch sobald es nur nöthig sich
weiter ausbreiten kann) dass selbige nur eine häufige Abnahm verlanget.
Die schlesische und sächsische Leinwanden, Trillich, Cannofass, Bett-
und Tischzeuge werden durch die von Tag zu Tag eben in Mähren zu
Janowitz und Lottowitz, in Böhmen zu Rumburg und in Ober-Oesterreich sich mehr emporhebende Fabriquen und in diesen Ländern besser

als ewiger Käufer zu erscheinen. Oesterreich hatte damals noch keine Grosshändler.[1] Wenn also der Staat zu Ende bringen wollte, was er begonnen, so musste er nicht nur sein eigener Fabrikant, sondern auch sein eigener Kaufmann sein.

4. Verkehrswege und Handlungsreisen. Ergebnisse: a) Ungarn, b) Polen.

Als Oesterreich im Begriffe stand in die Bahnen des Prohibitivsystems einzulenken, bemühten sich in Wien zwei europäische Staaten um Handelsverträge: Preussen und England. Beide ohne Erfolg. Zwar blieb der Geschäftsträger Friedrich II., Baron Fürst von Kupferberg, der kurz vor der Publication des Apriltarifs 1753 seine ersten Promemorien überreicht hatte, noch bis Ende November 1755, aber ohne einen Vergleich zu erreichen. Der Zollkrieg gegen Preussen nahm seinen Fortgang. Mit England war man rascher zu Ende gekommen. Dieses hatte sich — die durch die schlesische Annexion geschaffene Conjunctur benützend — noch während des Erbfolgekrieges um ein Separatabkommen beworben und war 1749 nochmals darauf zurückgekommen. Aber da es sich für Oesterreich nicht darum handelte, den schlesischen Import durch den englischen zu ersetzen, sondern von dem Auslande überhaupt unabhängig zu werden, so hatte auch diese Verhandlung kein Resultat. Ueberdies hatte England seine Forderungen ungebührlich hoch gestellt. Es hatte für sich ausschliessliche und freie Einfuhr seiner Tücher, Woll- und Seidenwaaren, seiner Cattune, Holz-, Leder-, Metall- und Colonialwaaren verlangt, kurz so viel, dass es — wie Maria Theresia sich äusserte — ‚von dem Nutzen

---

qualifizirende Weberschaften gleichfalls ersetzet'. (Fol. 45—47.) Vgl. auch die im Nachtrage mitgetheilte Relation über Böhmens Industrie anno 1756.

[1] ‚... dass aus denen kays. Erblanden bis auf etwelche Kleinigkeiten nur lauter Kaufere und keine Verkaufere die Leipziger Messe frequentiren, wo doch so viele Gelegenheit zu denen schönsten Verschleissen ist: ein klarer Beweis, dass der erbländische Handels-Stand sich noch gar keiner möglichen Negotien befleisse, mithin durch die Schärfe deren Gesätzen in einen andern Form gebracht zu werden verdiene.' (Reflexionen, Fol. 47.) Ein drastisches Beispiel commercieller Unbeholfenheit berichtet Podewils 1750 an Friedrich II.; s. Fechner, S. 243.

nicht nur alle Ausländer, sondern auch alle Inwohner ausgeschlossen haben würde'. Davon konnte keine Rede sein. Oesterreich erhob vielmehr das ,Generalprincip der freien Hand' zu
dem seinigen und sprach dies offen aus.[1] Wies aber die Regierung die ausländische Handelschaft ab, so musste sie, da
ein inländischer Grosshandel nicht bestand, nothwendig selbst
für Absatz und Debit der österreichischen Producte und Fabrikate sorgen.

Die erste Bedingung hiezu war die Hebung des Verkehrs
durch Herstellung von prakticablen Land- und Wasserwegen.
Oesterreichs ungünstige geographische Lage musste derlei Bemühungen von vorneherein sehr erschweren. Nur an einer
Stelle reichte der Staat ans Meer heran, und dieses war nur
eine Seitenstrasse des allgemeinen Handelsverkehrs, im Wechsel
der Zeiten ziemlich ausser Cours gerathen, wie das Sinken der
ehemals so stolzen Handelsrepublik Venedig deutlich vor Augen
stellte. Dennoch setzte man in Wien auf die Häfen der Adria
grosse Hoffnungen. Triest war (gleich Fiume) seit 1719 Frei-
hafen und hatte vor Venedig das günstigere Fahrwasser, die
billigeren Lebensbedingungen und — seit der Errichtung eines
Hafencapitanats (1744) und dem Abschluss von Verträgen mit
den Barbareskenstaaten (1748 und 1749) — die grössere Sicherheit voraus.[2] Im Jahre 1751 begann der Bau des neuen Molo
San Carlo, der die Handelstüchtigkeit des Hafens noch mehr hob.

Bei dieser Sorge für Triest hatte man vor Allem den
ungarischen Export im Auge; hatte man doch auf dem Pressburger Reichstage von 1751 ein ganz bestimmtes Versprechen in
dieser Richtung geleistet. Aber schon vorher, bald nach dem
Abschluss des Aachener Friedens, war die Frage bei Hofe
eifrig discutirt worden,[3] in Wien .unter Chotek's Vorsitz eine
eigene Hofcommission für Triest entstanden, der Präsident
des General-Commerzdirectoriums zu seiner eigenen Belehrung
selbst dahin gereist, und schon 1750 der erste Versuch mit der

---

[1] Siehe den Auszug aus den österreichischen Erklärungen vom 31. December 1754 bei Fechner, S. 375 f.

[2] Siehe Arneth, Maria Theresia nach dem Erbfolgekriege, S. 80; Löwen-
thal, Geschichte von Triest, S. 155; und das Gutachten Kick's von 1752
bei Ranke, SS. WW., XXX., 40.

[3] So berichtet Podewils an Friedrich II. am 2. Juli 1749. Vgl. Fechner,
S. 227.

Versendung eines Schiffes Ungarwein nach England gemacht worden. Derselbe reussirte allerdings nicht, da gegen die Concurrenz der dort eingebürgerten spanischen und französischen Producte nicht aufzukommen war.[1] Man liess sich aber nicht beirren. Noch im selben Jahre 1750 wurde in Triest eine Levante-Compagnie mit niederländischem und österreichischem Gelde gegründet, wobei auch der Kaiser Actien für sich erwarb. Die Compagnie sollte ungarisches Getreide, Wein, Wachs, Honig, Holz und erbländische Tücher u. A. ausführen, aus Lissabon und dem Orient dafür Südfrüchte, Muskat und Gewürze heimbringen.[2] Es wurden in Triest grosse Magazine gebaut, in Livorno — einem Hafen, dem der Kaiser als Landesherr Toscanas besondere Aufmerksamkeit widmete — und London Bureaux eingerichtet.[3] Bald hob sich der Adriahandel zusehends. Häringe, die man ehedem nur von Norden her bezogen, gingen 1754 von Triest nach Wien, Zucker, der meist aus den Niederlanden über Schlesien gekommen war, wurde aus Triester Raffinerien bis nach Böhmen spedirt, 1755 kamen Hamburger Schiffe mit Fischwaaren an, und im selben Jahre ging ein Schiff mit ungarischer Pottasche von Triest nach Hamburg. Der gehobene Verkehr machte die Gründung einer Handelsbörse (1755) nothwendig. Der Zusammenhang mit dem Weltverkehr, der seit dem Bankerott der orientalischen Compagnie Karl VI. verloren gegangen war, war wiedergefunden.

Was die Landwege betraf, so war die Strasse nach Triest in gutem Stande, und auch die Chaussée, welche die anderen Adriahäfen Fiume, Buccari, Porto-Rè mit Carlstadt verband, bedurfte nur geringer Ausbesserungen. Die Frage freilich, wie aus dem Innern Ungarns am leichtesten dahin zu gelangen wäre, blieb noch lange ungelöst, obwohl es an Projecten von Canal-

---

[1] Arneth, Maria Theresia etc., S. 79.

[2] Als ungarische Exportartikel nennt ein Gutachten Christoph von Mötzberg's über die Bedeutung der Adriahäfen vom 1. August 1751 folgende ausser Getreide: ‚Kupfer, allerhand gegossenes Eysen und Munition, verschiedene Farben, Saliter, Hanf, gearbeitetes Segel-Tuch, Schafwolle, Iuslicht, geräuchertes und eingesalzenes Fleisch und Speck, oberungarische Weine, nach Art des Franzbranntweins verfertigten Branntwein, Wachs, Harz, Pottasche, Gelbholz, Tabak, rohe Häute.' (Fürst's Papiere, VI. Bd.)

[3] Fechner, S. 128, nach Berichten Podewils' und Dewitz'.

verbindungen nicht fehlte.[1] Wichtiger erschien für jetzt der
Strassenbau im Norden der Monarchie. Man begann mit Mähren.
Im Jahre 1749 erhielt der mährische Kammerpräsident Graf
Blümegen den Auftrag, ein System über die Erhaltung alter
und den Bau neuer Strassen, über Strassenökonomie und Ver-
rechnung auszuarbeiten. Mehrere Monate lang wurde darüber
berathen und schliesslich der Ausbau von nicht weniger als
zwölf Hauptcommercialstrassen aus Mähren in andere Länder
als nothwendig erklärt. Sah man davon auch im Ganzen vorläufig ab, so wandte man doch einzelnen Strassenzügen um so
grössere Rücksicht zu; vor Allen der Haupt- und Commercial-
strasse über Bielitz nach Mähren, über welche 1750 ein besonderes Gutachten abgefordert wurde und deren Bau man sofort
in Angriff nahm.[2] Im Jahre 1752 begann dann weiters der Bau
der Chaussée von Brünn über Czernahora und Lettowitz nach
Böhmen. Darin drückte sich die Absicht der Regierung aus,
die Polen, die zur Leipziger Messe fuhren, zu veranlassen, ihren
Weg, anstatt durch Schlesien, durch österreichisches Gebiet zu
nehmen. 1752 fanden hierüber eifrige Discussionen in Wien statt.[3]
Man kam dazu, den polnischen Viehtreibern beim Transit durch
die Erbländer Erleichterungen zu gewähren; 1755 wurde die
Triebsroute von Bielitz über Troppau, Olmütz, Littau, Trübau,
Leitomischl nach Königgrätz bestimmt und an einzelnen Sta-
tionen Viehmärkte eingeführt.[4]

Aber bei der Erschliessung neuer Verkehrswege durfte
und konnte die Regierung nicht stehen bleiben, sie musste
sich auch noch um den Absatz für die Erzeugnisse der jungen
erbländischen Industrie und die abundanten Naturproducte
Ungarns bekümmern. Und auch dieser Aufgabe hat sie sich
unterzogen. Ihre Beamten begaben sich als förmliche Hand-
lungsreisende auf die Suche nach Abnehmern der österreichischen Waaren, führten Muster derselben mit sich, studirten Geschmack und Bedarf, empfahlen ihre Artikel, brachten Aufträge
heim oder doch schätzbare Kenntnisse. Diese Reisen gingen

[1] F. J. Maire, Bemerkungen über den inneren Kreislauf der Handlung
in den österr. Erbstaaten (1786), S. 31 ff.
[2] D'Elvert, Geschichte der Verkehrsanstalten in Mähren und Schlesien,
S. 15, 21, 35.
[3] Fechner, S. 230.
[4] Fechner, S. 231.

von der schon erwähnten ‚Mährischen Compagnie' in Brünn aus, die für den Export zu Lande im Innern und ‚ad extra' thätig war. Im Jahre 1755 wurde der Inspector Kornhofer der Brünner Leihbank nach Oesterreichisch-Schlesien und in die mährischen Enclaven, besonders nach Teschen, Bielitz, Troppau und Freudenthal geschickt, um über den dort möglichen Absatz von Leinen- und Wollwaaren Bericht zu erstatten.[1] Ein Jahr zuvor waren im Auftrage des General-Commerzdirectoriums Reisende nach Italien, im Jahre 1755 nach Ungarn, Polen und ins deutsche Reich geschickt worden, um für Debit zu sorgen. Von den Ergebnissen der italienischen Reise, die sich bis tief in die Halbinsel hinein erstreckt haben muss, sind wir leider nicht unterrichtet. Der darüber an das Commerzdirectorium erstattete Bericht — ein Band in Folio, mit vielen mitgebrachten Waarenproben als Beilagen — ist wahrscheinlich verloren. Dagegen ist uns die Relation über die zweite grössere Reise wenigstens zum Theile erhalten. Sie bietet nicht nur ein treues und detaillirtes Bild von den Handelsverhältnissen der besuchten Länder und Städte, sondern auch manchen schätzbaren Aufschluss über die Intentionen der Regierung. Die Reisenden des Jahres 1755 waren dieselben, welche im Vorjahre nach Italien gegangen waren: Graf Karl Otto Haugwitz, der einzige Sohn des dirigirenden Ministers, ein noch junger Mann — er war 1734 geboren — der, um nicht durch seinen Namen aufzufallen, als Herr von Niemczicz reiste, und der Inspector des Brünner Manufacturamtes, Ludwig Ferdinand Procop, der eigentliche Sachverständige. Ausser diesen war noch der mährische Repräsentationsrath Wintersperg beordert worden. Da aber nur die beiden ersten Namen unter dem Berichte stehen, ist es zweifelhaft, ob auch er die Reise mitmachte. Die Genannten erhielten Ende März 1755 von der Repräsentation und Kammer in Mähren den an diese gelangten kaiserlichen Befehl zugestellt, sie sollten Anfangs Mai ‚auf Kosten der Lehenbank nach dem Beispiel der italiänischen Reise eine weitere Tour nach Hungarn, Pohlen, Danzig, Hamburg, Sachsen und der Lausitz zu Erhebung des Debits und Barattirung der Innländischen Waaren nebst anderen dem Commerciale dienlichen Kenntnissen und Nachrichten und nach einem mit ihnen vorhero des mehreren

---

[1] **Archiv d. Minist. d. Innern V. G. 1. Mähren.**

4

allhier zu concertirenden Antrag unternehmen'.[1] Es ist von
historischem Interesse, zu erfahren, wie sie ihre Aufgabe
gelöst haben.

Am 19. Mai 1755 traten die Reisenden von Brünn aus
die Fahrt an; am 6. Januar 1756 hatten sie dieselbe vollendet.
In dem Berichte, den sie erstatteten, ist der Weg, den sie nahmen,
genau bezeichnet. Sie fuhren über Oedenburg nach Pressburg,
von dort über Raab, Komorn, Stuhlweissenburg nach Ofen und
Pest, hierauf auf der Donau abwärts nach Essegg, Peterwardein,
Neusatz und Semlin, dann über Temesvár nach Siebenbürgen,
wo sie Hermannstadt, Kronstadt, Schässburg, Ebesfalva, Me-
diasch, Karlsburg, Klausenburg und Számos-Ujvár besuchten,
zurück nach Debreczin, Tokay, Kaschau, Eperies, Leutschau,
Neusohl, Schemnitz, Kremnitz und Sillein und durch den
Jablunkapass nach Oesterreichisch-, oder wie es damals hiess:
Böhmisch-Schlesien. Sie passirten hier Teschen, Skotschau und
Bielitz und kamen in Biala auf polnisches Gebiet. Von den
Städten der damals noch ungetheilten königlichen Republik berührten sie Krakau und fuhren von da über Malogosz und
Konskie nach Warschau, endlich über Thorn nach Danzig, wo
sie, wie es das Ansehen des berühmten Handelsemporiums der
Ostsee forderte, längere Zeit verweilten. Von hier führte sie
dann ihr Weg westwärts durch Pommern nach Wismar, Rostock,
Lübeck und Hamburg, welch letzterer Stadt sie neuerdings
eingehendes Studium schenkten. Sie besuchten auch Altona und
reisten weiters über Lüneburg und Braunschweig nach Leipzig,
wo sie die Messverhältnisse kennen lernten. Eingehende Beobachtung widmeten sie den Industrieverhältnissen Kursachsens,
indem sie die bedeutendsten Fabriken zu Weissenfels, Zeitz,
Penig, Burgstadtl, Gera, Ronneburg, Crimmitzschau, Glauchau,
Mittweida, Oederan, Chemnitz, Waldheim, Bautzen, Löbau,
Zittau, Görlitz, Meissen, Dresden, Freiberg und Marienberg
besichtigten, ehe sie nach Oesterreich zurückkehrten. Der Besuch einiger böhmischer Industrieorte, wie Komotau, Oberleutensdorf, Dux, Prag, Kladrub, Heralec, Neuschloss, machte den
Schluss der Fahrt.

Wenn man die stattliche Reihe der besuchten Orte übersicht,
die Fülle heimgebrachter thatsächlicher Notizen, welche kaum

---

[1] Archiv d. Minist. d. Innern V. G. 1. Mähren.

in vier starken Foliobänden Platz finden konnten, und damit die kurze Zeit der Reise vergleicht, so staunt man über die Ausdauer, das Geschick des Beobachtens, den Blick, der rasch das Wichtige traf, und ist wohl geneigt, dem heute verschollenen Procop sein Plätzchen in der österreichischen Handelsgeschichte zu wahren. Er hat sich dasselbe durch das Referat über die Fahrt des Jahres 1755 und insbesondere durch seine ‚Reflexionen über die beschriebene Commercialreise nach Hungarn, Sclavonien, Syrmien etc. sammt angehängten verschiedenen unmassgebigen Vorschlägen‘ wohl erworben.[1] Dem jungen Haugwitz, der damals einundzwanzig Jahre alt war, dürfte wohl nur wenig von den praktischen Urtheilen des Berichtes zuzuschreiben sein.

Ueber Anlage und Inhalt ihres Referates sprechen sich die Verfasser in der Einleitung zu den ‚Reflexionen‘ folgendermassen aus:

‚Die Materien deren Erforschungen, welche in der Relation vorkommen sind nach Art der Italienischen Reiss-Beschreibung eingetheilet und in so weit approfondiret als an diesem oder jenem Orte mehr oder weniger in der zugebrachten kurzen Zeit die Umstände und Gelegenheiten favorisiret haben. Man bemercket: 1mo die hauptsächliche Erzeugnussen der Natur und wie weit selbe entweder nur zur eigenen Bedürfnus oder auch zu auswertigen Verschleiss hinreichend sind, und hingegen den Mangel, nebst der Beobachtung, wohin der Ueberflus oder woher der Mangel gebracht werde, auch was bey unbekanteren Erzeugnussen in der Cultur und Zubereitung besonders vorfallet, mit Beyruckung des Preises und der Qualität: 2do die Beschaffenheit der beträglichsten eigenen Fabricaten wird auf die nemliche Weise angeführet, folgbar ihre Benennung, Qualität, Preis, Packungs-Art, hierzu erforderliche erstere Materialia und Requisita, die Verschleisse ad Intra et Extra und die Benennung derer besten Fabriquen und Fabricanten beschrieben; 3^{io} die Gangbarkeit derer zur Consumption oder auch weiteren Debit einführenden fremden Waaren mit der widerholten Bemerkung des Qualis et Pretii, des Orts woher und wohin, derer darmit

---

[1] Procop's verschiedene Gutachten als Inspector des Brünner Manufacturenamtes, von denen einige, unter Anderem über Tuchmacherei in Iglau, auf dem Wiener Archive d. Minist. d. Innern liegen, finden wohl noch einmal Benützung und Würdigung.

beschäftigten besten Handelsleuten und was sonsten für Specialia
hiebey zu einer vernünftigen Commercial-Speculation andienen
können; 4to sowohl von Producten als Fabricaten, gleichwie
auch fremden gangbaren Waaren, sind so viel möglich zu
genauerer Erkanntnus die Muster beygeleget; 5to die gemachten
Bekanntschaften sowohl mit denen Personen der Kaufleute,
als in Behuf des Verschleisses mit ein so anderen in denen
kays. kön. Erblanden erzeugenden Feilschaften durch Produ-
cirung derer mitgehabten Mustern sammt denen zu einen Anfang erfolgten verschiedenen Bestellungen; 6to die Verhalte
des Geldes, der Wechsel-Course, Mass und Gewichter; 7mo deto
derer Zölle, Mauthen, Frachten, Asscuranzen, Commissions- und
Speditions-Gebühren und was sonsten einem Negotianten zu
seinem calculo zu wissen nöthig; 8vo verschiedene Pollicey-An-
stalten in Betref derer Banquen, Emporien, Anlagen, Privilegien
und Freyheiten, Commercial-Saz-Ordnungen und Gebräuche;
9no General-Beobachtungen über die Commercial-Beschaffenheit
der Länder und Städte, ihre Connexiones mit denen Nachbar-
schaften, Administrirung der Justiz und was sonsten in re commerciali zu nuzlicher Wissenschaft und Gebrauch anzumerken
vorgefallen.

,Der Nuzen, welchen man aus diesen Erforschungen ziehen
zu können glaubt, wäre unmassgebig folgender: 1mo Man siehet,
was dieses oder jenes Land oder Stadt ab extra nöthig hat,
wie die Species derer Capi quaestionis beschaffen sind, tam
quoad qualitatem quam pretium, woraus, weillen man auch die
Fracht, Mauth und andere Unkosten, dann Beobachtungen angemercket findet, beurtheilet werden kann, ob von denen im
Ueberfluss besizenden Productis aut Fabricatis nicht mit Vortheil und Zurücksezung anderer Concurrenten einige Verschleisse dahin zu machen, oder in dessen Behuf wegen ein so
anderer besizenden Vorzüge die vorhandene jedoch entweder
zu schlecht oder zu theuer zu dato erzengt wordende à conto
zu bringen, ja noch gar ermanglende wegen derer besizenden
günstigen Umstände neu einzuführen wären. 2do Man erfahret
auf solche Weiss die Kanntnus solcher Waaren, welche man
entweder zu eigenen Gebrauch von anderwerts nöthig hat, oder
auch zu einem weiteren Debite ad extra nuzlich anwenden kan,
woher demnach selbe kommen zu lassen am besten convenire.
3to Respectu jener Producten oder Fabricaten, welche man ent-

weder nuzlich einzuführen oder zu verbesseren die Gelegenheit
hat, werden Theils die Erzeugungs-Arten und besondere Hand-
Griffe in der Verfertigung und Appretur, auch Packung, Theils
die Beschaffenheit der ersten rohen und einmal verarbeiten
Materien, wie Wolle und Garne, sowohl nach der erforderlichen
Qualität als Erklärung der Ankaufs-Preise und Arbeits-Lohne,
so viel nur zu entdecken ware, erschen, mithin die Mittel
zum Zweck der Güte und Wohlfeilkeit erleichtert. 4to Wie die
Kaufleute in hoc vel illo genere assortiret sind und ihre Niederlagen eingerichtet haben, was sie vor Vortheile zu ihrem Nuzen
anwenden, wie sie den bey denen Waaren bisweilen ermanglenden
Gewinn durch das Geld einzuholen wissen, mit einem Wort,
was eine kluge und vorsichtige Manipulation der Kaufleute
angehet, entdecket sich in verschiedenen Stellen und kan zur
Instruir- und Leitung des Erbländischen Handelstandes grosse
Dienste thun. 5to Zu dem nemlichen Ende sind die beste Handels-
Häuser auf denen besuchten Handels-Pläzen offenbar, um sich
am sichersten addressiren zu können, eine Correspondenz, wo
sie nuzlich befunden wird, einzuleiten und, da unter einem
nach Beschaffenheit des Orts von Erbländischen Productis, so
da conveniren können, offerta geschehen, auch verschiedene
Proben anverlangt worden, die Weege, zu denen Verschleissen
den Anfang zu machen, geöfnet. 7to Findet man praktische
Richtschnuren, wie die bey einem Commercio unentperliche
Einrichtungen der Frachten, Zölle, Mauthen, Posten, Speditions-,
Commissions- und Assecuranz-Provisionen, die Geld-Valuten,
Wechsel-Course, Verhalte der Gewicht und Maassen sich verhalten und am üblichsten sowohl als fürträglichsten sind. 7mo Ein
gleiches in Ordnung derer anderwertig zur Emporhebung des
Commercii anwendender Hülfs-Mittel mittelst derer Banquen,
Emporien, prompten Justiz- und Wechsel-Ordnungen, Münz-
Reglements, Freyheiten, Messen, privilegirten Compagnien, und
mit einem Wort zu Beförderung des Activ-Handels eingeführter
unterschiedlichen Pollizey-Anstalten und Gesäzen, auch Ge-
bräuchen und willkürigen Beobachtungen, wovon caeteris paribus etwa nutzlicher Gebrauch gemachet werden kan.[1]

Aber mit der blossen Mittheilung ihrer Beobachtungen
und gesammelten Daten haben es sich die Berichterstatter nicht

[1] Reflexionen Fol. 1—10.

genügen lassen. Sie haben die für die Förderung des Handels
wichtigsten Erfahrungen noch besonders herausgehoben und
praktische Vorschläge daran geknüpft, ,um die mit so vielen
Natur-Gaben und arbeitsamen Innwohnern gesegnete kays.
kön. Erblande mit ihren ungemeinen Vorzügen, welche ent-
ferntere und viel beschwerlicheren Umständen ausgesezte Nationen nicht besizen und dannoch Gewinn und Vortheil ziehen,
in den nuzbaren Genuss zu setzen'. Diese Vorschläge ver-
dienen, namentlich was Ungarn und Polen betrifft, unsere
Beachtung.

a) Ungarn.

Wenn wir auch die Instructionen, die den Reisenden mitge-
geben wurden, nicht kennen, die Absicht, welche die Regierung
Maria Theresias hatte, als sie ihre Agenten nach Ungarn sandte,
liegt gleichwohl am Tage: es war die, den erbländischen Indu-
strieproducten, insbesondere den Webewaaren, den ungarischen
Markt zu gewinnen, der bisher noch von Leipzig und Breslau
beherrscht worden war. Die Erhöhung des Einfuhrzolles auf
ausländische Fabrikate und die Ermässigung der Binnenzölle
im Jahre 1754 hatten diesem Vorhaben den Weg gebahnt,
und es galt nun, wo die ausländische Waare nothwendig um
20% theurer geworden war, die inländische als Ersatz anzu-
bieten, zugleich aber auch Geschmack und Bedürfniss, Preise
und Curse, Usancen u. dgl. m. kennen zu lernen, um mit denselben bei der Fabrikation zu rechnen. Fanden sich unter dem
Ueberfluss ungarischer Naturproducte irgendwelche, die man
in den Erblanden gebrauchen konnte, so war das dadurch ent-
stehende Baratto in Wien nur erwünscht; weniger freilich, wenn
Ungarn selbst an industrielle Production seiner Bedarfsartikel
denken wollte; doch davon war noch nicht die Rede. Es wäre
auch nach der Meinung der Berichterstatter für Ungarn selbst
gar nicht vortheilhaft gewesen, wenn sich dort, wo die Bevöl-
kerung ohnedies nicht ausreichte, die goldenen Schätze des
Bodens zu heben, durch die Anlegung von Fabriken eine grosse
Anzahl von Händen der Landcultur entzogen hätte.¹ Es ist diese

---

¹ ,Es würden also bey dieser Beschaffenheit die in Händen habende Schätze
der Natur noch mehr wüst und oede, folgbar sonder Gebrauch zurück
bleiben, wann ein Theil des ohnehin nicht zureichenden Volcks zu
Manufacturen angewendet werden sollte, da ohnehin ein Theil der Inn-

Ansicht und dies System, welche Ungarn gegenüber in Oesterreich während der nächsten Jahrzehnte durchaus herrschend
geblieben sind. [1]

Die Reisenden gehen die exportbedürftigen Landesproducte
durch. Für das Getreide empfehlen sie die Ausfuhr einerseits
über Triest und Fiume nach Italien, wo Absatz dafür zu finden
sei, andererseits auf dem Wasserwege Poprád-Dunajec-Weichsel
nach Danzig. Freilich sei an letzterem Orte die Concurrenz

wohnere zu denen inner Landes unentpehrlichen Handwerckern, als
Schneider, Schmied, dann Negotianten, Geistlichen, Soldaten etc. gebrauchet werden muss. Man glaubet dahero, dass die Hungarische und
derer übrigen zusammengezogenen Länder Innwohnere lediglich zu der
Cultur derer obangeführten Natur-Producten zu vermögen, von allen
Commercial-Fabriquen dahingegen noch um so mehr gänzlich abzuhalten
sind, als das commercium mutuum derer kays. kön. Erblanden unter-
einander würklich auf einen solchen Fuss stehet, dass man denen Hungarn die schon specifizierte Erzeugnüsse abnimmt und dargegen
andere Nothdürften abgibt, welcher circulus zu beyderseitigen Verderben durch andere Einschreittungen zerrüttet und die Zerrüttung
gewiss die allerübelste Folgen nach sich ziehen wurde.' Reflexionen,
Fol. 14. 15.

[1] Noch im Jahre 1797 schrieb G. von Berzeviczy in seiner schon berührten Schrift ,Ungarns Industrie und Commerz' Folgendes nieder: ,Mit
einem Wort, durch dieses Dreissigst-System (den Tarif von 1754) ist
Ungarn in einen wahren Colonialzustand herabgesetzt, ein Zustand, durch
welchen die Seemächte von einigen barbarischen Völkern Indiens ihren
Reichthum erpressen (S. 51) . . . Dieses System zweckt dahin ab, 1. dass
in Ungarn keine Fabriken und Manufacturen, überhaupt keine Industrie
entstehen soll, sondern wir alle Fabrikate von den Österreichischen
Provinzen zu kaufen gezwungen sein sollen; 2. dass die Österreichischen
Provinzen die rohen Producte Ungarns, welche sie sowohl zum Lebens-
Bedarf als für ihre zahlreichen Fabriken nothwendig brauchen, im geringsten Preise und ausschliessend erhalten sollen, wesswegen auch die
Ausfuhr solcher Producte gewöhnlich verboten oder erschwert ist; 3. dass
Ungarn vom unmittelbaren ausländischen Handel ausgeschlossen und
dieser durch Österreichische Hände zu ihrem grossen Vortheil betrieben
werde. Mit welchen unermesslichen Hilfsmitteln muss nicht die wohl-
thätige Natur dies Königreich gesegnet haben, da bei diesem drückenden
System Ungarn seit so viel Jahren durch eigene Naturkraft nicht nur
in seinem gegenwärtigen Zustande sich erhalten und die schwesterlichen
Provinzen so bereichert, sondern auch dem Ganzen der österreichischen
Monarchie so viel geleistet hat' (S. 58). Vergleiche auch Horváth, ,Az
ipar és kereskedés története Magyarországban a három utolsó század
alatt' (nach der neuen Ausgabe in Horváth's Kleineren historischen
Schriften, S. 162—168).

der polnischen Feldfrüchte gross und ein Gewinn nur ‚in Jahren
der Misswachs' in Polen zu hoffen, dennoch solle die Regierung
die Ausfuhr dahin begünstigen, ‚dann den Wohlstand eines
Landes so vollkommen als möglich zu machen erforderet, darauf
Bedacht zu nehmen, dass aller Ueberfluss mit der ersinnlichsten
Industrie ad extra gebracht werde'.[1] Ebenso sollte der ungarische Wein, insbesondere der niederungarische Landwein, der
seit der Einführung der hohen preussischen Importzölle tief im
Preise gesunken war, denselben Weg nehmen; er würde durch
seine Wohlfeilheit die Concurrenz mit dem französischen Gewächs bestehen können. Auch ungarisches Wachs, welches
übrigens schon nach Italien und den österreichischen Erbländern
verführt wurde, konnte nach ihrer Meinung noch in grösserer
Menge exportirt werden. Desgleichen würde sich auch der
Viehexport nach Italien noch vermehren lassen. Besonders stark
sei die Ausfuhr von Häuten durch Bosnien ins Venezianische, freilich ohne sonderlichen Gewinn für die ungarischen Producenten,
welche den Verschleiss der Waare und damit den Hauptvortheil
türkischen Zwischenhändlern überliessen.[2] ‚Viele Nuzen bringen
könnende Dinge unterbleiben, weilen niemalen Hand angeleget
wird' — machen sie den Ungarn zum Vorwurf. Sie schlagen
vor, die ungarischen Häute in Oesterreich zu gerben und das
in Italien, sowie in Danzig, Hamburg und Leipzig vielfach begehrte Leder zu exportiren. Wie dieses Rohproduct, so sollte
auch ein zweites in den österreichischen Erblanden den Zwecken
ihrer Industrie dienstbar gemacht werden: die Wolle. Seien
doch die österreichischen Manufacturen durch den preussischen
Retorsionszoll, der ihnen die schlesische Wolle entzog, in grosse
Verlegenheit gerathen, während die preussischen Fabriken aus
dem tief im Preis gesunkenen schlesischen Naturproduct viel
gute und billige und daher überaus concurrenzfähige Waare
erzeugten.[3] Dieser Concurrenz müsse man durch Verarbeitung

---

[1] Reflexionen, Fol. 22.

[2] Siehe unten ‚Relation' §. 48 und 55.

[3] Hangwitz und Procop erblickten in der Erschwerung der Wollausfuhr
durch Friedrich II. eine überaus weise Massregel. ‚Man kann dieses —
sagen sie — einen Entschluss von sehr tiefer Einsicht, wie Commercia
ad extra zu erhalten sind, nennen, wie also bisweilen cum dispendio
quorundam das Haupt-Augenmerk und der wahre Nuzen erreichet werden
müsse. Die Würcklichkeit der Sach giebt den besten Beweis, dass man

der ungarischen Wolle begegnen. Nur würde vorerst durch
gute Schafzucht, sorgfältige Reinigung des Productes, aufmerk-
same Sortirung und Hintanhaltung betrügerischer Verfälschung
durch Schäfer und Juden deren Qualität gebessert werden
müssen. Von andern Artikeln wird ungarisches Dörrobst, ehedem ein nicht unbedeutender Exportartikel nach Schlesien, bei
seiner Qualification für Schiffsprovisionen zum Export nach
Fiume und Triest empfohlen. Das Ausfuhrverbot auf ungarische
Pottasche wollen die Reisenden am liebsten aufgehoben sehen.[1]

Was den Import nach Ungarn betraf, so ergab sich die
Thatsache, dass bisher die allermeisten und wichtigsten Artikel
— insbesondere in Webewaaren — aus dem Auslande über
Leipzig und Breslau bezogen worden waren, und zwar: Aachener,
Leydener, Görlitzer und Breslauer Tuche, tuchartige Wollstoffe
(Kronrasche, Halbrasche, Soy) aus Schlesien, Sachsen und
Danzig, Flanelle aus Hamburg und Sachsen, Wollzeuge (Bercan,
Satin, Quinet, Calamank, Tabouret, Floretas, Struck) englischer
und sächsischer Provenienz, feinere Leinenwaaren (Battist,
Trillich, Bett- und Tischzeug, Schleier) aus Schlesien, geringere
(Schachwitz) aus Polen, Baumwollenzeuge (Canefas, Bombasin,
Barchent, Gingang, Halbdroquets) aus Sachsen und der Schweiz,
englische und französische Seidenwaaren, schlesische und säch-
sische Hüte, Bologneser und Schweizer Flor (Dünntuch), endlich
allerlei Nürnberger-, Messing- und sonstige Waaren.[2] Alle diese
Artikel liessen sich, nach der Ueberzeugung der Berichterstatter,
wenn auch fürs Erste noch nicht in der Qualität der hollän-

---

fande — Zeige der Relation — noch auf allen Hungarischen Pläzen
gangliche sonderheitlich Halb-Rasche in vorigen Preisen, und die in
denen kays. Erblanden gemachte haben, Theils weilen die Schlesische
Wolle schon in sich besser ist, Theils weilen die Arbeits-Lohne bey
einem neointroducto nicht sogleich in der nemlichen Wohlfeilkeit er-
zwungen werden können, noch immer keinen rechten Abzug gewinnen
wollen.' (Reflexionen, Fol. 34.)

[1] Reflexionen, Fol. 36.
[2] Zur Orientirung über die damals gangbarsten Manufacturartikel, ihre
Benennungen und ihre Fabrikation verweise ich auf Joh. H. Gottl.
Justi's bereits erwähntes Werk ,Vollständige Abhandlung von denen
Manufacturen und Fabriken', II. Band, und auf Schreyer's Commerz,
Fabriken und Manufacturen des Königreichs Böhmen, I. Band. Vgl. auch
den bei Nicolai, Beschreibung einer Reise etc., II. Band., Beilage XV.
abgedruckten Preiscourant der Linzer Fabrik.

dischen und englischen Fabrikate, wohl aber den schlesischen
Producten gleich aus den Erblanden liefern.[1] Die Schwierigkeit
war nur, die ungarischen Abnehmer von dem Breslauer und
Leipziger Markte zu entwöhnen. Dem stellten sich verschiedene
Hindernisse entgegen: ,1. ist einem jeglichen Kaufmann alldort
einzukaufen am angenehmsten, wo er die grösst- und beste
Assortirung zur Auswahl finden kann, worzu in Leipzig die ausgesuchteste Waaren - Niederlagen vorhanden sind; 2. haben
daselbst verschiedene dieser Hungarischen Kaufleute Activ-
Verschleisse an Baumwolle, Türkischen Garn, Taback, Saffian
etc., wordurch ihnen nicht nur allein die Rückfuhren erleichteret
werden, sondern auch entweder ein nuzlicher Baratto oder ein
Gewinn bey der dahin führenden Waar zu Nuzen kommet;
3. haben sie auf beträgliche Summen Credit, und ist bekannt
dass viele Hungarische Kaufleute meistens mit fremdem Geld
handlen, mitfolglich können sie sich ohne Schmälerung auch
wohl gar Verfall ihrer Handelschafft nicht so leicht los machen;
4. ist in keine Abrede zu stellen, dass die auf denen besagten
Plätzen erkauffende Feilschaften durch die langwürige Ausübung
endlich zur Vollkommenheit gelanget sind, folgbar die Menge
geschickter Arbeiter es in quali et pretio auf das höchste gebracht haben, und also sowohl in der Güte als Wohlfeilheit
noch immer einiger Vorzug gefunden werde;[2] 5. gebrauchet
man sich heimlicher Weege, entweder die Zoll-Stationes zu
umgehen, oder die Zoll-Beamten zu einem durch die Finger
sehenden Verfahren zu bringen. Je höher nun die Zoll-Gebühren
gesezet sind, je mehr Vortheil verschaffen die eingeschwärzte
Waaren, inmassen ein solcher Praevaricator, wann er nur den
entzogenen Zoll gewinnet, so viel Nuzen dardurch hat, als
einem richtig verzollenden Handelsmann sein ganzer Handels-
Profit nur selten bringet; 6. endlichen gewinnen sie an dem

[1] Siehe oben Seite 352, Anmerkung 3.
[2] Die Preisunterschiede waren, wie aus Beispielen in den ‚Reflexionen‘
Fol. 61 und 62 hervorgeht, doch ziemlich gross. Geringe Aachener
Tücher kamen das Stück (36 Wiener Ellen) auf ungefähr 74 Gulden
zu stehen, die in Oesterreich in halbwegs ähnlicher Qualität nicht unter
99 Gulden erzeugt werden konnten; Hamburger Flanell kostete, an die
österreichische Grenze gestellt, 13½ Gulden das Stück (30 Wiener Ellen),
österreichischer 117¾ Gulden. So brauchten in manchen Fällen die
fremden Händler selbst den hohen Einfuhrszoll nicht zu scheuen.

Geld, indeme der gewichtige Ducaten gegen Waar auf 4 fl.
22¹/₂ kr. und das Species-Geld auf den Thaler mit 4 bis
5 Groschen Aggio und der Siebenzehner mit 18 kr. auch andere kayserl. Münz mit 4, 5 und 6 per Cento avantage ange-
bracht wird.'[1]

Was war da zu thun? welche Mittel anzuwenden, um
den ungarischen Kaufmann zu vermögen, seinen Bedarf mit
österreichischem Fabrikat zu decken? Der hohe Einfuhrszoll
erwies sich in vielen Fällen als wirkungslos. Haugwitz und
Procop schlagen darum Einfuhrsverbote vor.[2] Trotz dieser,
meinten sie, werde die Errichtung so vieler Fabriken, wie sie
um dem ganzen erbländischen und ungarischen Bedürfniss zu
genügen erforderlich würden, schwierig und nur wenige Unternehmer bereit sein, ein bedeutendes Capital an unsichere Ab-
satzverhältnisse zu wenden. Sie proponiren ein eigenthüm-
liches Mittel: es werde den inländischen Fabriksunternehmern
gestattet, verbotene Woll-, Leinen- oder Baumwollwaare einzuführen und im Inlande zu verkaufen, natürlich nicht in unbe-
schränkter Quantität, sondern entsprechend der Anzahl der
Tuchmacher-, Leinweber- oder Zeugmacherstühle, die sie in
ihren Etablissements aufzustellen beabsichtigen. Aus diesem
Monopol würde ihnen so viel Gewinn erwachsen, dass sie die
Anlagekosten der Fabrik und die ersten an tüchtige fremde
Arbeiter zu zahlenden hohen Löhne bestreiten könnten; später
würden sie selbst ein Interesse haben, das fremde Fabrikat
gegen das eigene zurücktreten und endlich ganz aus dem österreichischen Handel verschwinden zu sehen. Diese Privilegien
für Unternehmer könnten auch an die Bedingung geknüpft
werden, dass die Betreffenden sich verpflichten, inländische,
im Auslande begehrte Waaren im Werthe der von ihnen ein-
geführten fremden Industrieproducte zu exportiren. Wären
dann einmal neue Fabriken in hinreichender Anzahl vorhanden,
um den inländischen Markt vollständig zu versorgen, so würde
es auch an entsprechend assortirten Niederlagen nicht fehlen;
die inländische Concurrenz würde die Qualität heben und die
Preise entsprechend drücken. Bis dahin müsse freilich das

---

[1] Reflexionen, Fol. 47—50. Ueber österreichisches Gold siehe unten S. 374.
[2] In der That wurde schon am 24. April 1756 der Consumzoll auf schlesische Woll- und Leinenwaaren von 30 auf 60% erhöht, was einem
Verbote gleichkam. Vgl. Fechner, S. 413.

Publicum etwas theuerer kaufen. Darüber jedoch machen sich die Berichterstatter keine Skrupel: ‚Das gemeine Wesen gewinnt jederzeit ganz offenbar hiebey, und obgleich die Consummenten wegen des höheren Preises in etwas mitgenommen werden, so geschiehet es mit einer solchen Zertheilung, welche niemand ruiniren wird. Ein Entrepreneur einer Fabrique aber, der den Schaden allein zu tragen hat, kan ganz leicht zu Grund gehen, bis er es denen Fremden in quali et pretio gleich thun und die in dem Anfang machende Einbusse wieder hereinbringen, folgbar durch die nur mit der Zeit erlanget werdende Menge der Arbeiter, die Wohlfeilkeit derer Arbeits-Lohne erzwingen kann.‘[1]

Eine Schwierigkeit aber hatte die Sache doch noch bei alledem. Wie erwähnt, waren die ungarischen Kaufleute gewohnt, in Breslau oder Leipzig ausgiebigen Credit zu finden. Man konnte von den neuen österreichischen Fabriksunternehmungen nicht erwarten, dass sie sofort ihren Abnehmern ebenfalls creditiren sollten. Da dies aber dennoch unumgänglich schien, so sollte den Fabrikanten bei den öffentlichen Cassen Geld zu 3% zur Verfügung gestellt werden.[2] Zugleich müssten dieselben von Staatswegen gegen den in Ungarn häufigen Missbrauch des Credits[3] durch eine bessere Justizverwaltung, eine Wechsel-Ordnung und ein eigenes Handelsgericht — ‚da das Handels-Wesen in der ganzen civilisirten Welt seine besondere Saz- und Ordnungen hat‘ — geschützt werden.[4]

Neben den aus Holland, England, Frankreich, Italien, Polen, dem deutschen Reiche und der Schweiz über Leipzig und Breslau bezogenen Manufacturen wies die ungarische Bilanz noch andere Passivrubriken auf, d. i. Waaren, die aus der Türkei

---

[1] Reflexionen, Fol. 63, 64. Vgl. Justi, Abhandlung von den Manufacturen- und Fabriken-Reglements (Berlin und Leipzig 1762), S. 49: ‚Die Grundregel eines weisen Commercii muss allemal seyn, in allen billigen Dingen mehr die Manufacturiers und Fabricanten als die Verleger zu begünstigen.‘

[2] Die Berichterstatter verweisen dabei auf das Beispiel der Republik Lucca, wo diese Einrichtung bestand und den Lucchiser Seidenfabrikanten gestattete, ihre Erzeugnisse billiger als allenthalben abzulassen. Reflexionen, Fol. 68, 69.

[3] Vgl. unten Relation §. 38, 39, 88.

[4] Reflexionen, Fol. 70—73.

ins Land kamen und hier abgesetzt oder durchgeführt wurden,
nämlich Schweine, Schafwolle, rohe und gesponnene Baumwolle,
Garne, Saffian- und Corduanleder, Tabak, Kaffee, Oel, Reis,
Südfrüchte, Gewehre und Messer, türkische Bagazien (rothe
Tücher) und Atlasse — wogegen Ungarn ausser rohen Häuten,
einigem Getreide und grobem Tuch nichts Nennenswerthes
an die Türkei abgab. Dazu kam noch, dass die importirenden
Türken, wenn sie transito nach Deutschland gehandelt hatten,
mit den dort für den Erlös erkauften deutschen Artikeln die
ungarischen Märkte bezogen und hier durch den Verschleiss
derselben neuen Gewinn an sich brachten, der den inländischen Kaufleuten entging und um so grösser war, als die
türkischen Händler nicht die 20% Consumzoll, sondern nur
5% Transitogebühr bezahlt hatten.[1] Und überdies stand der
Speciesthaler (gleich zwei Gulden) in Constantinopel um 9 bis
17 Kreuzer höher als an der österreichischen Grenze, was
ebenfalls Profit gab und einen fühlbaren Export österreichischen Geldes zur Folge hatte. Hier Abhilfe zu treffen, war
nur möglich, wenn sich auch da wieder der Staat ins Mittel
legte, den türkischen Händlern ihr Geschäft einschränkte und
wenn die österreichischen Kaufleute selbst den Türken ihre
heimischen Waaren abnahmen und erbländische Artikel, die
in der Türkei begehrt waren (Tücher, Mousseline, Schleier,
Seidenzeuge und Leinwand), dafür verhandelten.[2] Es war ein
letzter Rest türkischer Herrschaft über Ungarn, der erst in den
Tagen der grossen Kaiserin durch die österreichische besiegt
und verdrängt werden sollte.

b) Polen.

Hatte die Wiener Regierung in der Absicht, Ungarn als
Absatzgebiet für die erbländische Industrie zu gewinnen, Haugwitz und Procop dorthin entsendet, so waren diese in der
anderen, den polnischen Handel von Preussen weg nach Oester-

---

[1] Siehe unten die Relation §. 57.

[2] Dass es in der Folge so kam, erfahren wir z. B. aus Struensee's ‚Kurz-
gefasster Beschreibung der Handlung der vornehmsten europäischen
Staaten' (1779), V., 212. Oesterreich trat mit der Türkei in directe Handels-
beziehung und der türkische Zwischenhandel in Ungarn hörte auf.

reich zu ziehen, ins Reich König August III gereist.[1] Hier
galt es, die Verhältnisse im Einzelnen zu erforschen, um Antwort auf die Frage geben zu können, ob und in welcher
Weise dies durchzuführen wäre. Unter diesem Gesichtspunkte
haben die Reisenden Handel und Verkehr der Polen ins
Auge gefasst. Es ergab sich, dass Polen, ‚ein grosses weit-
schichtiges Land meistens ohne Fabriquen, sofort mit Hungarn
in grossen Vergleich zu stellen' war.[2] Der Reichthum desselben
lag, wie derjenige des magyarischen Kronlandes, in seinen
Naturproducten, mit denen es Handel trieb, und in seinem
Flusse Weichsel, der Getreide, Holz und, seit dem österreichischen Ausfuhrverbot auf Pottasche, auch dieses Erzeugniss
der Ukraine nach dem Welthandelsplatze Danzig trug, den
die Berichterstatter noch in voller Blüthe sahen und von dessen
grossartiger Geschäftsthätigkeit sie ein eingehendes Bild gaben.
Andere Landesproducte, wie Vieh, rohe Häute, Unschlitt, Wachs,
Salz, wurden nach Breslau oder Frankfurt an der Oder zu
Markte gebracht und hier gegen fremde Industrieproducte
barattirt. Denn ordinäre in Lissa und Thorn verfertigte Tücher,
grobe Leinwanden und etwas schlechte wollene Zeuge ausgenommen, hatte Polen keine eigenen Fabrikate und musste also
feine Tuchstoffe, Woll- und Seidenwaaren, feine Leinwanden
und Leinenartikel importiren; desgleichen Weine, Specereien,
Fischwaaren, Materialien, Droguen, Zuckerwaaren, Nürnberger-,
Gold-, Silber- und Galanteriewaaren und Ledersorten. Alle
diese Dinge fanden sich nun in Breslau und Frankfurt und
wurden den Polen im Austausch für ihre herbeigeführten
Landeserzeugnisse, von denen viele den Weg nach Westen
nahmen, dahin gegeben. Diesen für die beiden Oderstädte ge-
winnreichen Stapelhandel nun nach Oesterreich zu lenken und
etwa Bielitz oder Teschen das günstige Geschäft zuzuwenden,
erscheint unseren Reisenden nach eingehender Prüfung der
Verhältnisse zwar schwierig, aber doch nicht unmöglich.

---

[1] ‚Denen kayserl. Erblanden das Pohlnische Commercium zuzueignen, ist
bereits seit dem Verlust von dem grössten Theil Schlesiens eine Specu-
lation' heisst es in den Reflexionen, Fol. 94.

[2] Ueber die geringfügige Fabriksthätigkeit in Polen: Kolaczkowski,
Wiadomość o dawnych fabrikach w Polsce. Lemberg 1880. (Alphabetisch
nach Fabrikaten geordnet.)

Nach ihrer Ansicht wäre Zweierlei erforderlich: einmal dass der Pole seine Waare in Oesterreich sicher und mit grösserem Vortheil absetzte, und zweitens, dass er, was er benöthigt und bisher in Preussen einzuhandeln gewohnt war, auch hier in ebensolcher Güte und zu gleichen Preisen vorfände. Was den ersteren Punkt betreffe, so sei es schon ein Gewinn für den Verkäufer podolischen Viehs, dass ihm Bielitz und Teschen um 20 Meilen näher liegen als Breslau. Freilich dürfe es nicht an Abnehmern fehlen, und das sei zu erreichen, wenn sich Sachsen — ‚um vor die von königl. Preussischer Seits erleidende Bedrückungen sich Genugthuung zu verschaffen' — entschlösse, seinen Bedarf an Vieh über Oesterreich zu beziehen. Was den zweiten Punkt angehe, d. i. ob die Polen auch hier, wie dort, mit allem Nöthigen versehen werden könnten, so wären sämmtliche Artikel des polnischen Bedarfs ‚durch Anwendung eines unermüdeten Fleisses und Ergreifung der anständigsten Mittel' auch nach Oesterreichisch-Schlesien zu schaffen: Wein aus Ungarn, Südfrüchte, ja selbst Gewürze und Fischwaaren, über Genua, Livorno oder Triest, feine ausländische Tücher zu Breslauer Preisen, mittlere aus Mähren, Wollwaaren aus Oesterreich und dem ‚ohnehin von Preussen disgustirten Sachsen', Seide, Gold-, Silber- und Galanteriewaaren, wobei man für die aus Italien kommenden Artikel im Vortheil sei, Nürnberger Waaren, die ohnedies den Weg durch Oesterreich nehmen müssen, Eisenwaaren und Leder österreichischer Erzeugung, die bereits allenthalben Anwerth haben. Schwierig sei nur, die nöthige Menge an Leinenwaaren beizustellen, aber auch dies werde möglich, wenn der bisher an Preussisch-Schlesien abgegebene Ueberfluss an Garn und Flachs von den Erbländern weiterhin nach Sachsen geliefert und mit Unterstützung von Seite der sächsischen Webereien das nöthige Quantum zusammengebracht werden könne. Da in Oesterreich sich nicht genug Kaufleute finden dürften, die bereit wären, in Bielitz oder Teschen die erforderlichen grossen Niederlagen zu halten, so müsste man auch hier auf sächsische Geschäftsleute rechnen und, um dieselben heranzuziehen, den betreffenden Handelsplatz mit temporärer Zollfreiheit ausstatten. Vielleicht wäre Sachsen auch zu bewegen, Provenienzen aus Breslau und Frankfurt den Eingang nach Polen geradezu zu erschweren. ‚Man sezet also' — resumiren die

Berichterstatter —, die Freundschaft mit Sachsen und die Errichtung eines vorsichtigen Commerzien-Traktats zum Funda-
ment, das Pohlnische Negotium an sich zu ziehen.'

Was Danzig betraf, so ergab sich den Reisenden aus
Mittheilungen des Agenten Abramson der Brünner Compagnie,
dass Oesterreich dort für eine Reihe von Artikeln Absatz
finden konnte: für Kupfer, ungarische Pottasche, die man höher
schätzte als die polnische, Messing, Zinn, Blei, Mastbäume und
italienische Seidenwaaren zum Transit nach Moskau. Für jetzt
freilich waren die Bemühungen der Reisenden dortselbst noch
ohne sonderlichen Erfolg gewesen: sie hatten nur Bestellungen
auf Pfundleder, Wachsleinwand und Messing erhalten können.
Aber sie rechneten auf das Geschick ihres Agenten, auf das
Handelsbündniss mit Sachsen und — auf die Zukunft, in der sie
allerdings nicht zu lesen vermochten, dass binnen wenig Jahr-
zehnten Danzigs Handelsgrösse geschwunden sein und Polen
selbst zu existiren aufgehört haben würde.

Noch im selben Jahre 1756 störte der neu ausbrechende
Krieg die Bemühungen der Wiener Regierung um Handel und
Verkehr, und die nächste Zeit liess sie die Ruhe dazu nicht
wiederfinden. Aber die Fundamente zur commerciellen und
industriellen Unabhängigkeit Oesterreichs waren seit dem
Aachener Frieden gelegt worden, auf denen später, bei
neuer Gunst der Verhältnisse, weitergebaut werden konnte.
Das war fast keine geringere That als die Rettung des Staates
aus den Kriegswirren des Erbfolgestreites, und die junge Monarchin verdiente vollauf das ehrende Zeugniss, welches ihr der
Geschäftsträger ihres entschiedensten Gegners nicht versagen
konnte: ‚Als die Kaiserin die Regierung antrat, fand sie Alles
in der grössten Unordnung, und ein achtjähriger Krieg konnte
den Finanzen nicht aufhelfen. Welcher andere Souverän würde
binnen sieben Friedensjahren vermocht haben, die Dinge auf
den Fuss herzustellen, wo wir sie gegenwärtig sehen? Bis in die
spätesten Zeiten wird man anerkennen, dass Maria Theresia eine
der grössten Fürstinnen der Welt war.'[1]

---

[1] ‚Quel autre souverain seroit parvenu en 7 ans de paix à rétablir tout
sur le pié où on le voit déjà à présent? Dans les temps les plus reculés
on rendra toujours la justice à Marie Thérèse qu'elle fut une des plus
grandes souveraines de l'univers.' Fürst, Lettres, Fol. 7.

II.

Die Haugwitz-Procop'sche Relation (1756).

Hungarn.

1. Dieses Königreich ware das erste Land, wohin die aufgehabte Reise zu nehmen gnädig verordnet worden. Nun werden darinnen in jener Folge, wie der Weeg geleitet hat, nur jene Orte, wo einige Beschäftigungen vorgefallen, berühret, sofort die daselbstige Verrichtungen beschrieben und alle Nachrichten, welche eine nothwendige Eylfertigkeit, um die gegen 800 Meylen betragende Reise vollbringen, somit auf der Leipziger Messe behörig eintreffen zu können, einzuhollen zugelassen, angemerket.[1] Dieweilen aber Sclavonien, das Temesvarer Bannat und Siebenbürgen darzwischen vorgefallen, wornach erst die weitere Reise durch Ober-Hungarn continuative vollführet worden, als werden auch besagte Landschaften in der Ordnung wie der Besuch sich ergeben, miteingerucket, in dieser Abtheilung vorkommen.

Der erste Ort ist

Oedenburg.

2. Von Fabriquen ist hier nichts zu melden. Unter denen Productis aber kommet der Oedenburger Wein in Betrachtung, womit ehehin sehr beträgliche Verschleisse nach Schlesien gewesen, allein die berühmte Weinhandler Mathias Schneller und Stephan Matton klagten, dass die dermalig königl. Preussische Verfassung fast allen Verschleiss unterbrochen habe, mithin dieser Handel völlig darnieder liege. Berührte Weine nahmen ihren

---

[1] Hier ist von den drei Leipziger Messen, die zu Neujahr, zu Jubilate und zu Michaelis abgehalten wurden, die erste gemeint. Vgl. Struensee, Kurzgefasste Beschreibung der Handlung der vornehmsten europäischen Staaten, II., 1. Abth., S. 73.

Zug nach Schlesien über Prespurg nach Stanpfen, Bresing,
allwo der March-Fluss passiret wird, weiter per Drasenhofen,
Nicolspurg, mit Beyseitlassung Brünn auf Wischau, sofort auf
der Post-Strasse nach Schlesien.

3. Der in Oedenburg so gar namhafte Vieh-Auftrieb an
Ochsen und Schwein-Vieh, verdienet angemerket zu werden,
indeme eine Mänge aus Nieder-Hungarn Theils von Local-Fleisch-
hackern, Theils selbst von denen Nieder-Hungarischen Vieh-
Handlern dahin gebracht und sodann durch verschiedene Par-
theyen nacher Wien, in Böhmen, in Mähren, in das Reich, und
nacher Sachsen getrieben wird. Man versicherte, dass manche
Woche 2 bis 3000 Stück Ochsen, dann 5 bis 6000 Stück Schweine
auf dasigen Markt kommen. Der Fürst Esterhazy, der dasige
halb Catholisch- und halb Lutherische Stadt-Magistrat, und die
P. P. Societatis Jesu, beziehen hievon eine Stück-Maut, welche
erstere Beyde conjunctim nach Belieben, das ist willkührlich
einen Kreutzer oder ein Ungarisch[1] auf jedes Stück Horn- oder
Klauen-Vich bestimmen, wovon die Helfte dem Fürsten, ein
Viertl dem Magistrat, und das vierte Viertl denen gedachten
Patribus zukommet. Es ist also keine Tarif vorhanden.

4. Vor den besten und vermöglichsten Negotianten haltet
man einen Namens Thüringer, dessen Handlung in Mittelfeinen
Tüchern, das Stück 22 Wiener Ellen lang, und 6½ Viertl breit,
im Preis von 20 bis 23 Reichsthaler gegen Content mit 5 p C^to
Sconto, sonsten aber auf 6 Monat Frist bestehet. Die meisten
kommen von Bielitz. Sonsten führet derselbe auch ordinari weisge-
bleichte Leinwanden, so Er aus Pohlen von Biala nächst Bielitz
ziehet, und deren Beschreibung bey dem Ort Bielitz und Biala
mit mehreren Umständen vorkommen wird. Item Ganz- und
Halb-Rasche, und zwar erstere à 33 Wiener Ellen lang, und
1⅓ deto breit, von Bresslau, franco Wienn, à 23 Fr, Letztere
hingegen, die bessere Sorte à 7 Fr und die etwas geringere,
à 6½ Fr aus Preusisch-Schlesien, in der Länge à 20 Wienner
Ellen und Breite à 7⁄4 deto. In wenigeren Quantis führet derselbe noch allerley andere leinene Waaren, nebst diesen aber

---

[1] Ein kaiserlicher Dukaten = 4 Gulden 10 Kreuzer, ein Kremnitzer Dukaten
= 4 Gulden 12 Kreuzer. Ein Gulden = ⅔ Reichsthaler = ½ Species-
thaler — 20 Silbergroschen = 16 gute Groschen = 60 Kreuzer =
100 Ungarische = 240 Pfennige. Ein Siebenzehner — 17 Kreuzer.

auch gedruckte Hamburger Flanelle, so Er in Wienn erkaufet,
und die ⁵/₄ breite Wienner Maass dreyfärbig à 36 xr, die Ellen
breite deto aber à 27 xr und so respective die zweyfärbige
à 33 et 34 xr bezahlet. Limberg und Steiner, eine Compagnie,
führet ordinari-, mittel- und feine Tücher, ziehet die Ersteren
aus Mähren, die Zweyten aber von Bielitz, und die Dritten sind
Aachner Tücher. Johann Georg Menhard, hat gleiche Waaren,
wie der Thüringer, und ist unter einem in Bielitz possessioniret,
allwo Er zu seinem Vortheil die gedachte Bielitzer Tücher
fabriciren lasset, dann auch die Leinwanden einkaufet, massen
derselbe nicht nur vor sein Waaren-Lager in Oedenburg, sondern
auch auf anderwärtig Hungarische Plätze, als Pressburg, Debrezin, Eperies, Caschau, Neusol, und Leitschau Versendungen
machet. Nach seiner Erklärung sind die Sorten, die Wienner
Elle von 25 bis 40 Groschen, die Leinwandgattungen aber,
worunter auch Linzer- und Steyerische befindlich, von 8 bis
30 xr. Ferner sind noch gute Handlungen: Godtlieb, und Ferdinand Krug, in vorgemelten Wollen- und Leinen-Waaren.
Endlich der Negotiant Samuel Blechel in Tüchern, Halb-Raschen,
wollenen Sächsischen Zeugen, als: Calamant, Barcan, Floretas
etc. etc. nicht minder in allerhand Seyden- und Leinen-Waar.
Es ist nichts beschwerlicher, als von Kaufleuten herauszubringen,
woher Sie ihre Waaren ziehen, indem Sie in diesem Geheimnuss einen grossen Vortheil setzen, mithin wird sothanes die
Ursach seyn, wann nicht bey jedem Specifico der Ort, woher?
samt dem Ankaufs-Preis weiterhin vorkommen wird können.

5. Man hat allen erwehnten Handelsleuten die mitgehabte
Muster von Landes-Fabricaten sehen lassen, auch die Preise
erkläret, und von Ihnen die Versicherung erhalten, dass Selbe
an die Compagnie schreiben, und in ein- so anderen Sorten
Proben machen würden, ja der Thüringer versprache, bey nächst-
bester Gelegenheit die Brünner Niederlage selbst in Augenschein
zu nehmen. Man hat also ihr Compagnie hierüber, und von
weiters vorgekommenen Gelegenheiten zu Debiten, auch gemachten Bekanntschaften, von Zeit zu Zeit Nachricht gegeben.

6. Vermög Aussag der Kaufleute, bezahlten Selbige der
Zeit an Hungarisch-Dreissigst von Erbländischen Waaren aus
Mähren 5 p Cto und aus Oesterreich nur 2 p Cto. Der aus-
gehende Wein entrichtet der Eymer in Oesterreich 18 xr, in
Preüsisch Schlesien aber 23 Reichsthaler.

7. Anbelangend die Ellen-Maass und das Gewicht, sothanes gehet mit dem Wienner überein;[1] die Getrayd-Maäss
aber verhaltet sich nach der Pressburger, und haltet ein Metzen
25 Maass. Das Messen geschiehet durchaus gestrichen, die
Knoppern und Nussen alleinig ausgenommen, als deren Maass
um die Helfte grösser ist. Der Wienner Metzen soll um ⅛
kleiner als der Oedenburger Getreyd-Metzen seyn. In der
Nassen Maass hält der Eymer 40 Hungarische Maass, deren
30 einen Oesterreicher Eymer machen. Es sind aber die Oester-
reichisch- und Mährische Eymer gleich, folgbar bestehet der
Unterschied nur in deme, dass der Oesterreicher 40 und der
Mährische 52 kleinere Maass haltet, der Oedenburger ist also
gegen einen und den anderen um den vierten Theil grösser.
Der zweyte Handels-Platz

Presburg.

8. hat eine zimliche Handelsschaft, und zwar sonderheitlich
zur Markts-Zeit. Es gehen alldort gleichfalls feine, Mittel-
und ordinari Tücher, Seyden-Waar von allerhand Sorten, wollene
Zeuge sowohl, als verschiedene Leinen-Waaren, wie das mehrere
bey Anführung deren Negotianten vorkommen wird. Dann zu
gedachter Markts-Zeit finden sich viele Hungarische, und auch
Kaufleitte aus deutschen Erblanden ein, worunter aus Mähren
etwelche Neutitscheiner Tuchhandlere, und die Nicolspurger
Juden. Die ansessige Presburger Kaufleute jedoch, auser einigen,
die auch auser Markts-Zeit en gros-Versendungen in Hungarn
thuen, haben ihro meiste Verschleisse nur in Loco, oder auf
umliegenden Oertern.

9. Die Kaufmannschaft hat eine Bruderschaft und ist pri-
vilegirt auf- und anzunehmen, wen Sie will; folgbar beruhet
der Numerus restrictus bey Ihnen. Sie wird in Eisen-, Seyden-
und Specerey-Händlere unterschieden.

10. Von erheblichen Commercial-Fabriquen ist nichts zu
finden. Ein sicherer Specerey-Handler Finaci, welcher unter

---

[1] Ein Schuh = ⅙ Klafter = 6 Zolle; 689 Wiener Schuhe = 284 Wiener
Ellen; eine Wiener Elle = 1¹/₁₂ Brabanter Elle — 29 Zolle.
Ein Wiener Centner = 5 Steine = 100 Pfund; ein Wiener Pfund =
16 Unzen = 32 Loth; ein Loth = 4 Quentchen = 16 Pfennige.

einem Ausländer-Weine, Rosoglio und Pappier führet, hat ein
Privilegium privativum auf die Fabricirung der Wachs-Fackeln.

11. Des Platzes beste Kaufleutte, mit denen zu sprechen
die Zeit zugelassen hat, sind: Christian Sigmund Casper oder
die sogenannte Braunische Erben, welche in zweyen Gewölbern,
in einem die Tuch- und in dem anderen die Seyden-Handlung
führen. Die Tuch-Sorten bestehen in Aachnern, im Preis die
Elle à 2 Fr bis 3 Fr 15 xr. Die Hoch-Rothen aber à 3 Fr 48
bis 4 Fr 45 xr. Die ordinari gehen in Stücken à 18 bis 24 Fr,
worunter meistens Mährische Tücher seynd. Die Cron-Rasch
ziehen selbige von Hamburg, in der Länge à 29 Yards oder
33 Wiener Ellen, in der Breite 1¼ letzterer Maass, der Preis
ist à 21 bis 22 Fr. Von dannen nehmen Selbe auch rothe
und schwarz gedruckte Flanelle in zweyen Sorten, nemlichen
⅝ und Elln breit. Die Preise sind nach denen Einkaufs-Kosten
in Leipzig die breiteren die Brabander Elle, deren 41 31 Yards
machen, à 8 gute Groschen dreyfärbig, und 7 gute Groschen
zweyfärbig, die schmählere dreyfärbige à 6 gute Groschen, und
die zwoyfärbige à 5 gute Groschen. Item ziehen Sie von Hamburg allerley Zitz und Catton von unterschiedener Feine und
Preisen. Von Neurode nehmen Selbige ein grosses Quantum
Halbrasche in der bekannten Länge, à 22 Wienner Ellen, und
bezahlen selbe in Loco Neurode à 6¼ Fr. Eben von dannen
werden Ihnen von einem sicheren Genedl 44 Wienner Ellen
lange und 14 Sechzehendl breite Castor-Zeüge franco Wienn
per 13 Fr geliefert. [1] Mit halbrohen Leinwanden oder sogenannten Cannefassen versehen Sie sich von Linz, in der Breite
1¼ und in der Länge 30 Wienner Ellen; die Sorten sind à 9,
11 et 13 Fr. Von der Qualität der Halbrasche, Halb-Castor
und Linzer Leinwanden zeigen die Muster in dem Allegato
sub Nᵒ 1. [2] Die seidene Waar aller Sorten nehmen Sie meistens
directe aus Italien, und die sogenannte Schweitzer Zeuge, halb
von Baumwollen und halb von Seiden, ebenmässig aus der
Schweitz, etwas jedoch wird auch in Wien abgenommen. Diese
letztere Sort findet einen starken Zug, dass es der Mühe ver-
lohnen würde, diese Waare nachzumachen, wie dann zwar bereits in Wienn ein Anfang darmit geschehen, allein der Preis

---

[1] Ueber Genedl vgl. Fechner an verschiedenen Orten, s. Register.

[2] Die Beilagen fehlen. Die Verweisungen auf dieselben meinte ich nicht
unterdrücken zu sollen.

ist noch zu hoch, indeme man die Elle à 50 xr erkaufet, wo
die Wienner Waare vermög erhobenen Mustern à 54 xr zu
stehen kommet. Der Daniel Maitani ist ein Niederläger, so
blos en gros verschleisset; derselbe führet alle vorbenannte
Waaren und über dieses viele andere Schweitzer Waar in
Bändern, Gallonen und Flor. Seine Provisiones geschehen alle
aus der ersten Hand, und da man demselben die zu Heraletz
in Böhmen[1] fabricirt-werdende kleine Flanell-Muster vorzeigte,
so verlangte Er von denen zwey- und mehrfärbigen von jeder
Platte einen Muster-Abdruck zu seiner besseren Ersehung, und
versicherte sodann, sich von daraus providiren zu wollen;
wessentwegen der Einsendung halber der privilegirten Mährischen Compagnie die Nachricht gegeben worden. Dieses Gros-
sirers Handlung stehet in einem sehr guten Renomée, wie Er
dann selbsten ein gar fein- und bescheidener Mann ist. Franz
Joseph Heggi zum weissen Creutz ist wie die Braunischen
Erben assortiret, ziehet jedoch auch Mährische ordinari Trillich
und Zwillich mittelst Tyrnau. Johann Hausch negotiret nur
mit Halbraschen, Flanell, Cannefassen, und derley ganz- und
halb-leinenen Fabricatis, wie auch mit ganz- und halb-seidenen
Waaren, man haltet Ihn vor sehr gut und rühmet seine starke
Verkerung. Dominicus Faber führet gleiche Sorten, ist jedoch
nicht so stark wie der Vorhergehende. Johann Poltz ist hauptsächlich ein Tuchhandler, führet aber nebenbey Ganz- und
Halbrasche; dessen Tücher-Sorten, ihre Länge, Breite und
Preise, sind aus der Beylag Nro 2 zu entnehmen. Carl Mader
ist ebenmässig ein blosser Tuchhandler und hat ein wohl ein-
gerichtetes Gewölb, meistens mit Aachner und Leydner Tüchern
assortiret. Demselben gefielen die vorgezeigte Muster derer in
Mähren auf Holländische Art gearbeiteten Tücher; Er behän-
digte also eine Muster-Chart, wie eine dergleichen sub Nro 3
zu ersehen, und verlangte zu einer Probe die Einsendung der
nemlichen Farben und Gattungen, wovon die Compagnie auch
alsogleich benachrichtiget worden. Man wollte jedoch sagen,
als ob seine Handlung in Abnehmen wäre. Noch ein anderer
Mader, ein Specerey-Handler, ist ein sehr vermöglicher Mann,
mit dem man sich in Gold-Sachen sehr sicher einlassen
könnte. Der Joseph Mayer, der Compagnie bisheriger Corres-

---

[1] Siehe unten Anhang b.

pondent, hat nur ein kleines Waaren - Lager meistens von Nürnberger Waaren.

12. Diesen Kaufleuten, als welche die beste sein sollen, wurden jeglichen die in sein Handlungs-Weesen einschlagende Erbländische Fabricata vorgezeiget, die Preise eröfnet, Ihre Meynung darüber abgefordert und Sie darmit zu versehen anerboten. Dieselben nun stelleten an der Qualität und denen Preisen kein mehreres aus, als dass Sie die Cron-Rasche schärfer gepresset und die Halbrasche annoch wollreicher verlangten, versicherten dagegen, dass die Waaren in der Nähe haben zu können gar anständig seye, wessentwegen Sie mit der Mährischen Compagnie einige Versuche thuen würden.

13. Die Wasser-Fracht von Wienn bis Presburg ist vom Centen à 18 xr, zu Lande aber, wie auch zu Wasser von Pressburg nacher Wienn gegen den Strohm, à 24 xr; der bessere und schlechtere Weeg jedoch, wie auch die theuer- oder wohlfeilere Fütterung, machen, wie aller Orten, einige Veränderung. Von Pressburg bis Brünn aber wird vom Centen à 1 Fr 45 xr gemeiniglich accordiret.

14. Presburg hat eine Stadt-Mauth, welche nur Fremde bezahlen, die Einheimischen aber frey sind. Man zahlet von denen Waaren und erweget hiebey die Befrachtung; höchstens jedoch wird von Wagen 36 xr abgenommen. Die Zahlung bey der Ueberfuhr auf der fligenden Bruck ist von einem Fussgeher 3 Hungarisch, von jeglichem Schaaf, Schwein, Ziegen, Kalb 3 deto, von einem Pferd oder Rind-Vieh 9 xr, von einer geringen Caless 6 xr, von einem Landkutscher oder leeren Fuhr-Wagen 12 xr, von einem beladenen grossen Wagen von ein bis 3 Fr, gemeiniglich aber 1 Fr 30 xr. Die Dreyssigst-Gebühren wurden angesagt aus Oesterreich von 100 Fr Capital 2 Fr 24 xr, aus Mähren 5 Fr, und aus fremden Landen 30 Fr.

15. Von einigen Commercial-Statutis, Wechsel- oder Handlungs-Ordnungen ware nichts zu vernehmen, sondern es soll vielmehr zu grösten Nachtheil derer Negotianten daselbst üblichen Rechtens seyn, dass wann ein Chyrographarius[1] mit einem Wechsel-Innhaber bey Gerichten concurriren, der Erstere vorgezogen werde.

---

[1] Chyrographarius creditor, Inhaber eines Schuldscheines.

16. Von denen Hungarischen Münzen ist wenig zu melden, indem Selbige mit anderen der deutschen Erblande gleich sind, die alleinige sogenannte Hungarische sind eine Special-Sort des Landes, deren 5 einen Silber-Groschen machen; man führet jedoch bey denen Kaufleuten die Rechnung in Gulden und Kreutzer. Die Elle und das Gewicht ist dem Wiennerischen gleich, und die Getreyd-Maass ist allbereits bey Oedenburg beschrieben worden. Es wird nur noch beygerucket, dass selbe auch in Viertl und Achtel zertheilet werde. Der Eymer ist in 30 Hungarische Maass vertheilet und sonsten dem österreichischen gleich. Der dritte Ort ist

Raab.

17. Der Raaber Wein hat eine ziemliche Anwähr in Mähren und Ober-Schlesien. Von anderen Productis aber ware nichts sonderliches zu vernehmen.

18. Es traffe eben der Frohn-Leichnams-Tag,[1] den man zur Zeit mit der gewöhnlichen Procession begienge; wobey dann die ansehnliche Menge an Catholicken (massen dermalen nicht nur allein der ganze Rath pur catholisch, sondern auch vor andere Glaubens-Genossen kein Bett-Haus mehr vorhanden ist) und über dieses die grosse Anzahl deutscher Handwerksleute, welche die National-Hungarn gar merklich übersteigen, zu bemerken ware. Es bestunden jedoch Selbe meistens in Zimmerleuten, Maurern, Schuchmachern, Schmieden, Schlossern etc. In Betref derer Handschuchmachere sind folgende Umstände entdecket worden: dieselben klagten nämlich, dass so wenig Weisgärber im Lande, und deren zu Pressburg 3, zu Oedenburg 1, zu Raab 1, zu Stuhlweisenburg 1, zu Comorn 1, zu Pest und Ofen 2, mithin zusammen nur 9[2] wären, worgegen an Handschuchmachern in Presburg 7, in Oedenburg 4, in Raab 5, in Comorn 4, in Pest und Ofen 2, und in Stuhlweisenburg einer sich findet, so zusammen eine Zahl von 23 Meistern ausmachen; Sie müssten also das Weisgärber-Leder etwas aus Steyer-Markt, das meiste aber von Augspurg kommen lassen.

19. Die Handlung stehet in Raab jedermann frey; es kann also, wer nur will, was und wie ihm anständig handlen,

---

[1] Derselbe fiel 1755 auf den 29. Mai.

[2] Die Relation hat irrthümlich: 8.

wordurch die dasige Kaufleute in den Umstand gesetzet werden, dass Sie von allen gangbaren Waaren assortiret seyn müssen, und dahero zu ihrem Negotio ein betrüglicheres Capitale bedürfen. Die Jahr-Märkte, vermuthlich weilen es eine Vestung ist, werden vor der Stadt gehalten. Es ware eben einer zur Zeit des Daseyns, allein die Zusammenkunft von Kaufern und Verkaufern ist gar nicht beträchtlich, und wird auch nichts sonderliches in grösseren Verkehrungen gethan. Die alleinigen Seidenhandlere und Tyroler halten den Markt in der Stadt, ohne dass Jemand zu sagen wuste, warum solches geschehe? Die christliche Kaufleute beschwereten sich, dass denen Juden auf dem Markt ein besserer Verkaufs-Anplatz als Ihnen angewiesen seye. Der Auftrieb an Pferden ist stark, und darunter kommen recht ansehnliche Stücke vor. Die dortortige Pottaschen-Handlung, welche Ott seel. Erben am stärkesten führen, ist gleichfalls considerabl; der Centen galte damalen, oder wurde verkaufet à 4 bis 5 Fr: dieweilen aber von einem Verboth der Ausfuhr ein Gerücht entstanden und die Ausländer von darunnen einen Vorrat zu machen suchten, so ware der Preis um 1 Fr gestiegen.

20. Einer der mächtigsten Negotianten dieses Orts ist Adam Richter, dessen Handlung mit Ganz- und Halbraschen, gedruckten Flanell, Barcan, Floretas, Taboretten, Strucken, Cannefassen, blau- und weisgestreiften Leinwanden, Schachwitz, Linzer Leinwanden, von N^{ro} 19 bis 40, und auch anderen Schlesischen Leinwand-Sorten geführet wird. Ein anderer ansehnlicher Negotiant Namens Deller, führet eben dergleichen Waar. Ferdinand Conradi gehöret ebenmässig unter diese Classe, ingleichen Johann Fux samt seinem Sohn, und ist zwar der Vatter vor künftig Ihme Sohn meistens die Handlung zu überlassen gesonnen. Mittelmässig sind: Franz Joseph Horwat, die Eichingerische Erben, Claus und Andreas Limb, wovon der Claus, der Horwat, dann der oben bemerkte Conradi unter einem Aachner und Mährische Tücher führen. Geringere sind Anton Konrider, Wienner, Dureck und Dertmann. Der Freund der Compagnie Joseph Seiler ware noch ein Anfänger, unverheurathet, und ohne sonderbare Mittel. Ansonsten befinden sich in Klein Zigeth, gleich an Raab, annoch ein paar ansehenliche Jüdische Handelsleute, wovon einer. Namens Hirschel Moor, meistens Tuch- und nur etwas Seiden-Waaren, der Franzel

Löw dargegen mit keinem Tuch, sondern lediglich mit Seiden-, Leinen- und anderen ganz- und halbwollenen Waaren handlet. Unter denen auf dem Platz quaestionis gangbaren Waaren-Sorten sind die Linzer Ganz-Rasche, wovon die Elle à 17 bis 18 Groschen zu stehen kommet, die Preüsisch-Schlesische Silberberger Halbrasche, die besseren das Stück à 7 Fr und die geringeren à 6½ Fr, die Sächsische halb-baumwollene Barchet oder Cannefass, 16 Wiener Ellen lang, in Sorten von 5 bis 10 Fr, Mährische Schachwitze, so über Tyrnau gezogen werden, gedruckte Flanelle à ³/₄ et Elln breit, die dreyfärbigen breiten, die Elle à 12 Groschen, die schmaln à 9 Groschen, die zweyfärbigen breiten à 11 Groschen und die schmale à 8 Groschen; die Aachner Tücher, die Brabander Elle in ordinari Couleurn in loco Leipzig à 44 gute Groschen, in fein ponceau und cremoisin 44 bis 60 gute Groschen; die über Tyrnau ziehende ordinari Mährische Tücher, das Stück à 20 Ellen à 19 Fr, Bresslauer Ganz-Rasche, das Stück zu 33 Wiener Ellen, à 23 Fr, Schlesische Leinwanden in Schocken, oder à 42 Wienner Ellen, von 10 bis 30 Fr. Hiernächst gehen, wiewohlen nicht so stark, Doppel- und auch Lucceser Damaste, Grosdetour, Sammet, Plüsche, Taffet, und verschiedene wollene Zeug-Waaren, Görlitzer und Breslauer Tücher, Erstere à 30 gute Groschen, und die Letztere von 30 bis 45 Silber-Groschen, Linzer halb-gebleichte Leinwanden, oder Cannefass, das Stück à 30 Wienner Elln lang, und 1¼ breit, pr 9 Fr etc. etc. Von denen besseren Tücher-Sorten, und denen Halb-Raschen, weilen, wie unten folget, an denen in Mähren verfertigenden noch etwelche Ausstellungen gemachet worden, hat man Muster, welche in der Beylag sub N^ro 4 enthalten sind, erhoben.

21. Die Verhandlungen mit denen angeführten Negotianten sind gewöhnlichermassen gepflogen worden, und hat man Selbe auf alle Art und Weis aufgemuntert, anstatt der ausländischen mit denen vorhandenen Erbländischen Fabricaten einen Versuch zu machen, darüber auch die Versicherung erhalten, sofort die Compagnie von denen Vorfallenheiten deren erworbenen Freunde informiret. Bey denen mehr erwehnten Halb-Raschen wurde auf Vorzeigung der Muster ebenfalls eine mehrere wollreiche und Bedeckung des leinenen Fadens gefordert.

22. Die gangbaresten Couleurn derer Halb-Rasche sind: franz- und kornblau, dann dunkel- und lichtgrün, endlich etwas weniges von schwarz- und brauner Farben.

23. Das Fracht- oder Schiffer-Lohn von Wienn bis Raab kostet der Centen 7 bis 8 Groschen, zu Land aber 9 bis 10 Groschen. Von Raab bis Brünn, und dargegen, zahlet man vor einen Centen 2 Fr 30 xr.

24. Die Dreyssigst-Gebühr ist wie in Presburg; von einer Particular-Mauth aber hat man nichts erfahren.

25. Das Gewicht ist dem Wienner gleich, die Ellen-Maass aber um 1½ p Cto grösser. Die Getreyd- und Wein-Maass kommet mit Presburg über ein. Der vierte Ort ist

Comorn.

26. Allhier wird ebenso, wie in Raab, negotiret, das ist von denen Ansässigen in Loco und auf denen umliegenden Oertern. Sie hollen Ihre meiste Waaren von Tyrnau, Presburg, und Wienn, und sind die besten Negotianten alldort: Johann Kutschera et Compano, vel Johann Thonner, Joseph Wagner, dann die Grichen Rosa Demeter et Compagnie, ferner Georg et Nicola Poppowitsch Compagnie. Geringere sind: Johann Eigel, Cajetan Freund, und Philipp Kissler. Ihre Assortirungen sind fast einerley und bestehen in feinen Tuch-Sorten, als Draps de Berry, 1¾ Wienner Elln breit, in ordinari Couleurn die Brabander Elle à 60 gute Groschen, Aachner Tüchern, ordinari Farben von der feineren Sort deto à 48 gute Groschen, von der mitteren à 44 deto, ponceau und cremoisin à 55 bis 60 gute Groschen, Görlitzer Tücher, eben die Brabander Elle à 30 gute Groschen, dann ordinari Mährische Neutitscheiner Tücher, das Stück 20 Wienner Ellen lang und 6/4 breit von 17 bis 19 Fr; in gedruckten Flanelln, 5/4 breite dreyfärbige von Leipzig die Brabander Elle à 8 gute Groschen, und zweyfärbige à 7 gute Groschen, die Elln breite dreyfärbige à 5 gute Groschen; in Cron-Raschen, so zweyerley sind, als bessere, welche von Linz kommen, die Wienner Elle à 54 bis 57 xr, und geringere, so von Bresslau über Tyrnau gezogen werden, die Elle à 45 xr; Schlesische Halb-Rasche, bessere à 6 Fr 36 xr, und etwas geringere à 6 Fr 15 xr; in halb-gebleichter, aus Pohlen von Biala bringender Leinwand, das Stück 60 Bresslauer oder 44 Wienner Ellen lang und 1½ breit à 6 Fr 6 xr, in

gebleichter Teschner Leinwand, so aber nur Ellen breit, in
Sorten von 6 bis 9 Fr. Man findet sonsten auch noch andere,
bey Raab beschriebene Leinen- und wollene Zeug-Sorten. Ueber
die Ganz- und Halb-Rasche, dann gangbareste Couleurn in
verschiedenen Tuch-Sorten, ist die Muster-Chart sub N^ro 5 beygefüget.

27. Die Mauth sowohl, als die Maass und das Gewicht,
verhalten sich wie bey Raab bemerket worden. Die Fracht
aber ist von Wienn zu Wasser per 1 Centen 30 xr, und zu
Lande 14 bis 15 Groschen.

28. Eine Meile von Comorn gegen Osten zu Almas wird
roth und grau gebrochener Marmor geschnitten und geschliffen;
der rothe bricht zu Tardasch, und der graue zu Schittna.[1]
Der Marmor-Schleiffer Johann Paul Gruber verkaufet ein Paar
zierliche Tisch-Blätter per 20 Fr. Es werden auch Saltz-Fässer,
Messer-Schaalen und andere Kleinigkeiten verfertiget.

Der fünfte Ort ist:

Set. Andre.[2]

29. Die Handlung dieses Orts ist in Handen lauter Griechen,
wie sich dann 7 grichische Kirchen allda befinden. Unter denen
Negotianten sind die meisten reich- und vermögliche Leute,
welche ihre Handelschaft bis in die Türkey ausbreiten.

30. In der Gegend ist starker und meistens rother Wein-
Bau, worunter etwelcher in den Burgunder einschlägt. Der
Preis war zur Zeit sehr wohlfeil, dann der Beste wurde der
Eymer à 1 Fr 45 xr, und der geringere à 1 Fr auf der Stelle
feilgeboten.

31. Die berühmteste derer vorgemelten Kaufleute sind:
Sagarovitz et Lobsansky, Jano Popoviz, Ava Kumoviz, Ge-
brüdere Szenkoviz et Prambovan. Ihre Waaren-Lager sind
sehr ansehnlich, kaufen viel gegen content, und sind folgender
Massen assortiret: mit Aachner Tüchern ordinari Farben, die
Wiener Elle à 3 Fr, Violet und Ponçeau à 3¾ Fr, die ordinari
Mährische Tücher, so schon öfter vorgekommen, ziehen dieselbe
auf denen Tyrnauer Märkten; item Fulnecker Tücher von
Wienn, die Elle à 1 Fr, Sächsische Cron-Rasche das Stuck

---

[1] Die Dörfer Tardos und Siter des Comorner Comitates.

[2] Szent Endre an der Donau im Pester Comitat.

por 33 Wienner Elle à 22 bis 23 Fr, Schlesische Halb-Rasche
in Brünn à 6 et 6¼ Fr; die übrige Sorten an Linzer und
Schlesischen Leinwanden, Flanellen, Schweitzer und anderen
Wollen-Zeugen aber wie schon beschrieben worden. Sie frequentiren beständig die Leipziger Messen, und ware eben damalen
von der Compagnie Sagaroviz und Lobsanzky ein Bedienter
dahin abgesendet, um zu sehen und die Mittel ausfindig zu
machen, wie ohneracht deren gesetzten 30 p Cto die fremden
Waaren herein und à Conto zu bringen wären.

32. Sowohl zu Comorn als in St. Andre hat man mit
Vorzeigung derer Muster-Charten die Erbländische Waaren
beliebt zu machen gesuchet. Die Gegen-Erklärungen fielen
auch ganz geneigt aus, und versprachen Sie sammentlich den
nächstkommenden Brünner Markt, der Compagnie Waaren-
Lager in Brünn zu besuchen.

33. In der Mauth, Maass und Gewicht ist allhier keine
Veränderung; der Eymer aber gehet mit dem gleichfolgenden
Ofner über ein. Der sechste Ort ist

Stuhlweisenburg.

34. In der Gegend dieser Stadt sind zwar Wein-Gebürge,
deren Gewächse aber weder in der Qualitæt, noch Dauer-
haftigkeit denen Ofnern gleichet. Dargegen ist der Stuhlweisenburger Comitat von denen guten Schaaf-Zuchten und
der daher abfallenden sehr gesuchten Wolle ungemein berühmt. Dieselbe würde auch noch einen mehreren Vorzug
erhalten, wann die Schaafleroyen mit guten Ordnungen versehen, darunter die Reinigkeit besser beobachtet und die Verfälschung Theils von einigen Schaaflern, Theils denen Juden
verhüttet würde.

35. Der Ort hat viele deutsche Handwerksleute, und
auch eine Tuchmacher-Zunft von 9 Local-Meistern, bey der
jedoch viele andere im Land zerstreute Meister incorporiret
sind. Die verfertigende Tücher jedoch sind in dem Gespünst
sehr grob und haben Mangel an einer tüchtigen Walke. Die
man gesehen, waren blau, und 7 Wienner Viertl breit, wovon
die Elle à 26 Groschen verkauft wurde. Man machet auch
etwas Pfund-Leder, dessen der Centen 30 Fr kostet, und erhielte die Nachricht, dass ein paar rohe Häut der schwern Sort,
allwo 3 Stuck auf einen Centen gehen, à 9 Fr erkaufet werden.

36. Die Handlung ist daselbst nicht gar gross, obwohlen eine Handelsgenossenschaft verhanden, welche ausser der Markts-Zeit allein negotiren darf, folgbar denen Tuchmachern nur ihre eigenen Fabricata zu verkaufen verstattet ist. Ein einziger Kaufmann kan recht vermöglich und sicher genennet werden, mit Namen Jacob Ueblacker. Geringere aber sind: Anton August, Johann Riedler und Johann Stipschitz. Man glaubet also, dass der Sicherheit wegen sich mit Letzteren nicht anderster, als gegen content einzulassen wäre. Die gangbare Waaron daselbst sind: allerley ausländisch feine Tücher, über deren Qualitæt und Preise eine Muster Chart sub N^{ro} 6 beygefüget ist, die Cron-Rasche per 33 Ellen lang zu 23$\frac{1}{2}$ Fr, und die Halb-Rasche, das Stück à 6$\frac{1}{2}$ Fr, werden in Presburg gegen content erkaufet. Die Couleurn, so gangbar, sind franzblau und coelest, dunkel- und grasgrün, caffee- und nägelbraun, dann scharlachroth. Ueber die Qualitæt sind Muster sub N^{ro} 7 beygebogen. Es gehen auch Linzer Schachwitzen in zwey Sorten, 30 Wienner Ellen lang und 1 deto breit à 8$\frac{1}{2}$ Fr und 6 Fr; item Mährische Trilliche in voriger Maass, das Stück à 5$\frac{1}{2}$ Fr; fein gestreifte Linzer Cannefass in zwey Sorten franco Wienn à 10 Fr et 7$\frac{3}{4}$ Fr; dergleichen geringere Mährische, franco Presburg à 6$\frac{2}{3}$ Fr, alles gegen content. Linzer Leinwanden sind in Gattungen und Preis, wie bey andern Orten schon bemerket worden. Von Zeug-Sorten werden Taborets geführet, 33 Ellen lang und $\frac{2}{3}$ breit, das Stück per 17 Fr, Grisset oder Florets von gleicher Maass à 17 Fr, gedruckte zweyfärbige Flanelle, $\frac{7}{4}$ Wienner Ellen breit, ungekeppert à 23 xr, die gekepperten Elln breiten aber à 48 xr. Item gehen noch Linzer Glanz-Leinwanden, das Stuck per 30 Wienner Ellen 1$\frac{1}{4}$ breit per 7 Fr; die currentesten Farben sind blau, grün, cremosin, etwas roth, schwefel- und limonigelb, worüber ebenfalls einige Muster sub N^{ro} 8 unter denen Allegatis zu finden. Daselbst sind auch noch zweyerley Barchet-Muster beygefüget, die in hiesiger Gegend gehen, das Stuck à 30 Wienner Ellen lang: der sogenannte Cronen-Bett-Barchet, Elln breit, kostet franco Presburg 8$\frac{1}{2}$ Fr, der Weisse $\frac{6}{4}$ breite 11$\frac{3}{4}$ Fr. Item gehen franco Wienn gegen content allerley gefärbte Steyrische Zwirne, des geringeren das Pfund à 16 Groschen, und der feinere à 24 deto. Der meiste Verschleiss-Zug ist von hieraus gegen Esseck und

Fünfkirchen; die Ofner und Pester Jahr-Märkte werden ingleichen gehalten.

37. Die Fracht einer gedungenen Fuhr bis Pressburg bestehet von Centen in 1 Fr 10 xr, von dannen aber, weilen sich
viele Ruckfuhren ergeben, 1 Fr. Die Mauth bestehet in dem
schon öfters angeführten Hungarisch-Dreyssigst. Ellen-Maass
und Gewicht sind wie in Wienn, und die Getreyd-Maass wie
in Presburg. Es wird hier alles gestrichen gemessen. Der
Eymer ist zweyerley: der grosse hält 40 und der kleine
30 Oedenburger Maass.

38. Ueber die schlechte Administration der Justiz wurden
viele heimliche Klagen geführet mit dem Beysatz: dass weder
bey dem Magistrat, noch bey dem Stuhl-Richter ohne reelle
Insinuirungen Recht zu erhalten seye. Sofern die erzehlten
Casus sich also verhalten und ihre Richtigkeit haben, so ist es
ein grosses Unglück vor demjenigen, der in einen Rechts-
Handel verfallet. Der siebende Ort ist

Ofen.

39. Die vortheilhafte Lage dieser Haupt-Stadt an der
Donau und gleichsam in dem Mittel des Landes, woher, als
aus einem Emporio, die umliegende Provinzien und Städte mit
denen Nothdurften füglich versehen werden könnten, sollte ein
viel beträglicheres Commercium, als würklich ist, nach sich
ziehen. Es ist aber, wie aus der weiteren Beschreibung er-
hellen wird, die Handlung der Situation nicht gemäss, ja der
gegenüber jenseits des Donau Strohmes liegende offene Ort
Pest kan billig vorgezogen werden. Man entdeckte durch
Besprechung mit denen Kaufleuten, zwey Ursachen dieser
Improportion. Die erste sollen die Mängl in Administrirung
der Justiz geben, indeme auch alle Handlungs-Sachen durch
den ordinari Rechts-Weeg oder Process vollführet werden, mithin
die Kaufleute in die Hände gewinnsüchtiger Procuratoren und
eigennutziger Richtere verfallen müssen; die Statuta und Ge-
sätze, nach welchen Recht gesprochen wird, sollen über dieses
solche Satzungen enthalten, welche denen Handels-Geschäften
in viele Weege nachtheilig sind. Von solcher Natur erzählte
man ein Institutum, dass, wann ein schuldiger Kaufman die
Zahlungs-Termine nicht zuhält und darüber von seinem Credi-
tore gerichtlich belanget wird, bey der Gericht-Stelle aber

einwendet, dass Er kein Geld zum Zahlen habe, Ihme frey-
stehet, soviel Waaren von denen Ihme selbst beliebigen Sorten
aus seinem Handels-Gewölb zu assigniren, als die Forderung
beträgt, welche sodann zwar gerichtlich, aber gemeiniglich
nach Gunst geschätzet werden, und der Creditor in solutum
anzunehmen gehalten ist, wodurch Er aber mit allerley Povel
überhäufet und gemeiniglich in den empfindlichsten Schaden
gesetzet wird. Dardurch nun gehet aller Credit verlohren,
und der einiges Vermögen hat, trauet sich nicht in Handlungs-
Sachen etwas zu unternehmen. Die zweyte, welche der Stadt
Pest einen Vorzug verschaffet, ist, dass die Ofner Negotianten
von allen einführenden Waaren $2\frac{1}{2}$ p C^{to} Leib-Mauth für Ihro
Majestät die regirende Königin von Hungarn entrichten müssen,
wovon die Pester frey sind. Es ist auch ganz natürlich, dass,
wann die Pester Kaufleute um $2\frac{1}{2}$ p C^{to} wohlfeiler verkaufen
können, sich endlich aller Handel dahin ziehen müsse.

40. Die considerablesten Kaufleute von Ofen sind: Johann
Baptist Bernucca, ein grosser Capitalist und potenter Handels-
mann, welcher sich aber nunmehro zu retiriren anfanget; sein
Contoir ist in der Wasser-Stadt; Bernard Joseph Bilansky, eben
daselbst; in der Vestung der Mathias Gutmann; in der Raitzen-
Stadt Baro Blaskoviz und Compagnie, wovon ein Compagnion
ein Handlungs-Gewölb in Peterwaradein haltet; annebst: Ephti-
nius Davidovics et Compagnie. Geringere sodann sind: Peter
Demiz et Compagnie, Alexander Traradoviz, und Andreas Pitta.
Die gangbaresten Capi sind mehrmalen die Halb-Rasche franco
Wienn à $6\frac{1}{4}$ Fr; die 44 Ellen lange Castor-Zeuge à $12\frac{3}{4}$ Fr;
die Linzer Leinwanden, das Stück à 30 Ellen lang und $1\frac{1}{4}$ deto
breit, von N⁰ 17 bis N⁰ 60 (von N⁰ 17 kostet das Stück 5 Fr,
wo sodann jegliche Nummer oder Sort um 30 xr steiget); steife
Leinwanden, 30 Ellen lang $1\frac{1}{4}$ breit, weiss à $4\frac{1}{2}$ Fr und
schwarz à 4 Fr; $\frac{5}{4}$ breite roth und schwarze Flanelle, ge-
keppert die Elle à 52 xr, ungekeppert à 21 xr; blau gestreifte
Bett-Barchet in Stücken à 20 Ellen lang $1\frac{1}{4}$ breit à 9 Fr
45 xr; sächsische Zeuge, auf Art der Brüssler Camlotte, die
Elle à 34 groschen. Nebst diesen gehen die schon öfters beschriebene Leydner, Aachner, Görlitzer und Mährische Tücher,
Cron-Rasche, auch in minderen Quantis, allerley Seiden-Waaren,
nebst gold- und silbernen Gallonen und Spitzen. Ueber ein so
andere von denen gemelten Waaren sind, wo es die Gelegenheit

gegeben, Muster erhoben und dem Allegato sub N° 9 einverleibet worden. In Alt-Ofen sind zwey recht grosse jüdische Handlungen unter denen Firmen Jeremias Moyses Kapl und Gebrüdere, dann Marcus Löbl und Seitl Hollitscher Compagnie, welche ihre Bestellte in Nicolspurg haben und ganz ungemeine Debite machen, indem sie um so wohlfeile Preise verkaufen, dass es ihnen fast Niemand gleichthuen kann. Sie haben also den Verlag sehr vieler Hungarischer Kaufleute, wie es in denen Folgen sich bewähren wird. Ueberhaupt messet man es denen grossen Zoll-Einschwerzungen bey, indeme der wenigste Theil ihrer Waaren behörig vergeben werden solle.

41. Die Frachten waren damalen von Wienn bis Ofen zu Land von Centen à 45 xr und zu Wasser herab à 30 xr. Hienauf ist die Fracht zu Lande der obigen gleich, zu Wasser aber à 24 bis 27 xr. Die Ursach der mehreren Wohlfeilheit gegen den Strohm wurde folgende gegeben: dieweilen denen Schiffleuten daran gelegen, ihre Schiffe hinauf zu bringen, und die Ladungen von Ofen nach Wienn seltsamer sind. Die Dreyssigst-Gebühren sind wie gewöhnlich, und von der Ofner Leib-Maut ist bereits oben Erwehnung geschehen.

42. Die Ellen-Maass und das Gewicht ist von dem Wiener nicht unterschieden. Der Eymer haltet 33 Maass oder 66 Halbe, und zwey Ofner Metzen geben 3 Presburger, wie dann auch die Zertheilung letzterer Maass in dreyen Dritteln bestehet.

43. Noch ist zu bemerken, dass in Ofen ein Drathzieher und gold- auch silberne Borten-Fabricant befindlich seie, sein Werk aber ist gering und giengen damalen nur zwey Stühle auf Halb-Borten. Der achte Ort ist

Pest.

44. Es traffe just, dass der Medardi-Markt[1] in Pest gehalten wurde, an welchen in der That ein grosser Zusammenfluss von Kaufern und Verkaufern sich befande. Derselbe wird, wie in denen meisten Hungarischen Ortschafften gebräuchlich, vor der Stadt gehalten, und damit die zahlreiche fremde Kaufleute in ihren Hütten die Sicherheit finden, so wird von

---

[1] Vom 8. Juni ab.

denen Land-Milizien beständig patroulliret und dergestalten
allen Unordnungen vorgebogen. Das eben zur Zeit haltende
Septemviral-Consilium oder Königl. Tafel ziehet über dieses
vielen Adel herzu und machet also diesem Markt sofort den
Kauf und Verkauf desto ansehnlicher. Daselbst versehen sich
die meisten umliegenden Cramere mit ihren Nothdurften, folgbar ist der Mühe Werth, dass ein nach Hungarn traficirender
Handelsmann den Markt baue.

45. Man findet hierorts in beträglichen Quantis alle die
bey denen vorhergehenden Hungarischen Handels-Städten beschriebene Waaren-Sorten, nebst allerley seiden-, in specie
aber viel halbseiden- und halb-baumwollene Schweitzer Zenge.
Ausser dem werden sehr viel Pferde, worunter die meisten
Wildfänge sind, und anderes Vieh dahin gebracht, so in sehr
gutem Preis zu kaufen kommet. Es waren über 10000 Centen
Macedonische Wolle vorhanden, die aber gleichwohlen in hohem
Preis, nemlich der Centen à 26 Fr aus der Ursach gehalten
worden, dieweilen die Eigenthümere in nicht verkaufenden
Fall Ausweege nach Sachsen und Schlesien damit haben.
Baumwolle ware ebenfalls ein ziemliches Quantum daselbst, der
Centen à 28 Fr. Den Taback in Blättern kunte man auf
etliche Tausend Centen rechnen; von ordinari galte der Centen
3 Fr und von dem besseren so genannten Raitzischen $3\frac{1}{2}$ Fr.
Endlichen ist eine recht verwunderungswürdige Mänge an rohen
Häuten anzutreffen gewesen; das Paar Ochsen-Häut kostete 5 bis
6 Fr; der Vorrat bestunde wenigstens in 5 bis 6000 Stucken.
Die Küe-Häute kaufete man das Paar à 2 Fr 15 xr et 2 Fr
30 xr, und beliefen sich wohl auch auf 4 bis 5000 Stuck.
Zackel-Häute, circa 15000 Stuck, 100 Stuck à 5 in 6 Fr. Es
ist jedoch nicht ohne, dass sehr viele Sterblinge untermischt
zu werden pflegen. Man findet sonsten vielerley andere Türkische Waar alldort, als: Saffian, roth-, gelb-, schwarz- und weissen,
den Puschen à 10 Stuck, von denen grösseren à 13 Fr und
von denen kleineren à 8 Fr; gesponnene Baumwolle, die feine
das Pfund à 25 Groschen, die mittere à 1 Fr und die ordinari
à 16 groschen; rothen Bagazin oder Türkische Tüchel, das
Stückel $7\frac{1}{2}$ Ellen lang und $^{11}/_{16}$ breit, à 2 Fr 6 xr; roth-
türkisch Garn, nach Unterschied der Feine in der Gespunst
und Farbe das Pfund à 20 bis 30 Groschen; Levantischen
Caffee, die Occa (oder zwey ein viertl Pfund) à 2 Fr 16 xr;

Aarabischer Weyrauch deto à 2¼ Fr; Reiss à 12 xr; Cibeben[1] à 16 xr; Datteln à 18 xr; Feigen à 12 xr; Baumœl à 27 xr; feine Türkische Blätter, Soldan genannt, à 1 Fr 8 xr.

Unter die wohlhabenste Kaufleute zehlet man daselbst: Johann Ferdinand Uistaloschi, vulgo Braunreütter, Franz Eiserich, und den wider die Freyheiten der dasigen Kaufmannschaft durch Patrocinanz unlängst eingeschlichenen Grichen Michael Popowitsch. Es ist auch ein Niederläger allda, Namens Johann Bernard, mit Hollitscher Catton, den man aber nicht allzu sicher schätzet. Andere mittelmässige sind: Johann Georg Hochhauser, Georg Damianoviz, Anton Catisch, und Georg Michael Tausch, welcher Letztere aber, auser denen Waaren der Mährischen Compagnie, mit blossen Materialien handlet. Aus Gelegenheit des gedachten Markts ist man noch mit einigen fremden Negotianten bekannt worden, als von Tottis mit dem Johann Niclas und Compagnie, welcher seine Halb-Rasche à 6¼ Fr in denen schon sonsten vorgekommenen Farben, weisse Flanelle, das Stück 33 Ellen haltend, à 20 Fr, gedruckte dreyfärbige ⁵/₄ breite Flanelle à 45 xr, und Elln breite à 28 xr, von denen gemelten Alt-Ofner Juden abnihmt; dergleichen mit dem Johann Michaleck, Johann Manulli und Andreas Demeter; von Weitzen mit dem Christoph Alexander, einem Grichen, und Abraham Giurg, eben dieser Nation; von Gran mit dem Georg Petrowitz. Man übergehet hier und künftig zu wiederhohlen, dass man diesen Kaufleuten die Fabricata derer deutschen Erblanden angenehm zu machen gesuchet, indeme diese Schuldigkeit überhaupt nicht auser Acht gelassen worden, und wird demnach nur jenesmal diesen Passum berühren, wann einiger bemerkungswürdiger Umstand miteinschlägt. Die ermelten Handelsleute wünschten eine Ihnen convenable assortirte Niederlage von Erbländischen Waaren alldort zu haben.

46. Von der Fracht, Maass und Gewicht etc. ist kein mehreres beyzubringen, als bey Ofen bereits gesagt worden, mit der alleinigen Beyruckung, dass der Eymer jungen Ofner Weins nicht mehr als 25 Groschen gegolten habe.

47. In der Reise nacher Esseck wurde der Ort Mohaz passiret, und unter währender kurzen Verweilung, bey Ver-

---

[1] Grössere Sorte Rosinen.

wechslung der Post, mit dem daselbstigen Grichischen Negotianten Constantin Popowitsch gesprochen, welcher sonderheitlich viele Cron- und Halb-Rasche von dem Alt-Ofner Juden
gegen content abnihmt. Als Er nun die Ihm vorgezeigte
Mährische in quali et pretio annehmlich befunden, so versicherte Er, sich von Brünn aus providiren zu wollen. Der
neunte Ort ist, mit Betretung des Königreichs

Sclavonien,

Esseck.

48. Dieses Land erzeuget ein ansehnliches Quantum Wachs,
dessen Verschleiss meistens nacher Venedig gehet; die Occa
wurde damalen à 26 Groschen verkauft. Dahin, das ist nach
Venedig, in und durch Bosnien, werden auch eine grosse Anzahl rohe Häute über den Pass Mitrowitz verführet, bey dessen
Beschreibung das mehrere vorkommen solle. Die dritte in
mehrerem Quanto essitirende Waare ist Hönig, wovon die Tonne,
280 Pfund wägend, 15 bis 16 Fr gekostet. Die schiffreiche Flüsse,
welche diese Landschaft durchströhmen, machen dasselbe zu
Commercien sehr geschickt, indeme auf der Drau, worin bey
Canischa die Mur fallet, mit Steyermarkt und Kärnten, auf der
Sau aber mit Crain, und sodann mittelst einen nicht allzu
weiten Land-Transports mit Fiume, auch wohl mit Triest communiciret werden kan. Die natürliche Verbindung dieser Flüsse
mit der Donau und der eben dahin kommenden Taysse dürften wegen ihren Ausbreitungen in so vielerley Provinzien, bey
beschehender genauer Ueberlegung, zu nutzbarer Anwendung
Gelegenheit verschaffen. Ein eingestürzter Berg an dem Sau-
Strohm soll die schon darauf introducirt-geweste Schiff-Farth
unterbrochen haben, dessen Raum- und Eröffnung aber, wie
man versicherte, eben keine allzu grosse Speesen erfordern
würde. Die gröste Bedenklichkeit bestunde nur darinnen, daß
das rechte Ufer längst Bosnien Türkisch ist, folgbar die ein-
geschiffte Kaufmanns-Waaren vor räuberischen Anfällen nicht
allzu sicher wären, wiewohlen man darvor haltet, daß hierwider
auch von denen Türken genugsame Vorsichten und Postirungen
losgewürket werden könnten. In dem Fall aber dessenthalben
keine genugsame Sicherheit zu erlangen wäre, so solle noch
eine andere Gelegenheit obhanden seyn, mittelst der Flüsse

Scharwitz, Bug und Boszud,[1] dann etwelcher gar wohl ange-
bracht werden könnender Canäle, die vorgemelte Communication mit der Donau zu erreichen.

49. Die Negotia mit anderen Waaren sind meistens nur
zum Land-Verschleiss, und bestehen in denen nemlichen Tuch-,
Rasch- und Leinen-Sorten, welche bey denen Hungarischen
Plätzen vorgekommen. Mit Türkischen Waaren ist ein ziem-
licher Zug hierdurch nach Hungarn. Die Preise derer Waaren
zum Land-Verschleiss sind: Leydner Tücher à 3 Fr 15 xr
bis 30 xr die Wienner Elle im Ankauf, und Aachner à 3 Fr
in ordinari Couleurn, hohe Farben sind um $^3/_4$ Fr theurer, und
dieses franco Wienn; die Halbrasche à 7 Fr und die Cron-
Rasche à 22$^1/_2$ Fr das Stück; $^5/_4$ breite gedruckte Flanelle,
zweyfärbig à 34 xr und Elln breite à 22 xr die Wienner
Elle. Die ordinari Tücher werden in Tyrnau verkauft, das
Stück 19 Ellen lang $^6/_4$ breit à 16 bis 17 Fr. Bey denen Linzer
Leinwanden, Catton, Schachwitz, allerley Lein- und Seiden-
Waaren sind die Preise und Sorten wie schon öfters vorgekommen.

50. Der wohlhabendste Negotiant ist der Andreas Krügel.
Es stehen jedoch auch gut: Anton Blaschitz, Franz, Johann und
Anton Biank, zwey separirte Handlungen, Johann und Lucas
Mihitsch Compagnie, dann Anton Castitz, die insgesamt sich sehr
favorabl erkläret hatten, und dieweilen die Halb-Rasche einen so
gar starken Gang haben, als sind zu besserer Erkantnuss der
erheischenden Qualität einige Muster sub N° 10 beygeleget.

51. Die Fracht zu Wasser von Wienn ist von Centen
à 25 Groschen und auf Wienn à 1 Fr, zu Lande aber à 2$^1/_4$
auch 3 Fr. An Zoll werde, vermög Aussag, bey dem Eintritt
in Hungarn 5 p C^{to} Dreyssigst bezahlet und in Sclavonien noch
besonders 2$^1/_2$ p C^{to} entrichtet.

52. Die Ellen-Maass ist eben die Wienner, das Gewicht
aber gehet nach der Occa, deren eine, wie schon besagtermassen, 2$^1/_4$ Pfund Wienner hat. Der Eymer vergleichet sich
mit dem Pressburger, doch mit dem alleinigen Unterschied,
dass derselbe in 32 Maass eingetheilet ist.

53. Indeme die weitere Reise nacher Semlin über den an
der Sau in Syrmien liegenden Pass Mittrowitz, wovon all-

---

[1] Sárviz, Vuka und Božut. Ueber einen Vúka—Božut-Canal vgl. Maire,
Bemerkungen über den inneren Kreislauf der Handlung in den Österreichischen Erblanden, 2. Abth.. S. 27.

bereits in dem Eingang von Sclavonien einige Meldung geschehen, genommen worden, so ware dardurch Gelegenheit,
einen guten Theil dieser schönen und fruchtbaren Länder, die
gute Ordnung darinnen, und sonderheitlich die auserlesene und
überaus wohl exercirte Land-Miliz zu sehen, worüber in Betrachtung der barbarischen Nachbarschaft sich Jedermann gewisslich wundern muss. Die Strassen sind so ruhig und sicher, wie
in einem deutschen Land.[1] Die Innwohner suchen in dem Feld-
bau ihre Nahrung und unterwerfen sich ganz willig der schär-
festen Kriegs-Disciplin, sind dahero gehorsam, freundlich und
arbeitsam. Man bemerkte unter anderen etwelchen Flachs- und
Hanfbau, wie auch, dass der gemeine Mann fast aller Orten
mehr und weniger spinnet.

54. In dem schon erwehnten an dem Sau-Strohm liegenden Ort Mittrowitz fande man das erste Contumaz-Haus. Das
Gebäue bestehet in verschiedenen Caliphen, oder besonderen
Wohnungen, allwo die Contumacirende mit Unterscheidung des
Geschlechts und der Zeit ihres Daseyns durch die Quarantien
mehr und weniger zusammen untergebracht werden. Nächst
diesen sind verpallisadirte unbedeckte Plätze, wie auch geschlossene Behältnüsse, wohin die Waaren eingeleget werden.
Ein Lazaret vor die Kranke, das Wacht-Haus und die Woh-
nung des angestellten Personalis machen den Ueber-Rest aus.
Ermelte Bestellung bestehet in einem Director, Chyrurgo und
Knecht, welchen eine genugsame Wacht zugegeben ist. Alldieweilen damalen von einigen contagiosen Krankheiten nichts zu
hören ware, so wurde die Contumaz nur durch 21 Tage gehalten. Alle dahin kommende Schaaf-Wolle wird gewaschen,
die Baum-Wolle aber nur mit aufgeschärften Stücken an die
Luft gelegt, Theils Feilschaften, wo man es nöthig zu seyn
glaubet, werden auch öfters ausgeraucheret. Es ermanglete an
einem Würtshaus, woraus die Eingesperrte sich speisen lassen
könnten, und der Director besorgte die Verpflegung auf seine
Rechnung. Bey bedenklichen Umständen werden die Vivers an
die Pallisaten gebracht und das Geld hievor in eine Schüssel,

---

[1] Vgl. in Schlözer's Briefwechsel, LIV., S. 83 ff., den aus der ‚Brünner
Zeitung‘ vom Jahre 1781 abgedruckten ‚Nachruf eines Slavoniers an Maria
Theresia‘, welcher die Verdienste der grossen Monarchin um Syrmien preist,
bei deren Regierungsantritt es dort weder Chausseen noch Kirchen gegeben und der Strassenraub jeden Verkehr unmöglich gemacht habe.

worinnen Essig und Saltz, geworfen. Die starke Passage daselbst verursachet, dass immerzu viele Leute Contumaz machen,
folgbar, wie man sagte, die Wohnungen nicht zureichen, sondern zum besonderen Ungemach allzuhäufige Personen zu-
sammengestecket werden müssten.

55. Quoad commerciale, wird aus Bosnien auser denen
schon berührten Türkischen Feilschaften eine grosse Mänge
Schwein-Vieh eingebracht, welches alsdann durch Hungarn
Theils in die deutschen Erbländer und Theils in das Reich getrieben wird. Hier kommet nun vor, was von der grossen
Menge essitirender Ochsen, Küe und Terzen-Häute § 45 gedacht
worden. Der sub N° 11 beygefügte Auszug bewähret, dass von
Anfang des 1755. Jahres bis 12. Juny 18698 Stuck ad Turcicum übergegangen und über dieses bis 3000 Stuck in dem Contumaz-Haus vorräthig waren. Warum aber in dem 1754. Jahr
die Ausfuhr eben so zahlreich nicht gewesen, wurde dergestalten
verauskünftet, dass nemlichen der in dem Bannat letzlich gewesene Vieh-Umfall den Vorrat solcher Häute ungemein ver-
mehret und deren Preis gemindert habe, wessentwegen die
Türkischen Kaufleute sich diesen Vortheil zu Nutz zu machen
gewohnet wären, mithin daselbst einzukaufen pflegten, wo ein
solcher Vieh-Umfall zu einer auserordentlichen Wohlfeilkeit Anlass gibt. Man vernahme ferner, dass, in solange Sclavonien
noch provinzialisch gewesen,[1] die Häute von umgestandenen
Vieh ebenfalls nach der Türkey verschlissen worden wären,
seitdeme es aber militärisch geworden scye dieses abgestellet
und werde das Vich zusamt der Haut vergraben. Es will be-
hauptet werden, dass dardurch denen ohnehin unglücklichen
Eigenthümern ohne Noth ein noch grösserer Schaden zugefüget
werde, indeme mit einer Haut von einem crepirten Vieh die
Probe gemachet und selbe auf ein gesundes Stück aufgebunden,
auch verschiedene Täge lang darauf gelassen worden, ohne
dass dannoch ermeltem gesunden Vieh das mindeste zugestossen
wäre. Ein Paar schwere solcher Ochsen-Häute, 15 Occa wägend,
galten zur Zeit 4 bis 5 Fr, die geringsten wägeten im Gewicht
bis 10 Occa. Es ware eben ein Türkischer Jud, Namens Porta,
allda, welcher durch diesen Pass recht vieles verkehret und
auch Wienn zu frequentiren pfleget, derselbe machte sich an-

---

[1] Bis 1746.

heischig, verschiedene Artickel Erbländischer Waaren abnehmen
zu wollen. Der Mann ist von gutem Ansehen und solle nicht
minder von grossen Mitteln seyn.

56. Eine Art der Sicherheit erwachset diesem Lande durch
die längst dem Sau-Strohm in Chartaquen (oder auf in die
2 Clafter hohen Bohlen aufgerichteten Wacht-Häusern, von
welchen von einem bis zu dem andern die Gegend übersehen
werden kann und auch die Wacht selbsten vor Ueberfällen
versichert ist) ausgestellte Postirungen. Diese Anstalt sollte
auch die Schiffe, welche auf dieser Seite den Strohm hinaufgezogen würden, hinlänglich bedecken können, dann die Haupt-
Leute und übrige Officirs sind mit ihren Commandi in denen
nächst anstossenden Dorfschaften verlegt und können also bey
dem mindesten Allarm alsogleich zu Hülf kommen. Von hier
gelangete man in den zehenden Ort:

Semlin.

57. Die Handelschaft, welche an diesem Gränitz-Pass gepflogen wird, ist eben nicht so gar starck, und die Waaren-
Vorräthe sind nur von darumen bisweilen grösser, weilen sich
dieselben zu Zeiten in dem dortigen Contumaz-Haus anhäufen,
gleichwie damalen etliche Hundert Centen Baum-Wolle im
Lager darinnen ware. Man entdeckte die Eigenschaft der Türkischen Handlung in folgender Gestalt: Der Türkische Unterthan bringet allerley Türkische Waaren in das Semliner Contumaz-Haus. Nun sind andere Türkische Unterthanen, welche
beständig in Semlin wohnen, mithin, um des Contumaz-machens
entübriget zu seyn, niemalen auf die Türkische Seite gehen.
Diese übernehmen nach Verlauf der Contumaz-Zeit die gemelte
eingelegte Waaren und verführen solche Theils auf die Märkte
in Hungarn, Theils in die deutschen Erblande, und insonderheit sehr Vieles nacher Wienn, auch verschiedene Capi, als
Macedonische Wolle, Baumwolle, Türkisches Garn etc. nacher
Sachsen und Preusisch-Schlesien. Sie erkaufen ferner allerley
deutsche Waaren und bauen auch hiermit die Hungarischen
Märkte, da dann das einlösende Geld hinwiederum zu Erkaufung neuer Türkischen Waaren angewendet wird. Man konnte
ganz und gar nicht in Erfahrnuss bringen, dass auser einigen
ordinari Tüchern was namhafteres von Erbländischen Fabricatis über Semlin nach der Türkey gebracht werde, wohl aber

gehet viel Kayser-Geld hinüber. Es lasset sich solchemnach
hieraus ermessen, in wie weit diese Art eines Negotii für diesseitige Länder nützlich seye? besonders, wann die denen Türkischen Unterthanen zustatten kommende Zoll-Vorzüglichkeit,
gemissbrauchet würde.[1] Die hierüber gehende Türkische Waaren
sind: die schon erwöbnte Türkische rohe Baum-Wolle à 3, 4
et 25 Fr der Centen; gesponnene deto à 58 bis 70 Fr; Schaaf-
Wolle à 18 bis 22 Fr; Saffian à 9 Fr 30 xr bis 11 Fr 30 xr,
nach Grösse der Felle, der 10 Stuck haltende Puschen; roth-
türkisches Garn à 24 bis 28 Groschen das Pfund; Cibeben,
die Occa à 18 xr; Feigen deto; der beste Reiss à 12 xr, geringerer à 10 xr; Baum-Oel à 27 bis 30 xr; Datteln à 30 xr;
Cisern[2] à 21 xr; Levantischen Caffee à 1 Fr 25 xr; Weyrauch in Sorten à 20 bis 26 Groschen; rothe Türkische Tüchel,
das Stück à $7^1/_2$ Wienner Elln lang $^3/_4$ breit à 36 bis 37 Groschen; Bassa Soldan-Taback à 18 bis 20 Groschen; item Taback-
Röhr, Pfeifen, Türkische Messer und Klingen, Zahn-Stierer und
Waderln[3] etc. etc. Der geringe Vorrath von deutschen Waaren
bey denen in Semlin wohnhaften Negotianten bestunde in feinen
Tüchern, so Sie in Wienn erkaufen, à 3 et 4 Fr die Elle
$^7/_4$ breit; in ordinari Tüchern, so in Ofen und Tyrnau abgenommen werden, 20 Elln lang $^6/_4$ breit, à 19 bis 20 Fr; Halb-
und Ganz-Rasche von dem Alt-Ofner Juden, Erstere à $6^1/_2$ Fr
und Letztere à 23 Fr das Stuck. Die Couleurn sind dunkel-
und licht-blau, eben so grün, celadon, cremoisin, und violet.
In Semlin halten sich folgende Kaufleute auf: Cosmo Ivanovicz,
Marco Nicovicz, Minola Daniejovicz, Manoli Cziericza; mitterer:
Sala, und etwelche geringere. Wegen der gefährlichen Nachbarschaft ist schwerlich rathsam anderst als gegen content mit
denenselben sich einzulassen.

58. Auf Veranstaltung Sr. Excellenz des Gouverneur von
Sclavonien, Herren Grafen Merci D'Argenteau,[4] hat der Semliner Commendant, Herr Graf von Villars, den dasigen Doll-
metsch Jancovicz nacher Belgrad abgesendet und den Bassa

---

[1] Siehe oben S. 369.

[2] Kichererbsen, Cicer, jenerzeit Ziesern oder Zissern genannt. Vgl. Zincke,
  Allgemeines Ökonomisches Lexikon (Leipzig 1744), S. 1401.

[3] Wedel, Fächer.

[4] Graf Anton Mercy war seit ungefähr 1753 Feldzeugmeister und Com-
  mandirender in Slavonien. Er pflanzte dort die ersten Maulbeerbäume

um Herübersendung etwelcher ansehnlich Türkischen Kaufleute
ersuchen lassen, womit in Negotii-Sachen eine Unterredung mit
denenselben gepflogen werden könne. Derselbe willfahrte auch
hierinnen wegen des sehr guten Einverständnisses, so gemelter
Herr Graf von Villars, obwohlen mit verschiedenen eigenen
Unkosten, sehr geschickt zu unterhalten weiss, und es kamen
etlich und zwanzig Personen in das Contumaz-Haus, ohngeacht Selbe zur Zeit den Ramesan oder ihre grosse Fasten
begiengen, während welcher Sie den ganzen Tag hindurch sich
aller Speis, auch sogar des Taback-Trinkens enthalten, mitfolglich zu Vornehmung einiger Geschäften wenig disponiret
sind. Die Vornehmsten darunter waren: Tobal Hazi, Mustaffa
Bassa, Mula Bekier, Mula Ali, Einier Amet, dann zwey grichische Consules: Banjot Theodor und Hazi Nico. Man erklärte
denenselben die Vortheile, welche die Nachbarschaft durch ein
mutuelles Commercium an Hand lasse, und wie sehr man sich
befleisse, in Beförderung dieser Absichten Ihnen einige an-
ständige Waaren aus denen Erblanden verschaffen zu können,
zeigete Ihnen also die verschiedene bey Handen gehabte Tuch-
Muster, und sonderheitlich jene von denen in Mähren verfertigten Londres Seconds, einige Wienner Seiden-Waaren, Dünn-
Tuch, Gingangs und Leinwanden. Sie beaugenscheinigten ein
so anderes recht aufmerksam, bezeigten ihr Wohlgefallen, besonders über die Londres Seconds, und verlangten lediglich
die Versicherung, dass die Farben beständig seyn, beyruckende:
die von Wienn erhaltene Proben wären in der Farbe nicht
beständig und werffeten allzustark auf. Weilen dann aber alle
Farben ächt waren, so kunte man Sie der Beständigkeit wegen
versicheren und erhielte dagegen das Versprechen, dass Selbe
nacher Wienn kommen, sonach diese Fabricata weiter in Stücken
beaugenscheinigen, sofort eine Probe unternehmen wollten;
worauf nach einem paarstündigen Aufenthalt Sie hinwiderum
zuruckgegangen. Die kurz hernach hervorgebrochene Unruhen
in Belgrad waren damalen schon in einiger Bewegung, mithin
ware nicht rathsam sich in diese Stadt zu begeben, wo an-

---

und setzte auf muthwillige Beschädigung derselben sogar Todesstrafe.
(Grellmann, Statistische Aufklärungen über wichtige Theile der öster-
reichischen Monarchie, II., S. 265.) Die Reisenden waren durch ein
Privatschreiben der Regierung vom 22. Mai 1755 an ihn empfohlen.
Archiv d. Minist. d. Innern.

sonsten durch Besichtigung ihrer Waaren-Lager noch Verschiedenes zu erforschen gewesen wäre. Ueberhaupt von dem Betragen gegen Türkische Negotianten wurde jedoch erinnert, dass es eine unverbrüchliche Aufrichtigkeit erfordere, alldieweilen, wann der Türk einmal hintergangen worden, derselbe von allem weiteren Handel abgehet.

59. Die Länge der Türkischen Elle ist sub N° 12 beygeleget, und zwar sowohl die Tuch-Elle, als Jene, womit die Seiden-Waaren gemessen werden. Das Gewicht gehet nach der Occa; die Getreyd- und Wein-Maass aber ist wie in Ofen. Von denen Türkischen Münzen sind nachstehende Erforschungen eingehollet worden. Die Duccaten sind dreyerley: eine Sort heisset Fundeck, und gilt soviel als ein Venetianischer Zigin, der zweyte, Sermakoc, gilt 11 Siebenzehner, und der dritte, Singel, zwey Para höher als der Vorhergehende.[1] Sodann haben Sie Piaster, oder Türkisch genannte Grouch, deren einer 40 Para hält, und von dieser Sorte sind sodann halbe und ³/₄ Piaster. Mit diesem Piaster kommen die Löwen-Thaler oder Aslani überein. Nach der gewöhnlichen Reduction machen 10 Para einen Siebenzehner. Ein Para hält 3 Asper. Diese Aspers pflegen Sie vor einen Hungarischen zu rechnen, wornach also der Siebenzehner bey Ihnen 18 xr geltete. Noch eine kleinere Münz heisset Mänkir, deren 4 einen Asper machen. Eine alte Solota gilt 30 Para, und eine neue deto 26²/₃, oder 80 Asper. Ein Onlik gilt 10 Asper. Besonders kommet annoch anzumerken, dass die Kayserlichen harten Thaler in Belgrad à 80 Para und in Constantinopl à 85 bis 90 Para angenommen werden, gegen Türkisch Current-Geld verstanden. Die neu geprägte Münzen gefallen denen Türken so wohl, dass ein neu geprägter Siebenzehner bey Ihnen mehr als ein alter gilt. Dass übrigens die Türkischen Unterthanen nur 5 p C⁰ Zoll zu bezahlen haben, ist eine ohnehin bekannte Sache. Der eylfte Ort ist

Peterwaradein,

60. von welchem gleich über der Donau ein Ort, Neu-Saat[2] genannt, lieget, welcher in Handlungs-Sachen viel im-

---

[1] Nach Nelkenbrecher, Taschenbuch der neuesten Münz-, Mass- und Gewichtsverfassung, galt der alte Zerimahbub oder Zindsjerli (bis 1764) 3 fl. 16 kr., der Fonduc 3 fl. 31 kr.

[2] Neusatz.

portanter als Peterwaradein selbsten ist; dann letztere Stadt hat nur zwey ansehnlich- und vermögliche Negotianten, nämlich den Paul Braun und den Juden Jakob Hirschl, dann auch noch einen mittelmässigen, Antoni Brand seel. Wittib und Erben, worgegen in Neu-Saat Baraszevil Heydig, ein Türkischer Negotiant, Franz Tieselbrunner, ein Deutscher, Sergius Genasi, ein Armenier, Simon Minarz, ein Compagnion von dem Baro Blaskoviz, Athanasovicz et Woin Compagnie, Michael und Antoni Nasdicz et Tomecz Compagnie, Cosman Janovicz, Michael Giurco et Phetfari Compagnie, Thomas Buczkovicz, Joan Stanovicz, Gregor Raitz, Nesco Petrovicz und Nesco Gurcovicz, lauter Raitzen, nebst annoch zweyen Armeniern Namens Johann Alexander und Adam Johann, sehr wohl assortirte Lager führen.

61. Die Waaren-Capi, oder die Assortirung, ist eben so wie auf anderen Hungarischen Plätzen. Es werden also nur einige gemachte Erforschungen respectu derer Einkaufs-Preise allhier beygerucket, und zwar: in Tüchern Drap de Bery, die Brabander Elle in ordinari Farben franco Leipzig à 48 bis 56 Groschen, fein scharlach und cremoisin aber à 60 bis 70 gute Groschen, die Leydner à 46 bis 58 deto; die schlechte Elln breite Cron-Rasche à 12 Reichsthaler das Stuck, die feine 1¼ breite à 18 Rthlr, jedes Stuck à 33 Ellen lang, noch feinere 36 Ellen lange hochrothe à 22 bis 23 Rthlr; die Halb-Rasche werden in Wienn erkauft, das Stuck per 22 Ellen à 6¼ Fr; ordinari Mährische Wysowitzer Tücher hollet man von Tyrnau, 20 Ellen lang ⁹⁄₄ breit, in loco daselbst à 18 Fr. Die Halb-Rasche pflegen in ganzen Sortimenten genommen zu werden, wodann ein solches aus 120 Stücken bestehet; darunter sind

	Stuck
Grün	50
Franzblau	10
Coelest	20
Ponceau	10
Violet	5
Schwarz	5
Sielber Farb	5
Caffee Farb	5
endlichen Meergrün oder Celadon	10
Zusammen	120

In Cron-Raschen geschiehet es auf gleiche Art, nur dass hier
ein Balln oder Sortiment lediglich in 26 Stücken bestehet, als:

	Stuck
Dunkelgrün	5
Mittelgrün	5
Celadon	6
Franzblau	2
Coelest	4
Caffée Farb	2
Sielber Farb	1
und Schwarz	1
Zusammen also	26 Stuck.

Ferner werden in Leipzig annoch ⁵/₄ breite gedruckte Flanelle, dreyfärbige à 8 gute Groschen die Brabander Elle,
erkauft, dann Elln breite dreyfärbige à 5 gute Groschen, und
zweyfärbige à 4 deto. Ueber die feinen Tücher-Sorten und Ganz-
und Halb-Rasche werden Muster sub N⁰ 13 beygebogen.

62. Von Mauten ist nichts besonderes zu erinnern. Die
Fracht aber von Leipzig bis Pest betraget von Centen 6 Fr,
und alsdann bis Peterwaradein zu Land 30 xr, zu Wasser aber
5 in 6 Groschen. Von Peterwaradein nacher Wienn wird zu
Land 3 Fr und zu Wasser 2 Fr 30 xr bezahlet. Mit Peterwaradeiner Retour-Schiffen wird von Wienn herunter 1 Fr und
mit Wienner 1 Fr 15 xr von Centen gegeben. Von Semlin bis
Segedin solle die Fracht zu Wasser nicht mehr dann 17 xr,
und von dannen zu Land eben soviel betragen.

63. Der Handel wird nach der Wienner Elle geführet,
das Gewicht ebenfalls nach diesem, sonsten aber auch, insonderheit bey denen Türkischen Waaren, nach der Occa. Die
Getrayd-Maass hält 50 Occa, mithin 1¹/₃ Centen. So machen
auch 2 Peterwaradeiner 3 Presburger Metzen. Die Eintheilung
dabey ist in Viertl und Achtel. Die diesortige Negotianten
sagten annoch, dass Sie bey denen Louis Blanc 7 p C⁰, und
bey gewichtigen Gold 5 p C⁰ in Leipzig an aggio zu guten
hätten, die Frankfurther Valuta dagegen leide gegen Kayser-
Münz 7 p C⁰ Sconto. Fast alle diese Handels-Leute machten
sich anheischig, Theils selbst nacher Brünn zu kommen, Theils
durch Correspondenz einigen Handel anstossen zu wollen. Der
zwölfte Ort ist

Temeswar.

64. Die vornehmste Nahrung in dem Bannat ist die Vieh-Zucht, worzu die weitschichtig- und gras-reiche Hayden Unterhalt, mithin Anlass geben. Die mit gutem Fortgang bauende Bergwerke werden gleichfalls gerühmet, und ermanglet dem Landes-Innwohner überhaupt nichts zu seiner Lebens-Nahrung. Doch solle wegen der Fläche und vielen Moraste die Luft matt und ungesund seyn, wiewohlen die Haupt-Stadt und Vestung Temeswar, welche am meisten von denen sumpfigen Ausdünstungen incomodiret gewesen, nun durch Raumung derer Gräben, gemachte Abzüge und mit fliessendem Wasser gefüllte Canäle denen Innwohnern eine viel bessere Gesundheit verspricht; wie dann nunmehro recht stattliche und auf deutsche Art gebauete Häuser gefunden und noch immer mehrere errichtet werden.

65. Die Handlung auf diesem Platz bestehet meistens, exclusive derer Türkischen Waaren, welche man auch weiter zu bringen pfleget, in dem Verschleiss inner Landes und auf benachbarten Jahr-Märkten. An Feld-Früchten und rohen Häuten ist etwelche Ausfuhr in Türkey, dessen Betrag aber jener, so an Türkischen Waaren herüber kommet, vielfältig übersteiget. Die Stadt ist fast mit lauter Deutschen besetzet, worunter jedoch fast keine in eine Handlung einschlagende Feilschaften verfertigende Fabricanten zu finden sind. Es hatte zwar Einer eine Saffian- und Corduan-Fabrique unternommen, und soll in quali solche dem Türkischen gleich gemacht, auch verschiedene Leute hierauf abgerichtet und Sie im Land hin und wider nieder zu lassen bewogen haben; allein da der Ihme geschehene Vorschuss zurückgenommen worden, so ist Er hierdurch auser Stand gerathen, die Fabrique so wie vorhero zu betreiben. Es hat sich eben im währenden Daseyn getroffen, dass vor der Stadt ein Jahr-Markt gehalten worden, auf welchen aus denen umliegenden Städten und von dem Lande viele Kaufer und Verkaufer zu kommen pflegen, worunter sonderheitlich die Arrater, Segediner, Peterwaradeiner, Semliner etc. Kaufleute sind. Die hiebey haltende Vieh-Märkte sind fast an allen Hungarischen Orten considerabl, mithin auch allhier, weilen, wie schon gedacht, das Bannat die schönsten Praedia hat, welche so zu sagen um ein Paquatel gemüthet und hierauf ganze Heerden von Ochsen- und Schwein-Vieh unterhalten werden.

Man bringet ferner allerley Lebens-Mittel auf derley Märkte:
geselchtes Fleisch, Fische, Speck etc. etc. Von anderen Waaren
gehen eben Leydner und Aachner Tücher ordinari Farben à
58 bis 60 Groschen, feine à 78, 80 bis 100 Groschen, im Ankauf 20 Ellen lange Fullnecker Tücher, so in Brünn à 17, 18
et 19 Fr erkauffet werden, dann Schlesische Halb-Rasche à
7 Fr, Sächsische Cron-Rasche à 22 Fr, ³/₄ breite gedruckte
Flanelle die Elle à 40 xr, die Elln breiten aber à 25 in 26 xr,
Linzer 30 ellige Cannefass das Stuck à 15 Fr 30 xr, geringere
deto à 13 Fr 30 xr, Gingangs à 54 xr, geblümte Taborets à
51 xr die Wienner Elle, Grisset oder Floretas à 33 Ellen, per 18
bis 19 Fr das Stuck, Plüsch à 3¹/₄ Fr, ponceau deto à 46 Fr,
cremoisin à 4 Fr, blau à 3³ ₄ Fr, couleurte Linzer Crepon à
44 xr, fein-roth à 66 xr die Elle; fein Post-Papier der Balln
à 30 Fr, Canzley à 21 Fr, Gross-Concept à 11 Fr, ordinari à
9 Fr; dann verschiedene Schachwitz, Trillich, Spiel-Charten,
Linzer Leinwanden, allerley Seiden- auch Gold- und Silber-
Waaren, Trebitscher und Neutitscheiner Tücher, deren Preise
schon öfters vorgekommen seynd. Der stärkest- und berühmteste Negotiant ist ein sicherer Jud Amico Mayer; derselbe
führet sowohl vorgemelte Deutsche, als die gewöhnliche Türkische Waaren, und hat grosse Verkehrung. Nächst Ihm sind
noch der Joseph Anton Knetterer, Georg und Constantin Ku-
nowicz, dann Zacharias Salomon, ein Jud, gute Negotianten.
Aus Gelegenheit des Markts hat man ferner den Johann Ale-
xandrowicz et Compagnie, Christoph Steinowicz, Johann Paul,
Thomas Demetrovicz, Assin Kyricz et Compagnie von Arrat, dann
den Andreas Hausleüthner, Michael Bellesli, Vaso Laschkoviz
von Segedin, endlichen den Michael Popowicz von Ketsch-
kemet kennen lernen. An allen diesen Orten sind feine, mittel
und ordinari Tücher, Halb- und Ganz-Rasche Haupt-Capi, und
die gangbareste Farben in Halb-Raschen dunkel- und lichtgrün,
celadon, nägel-braun und schwarz, wobey noch allerley Leinen-
Waaren: Trillich, Schachwitz und Zwillich ebenmässig ihre
Anwehr haben. Von ein so anderen der gemelten Artickln exhibiret das Allegatum sub N⁰ 14 die Muster.

66. An Fracht von Temesvar bis Ofen kostet der Centen
bis 22 Groschen, und hingegen zurück bis 24 deto. An Zoll
oder Dreyssigst wird, extra der in Hungarn zu entrichten
kommenden Gebühr, annoch wie in Sclavonien 2¹/₄ p Cᵗ⁰ be-

zahlet. Die Elln-Maass und das Gewicht gehet nach dem Wienner,
auser was etwa nach der Occa verkauft wird. Die Wein-Maass
bestehet in gleichen Eymern mit Presburg, vertheilet sich aber
in 32 Maass. Der Metzen ist eben wie der Presburger. Man
hat Hoffnung erlanget, dass von dieser Seite einige Verschleisse
in Tuch-Waaren in die Türkey und auch nacher Moscau sich
einleiten lassen würden, wie dann Se. Excellenz der Herr
Gouverneur Marquis von Perlas nebst Sr. Excellenz den Herrn
Generalen von Engelshofen [1] hierowegen mit etwelchen dahin
kommenden Kaufleuten eine Fürkehr zu treffen sich anerbotten
und dessentwegen Muster - Charten verlanget, auch erhalten
haben. Es kommet also auf die ferner versprochene Nachrichten
an, in wie weit ein nützlicher Erfolg, wie es nach allen Umständen der Anschein vermuthen lässet, hieraus entstehen werde.
Die weitere Reise leitete in

Siebenbürgen.

67. Dieses Land hat alle Lebens-Mittel in Abundanz, mithin in denenselben eine grosse Wohlfeilkeit, nicht minder in
dem Handel eine ziemliche Nahrung, dieweilen einer Seits das
meiste, was die Landes-Innwohner nöthig haben, im Lande
nicht gemachet sondern ab extra beygeführet, folgbar denen
Handelsleuten andurch der Stoff zu einigen Beschäftigungen
gegeben wird, anderer Seits ist Gelegenheit, nach der Moldau
und Wallachey einige Verschleisse zu machen. Das Land ist,
in so weit man es zu sehen bekommen, zimlich stark von denen
3 Nationen der Szeckler, Hungarn und Sachsen bewohnet.
Die Dörfer, sonderlich der Sachsen, sehen recht gut und à
Proportion besser als die Städte aus; allein auser denen Kaufleuten, worunter die Armenier und Griechen in denen zweyen
Orten Ebesfalva und Samosuivar sonderheitlich zu rechnen
sind, ist überhaupt wenig Geld unter dem Land-Volk, und sind
die Städte nicht genug bewohnet, um den Circulum zwischen
Stadt- und Land-Innwohnern herzustellen. Die Bergwerke sowohl, als das Gold-Waschen, sollen guten Nutzen bringen, und
an Salz sind viele Gegenden überaus reich. Sowohl von denen

---

[1] Perlas war seit 1752 Präsident der k. k. Landesadministration des Banates,
Baron Engelshofen Generalcommandirender bis 1757. Vgl. Griselini,
Versuch einer politischen und natürlichen Geschichte des Temeswarer
Banats (1780), I., 179, 185.

Innländischen Fabriquen als denen Waaren-Sorten en detail
wird bey der gleichfolgenden Beschreibung derer Ortschaften
das erforschete angeführet werden. Der erste Siebenbürgische
nun und in Ordnung der Reise der dreyzende beträgliche
Handelsort ist

Hermanstadt.

68. Allhier ist eine starke Tuchmacherschaft, dergleichen
in keinem Hungarischen Orte zu finden, indeme bis 80 derley
Fabricanten in einer Zunft versamlet sind; die vorgedachte
Wohlfeilkeit derer Lebens-Mittel jedoch, mithin sehr gemäch-
liche Subsistenz, und die Unkundigkeit in ihrem Gewerbe verursachet, dass weder fleissig noch gut gearbeithet wird, sondern
die meiste Nothdurft an Tüchern von anderwerts in das Land
kommet. Diejenigen Tücher, so man von dasiger Fabricatur
zu Gesicht bekommen, waren die Elle von 18 bis 35 Groschen;
die Gespünst hiebey ist dem ohneracht schlecht, der Fluss in
der Walke nicht behörig, und die Appretur gar unförmlich.
Auser denen Tüchern machen eben Sie Tuchmachere ein wol-
lenes Fabricatum, so sie Tiffel nennen, welches in die hierländige Futter-Boy einschlagt, nur dass es viel dicker und
weniger gewalket ist. Diese Waare wird Elln breit und das
Stück 40 Ellen lang verfertiget, sofort die Elle à 36 xr verkauft. Viel besser sind die nicht minder von diesen Tuchmachern
gemacht werdende ganz-wollene Rasche, so eine dicht- und
feste Waare ist, ob es gleich auch hierinnen an der rechten
Zurichtung fehlet; die Stücke hievon halten in der Länge
20 Ellen und in der Breite 1¼ Wienner Maass. Der Preis hievon ist die Elle à 31 xr, worüber Muster sub N^{ro} 15 beygeleget werden. Der Herr v. Seeberg giebet sich Mühe, die
daselbstige Fabricata in die Höhe zu bringen, obwohlen zu dato
ein sehr geringer Effect hievon zu spühren ist.[1] Derselbe hat
auch den Anfang zu einem Zucht-Haus gemachet, welches aber
zu dato nicht viel saget. Bey einer Kaufmanns-Frau hat man
einen schön zugerichteten Siebenbürgischen Flachs angetroffen,
wessentwegen zu Ersehung der Qualitaet dieses Land-Gewächses

---

[1] Martin von Seeberg, Hofrath bei der siebenbürgischen Hofkanzlei in Wien,
seit 1763 in Mission zur Ordnung der Verwaltungszustände in Hermannstadt. Er erreichte seinen Zweck in der sogenannten Seebergschen Regu-
lation. Stirbt 1766. (Wurzbach, Biographisches Lexikon, 33, 304.)

und seiner Zubereitung in der obigen Beylag eine kleine Probe
gleichfalls beygefüget ist. Aus der Zubereitungs-Art machte
dieselbe ein Geheimnuss. Man kan also nicht sagen, ob die
angenehme Weisse mit Nutzen darauf, nicht minder das Zu-
bereiten der Unkosten wegen vortheilhaft à Conto gebracht
werden kan, oder die Erfindung nur eine Curiosität vor Lieb-
habere seye, welche etwas Ausserordentliches ohne Rücksicht
auf die Kosten zeigen wollen. Dieses ist jedoch daraus zu entnehmen, dass ermelter Flachs zu einer feinen Gespünst noch
allzu hart seye, folgbar die Mährische Zurichtungs-Art zum
Verspinnen nöthig habe. Die aus Ober-Oesterreich nach Siebenbürgen gewiesene Emigranten, vor welche am Ende der Hermanstädter Vorstädte kostbare Wohnungen, wie Casarmen, gebauet werden, führen anjetzo die Flachs-Spinnerey und das
Leinwand-Weeben ein.[1]

69. Die von auswärtig in Siebenbürgen bringende Waaren
bestehen widerum in Aachner Tüchern, so franco Hermanstadt
à 62 bis 64 Groschen die Wienner Elle in ordinari Couleurn,
in hohen aber à 75 bis 82 Groschen, die Görlitzer in Modi-
Farben jedoch à 36 Groschen zu stehen kommen. Es wird
ansonsten auch eine Art von geringen ganz-wollenen Futter-
Raschen von Leipzig in zwey Sorten eingeführet, wovon 1 Stuck
33 Ellen lang ist und à 5 et 7 Rthlr zu stehen kommen. Die
Cron-Rasche kosten in Leipzig 15 Rthlr, und noch eine geringe
Sort 12 Rthlr. Die Ersteren werden mit N° 23 und die Letzteren mit N° 19 kaufmännisch bemerket. Von dannen kommen
auch gekeperte zweyfärbige Druck-Flanelle, die 5/4 breiten im
Ankauf à 7 bis 8 gute Groschen, die Elln breiten aber à 4 1/2
gute Groschen. Von der letzten Sort sind auch dreyfärbige,
die Elle zu 6 gute Groschen, und wird zwar die Brabander
Elle verstanden. Englische Floretas werden eben in Leipzig
à 14 Rthlr, die Gerauer aber à 9 Rthlr bezahlet; das Stuck
haltet 33 Wienner Ellen. Der Soy, 30 Wienner Ellen lang, kom-

[1] Der letzte Transmigrantenzug, 185 Köpfe stark, war 1753 nach Siebenbürgen abgegangen. Im Ganzen wurde die Anzahl der Transmigranten
amtlich mit 1700—1800 Personen angegeben, meist Landvolk allerdings,
aber wohl auch manches bürgerliche Element. Vgl. Zwiedinock-Süden-
horst, Geschichte der religiösen Bewegung in Inner-Oesterreich im
18. Jahrhundert. Archiv für österreichische Geschichte, LIII., S. 501,
und ‚Zur Geschichte des siebenbürgischen Handels, 972—1845'
im Archiv des Vereins für siebenbürgische Landeskunde, III., S. 285.

met auf 5½ Rthlr zu stehen. Item gehen Vierdrate, oder die
sogenannten Puf, melirt, 15 Wienner Ellen lang ½ breit, das
Stuck à 33 bis 34 gute Groschen, scharlach deto à 38 bis 42
gute Groschen. Die Linzer Leinwanden gehen allhier von Nᵣₒ 19
bis 32, und sind zwar die gangbareste Gattungen Nᵣₒ 19, 20,
25, 28 und 32. Nᵣₒ 19 kostet à 30 Ellen in Linz 5 Fr 30 xr.
Die Numern steigen sonach à 30 xr. Ferner gefärbte Linzer
Leinwanden, das Stuck à 30 Wienner Ellen per 4½ Fr. Cattons
von der Schwechat und von Schossberg, die besseron à 22 Elln
das Stuck per 13 Fr, die mitteren zu 20 Ellen à 10 Fr. Hütte,
das Duzet von 10 bis 30 Rthlr. Man führet auch Mährische
Tücher, das Stuck à 20 Ellen, im Ankauf à 19 bis 20 Fr; item
Bresslauer Schachwitz, das Stuck à 26 Wienner Elln, à 6½
Rthlr; gestreiftes Beth-Zeug à 5½ Rthlr; gestreifte Cannefass,
das Stuck à 30 Elln lang, per 5½ Fr; gestreift deto, etwas
besserer, à 6 Fr; Bresslauer Trilliche à 6 Rthlr das Stuck per
22 Wienner Ellen. Die Nürnberger Waaren sind ebenmässig
alldort introduciret. Ein Haupt-Artickel ist der schwarze fein
Englische Cron-Rasch mit Nᵣₒ 33 bezeichnet, das Stuck haltet
von 30 bis 33 Englische Yards und kostet 25 bis 26 Rthlr.
Dann feine Englische Sattin al'ordinaire à 17³⁄₅ Wienner Ellen
lang von 10 bis 15 Rthlr. Von dieser Sorte werden auch Doppel-
Stücke gemachet. Die scharlachfarben deto feine Cron-Rasche
kommen das Stuck auf 40 bis 42 Rthlr. Es kommen auch Englische Plüsche dahin, die Brabander Elle in Leipzig von dem
gar feinen schwarzen à 38 gute Groschen, von ordinari Sorten,
scharlach und cremoisin à 36, und blau und grün à 32 gute
Groschen. Aus der Türkey kommen auch gewisse gestreifte
1 Wienner Elln breite Atlas, die Elle à 26 bis 28 Groschen.
Auser diesen gehen noch allerhand Seiden-Waaren, Gold- und
Silber-Tressen, Flor, halb-baumwollene Schweitzer-Zeuge, Gingangs etc. Wovon zu mehrerer Erkanntnuss derer Specierum,
welche das Negotium in Siebenbürgen ausmachen und wodurch
denen Ausländern soviel Geld zuflüsset, die Benennung in einer
Consignation sub Nᵣₒ 16 allegiret und meist alles von Leipzig
gezogen wird.[1] Verschiedene derer angeführten Artickeln wird

---

[1] Im Jahre 1747 sollen von Leipzig und Breslau nicht weniger als
70 Arten Seiden-, Halbseiden-, Woll-, Baumwoll-, Leinen- und Rauhstoffe
nach Siebenbürgen eingeführt worden sein. Vgl. ‚Zur Geschichte etc.‘
a. a. O., III., S. 284.

die sub N^{ro} 17 annectirte Muster-Charte in mehrerem erklären.
Lein- und wollene Waar heisset allhier Bagazi, die Specerey-
Waar aber Pagani.

70. Die·Strasse, welche die Siebenbürger aus Sachsen
zu nehmen pflegen, gehet über Bresslau in Poblen, sofort längst
der Schlesischen Gränitz durch die Zips in Hungarn, endlich
über Caschau nach Siebenbürgen, wovon mit mehrerer Aus-
führlichkeit weiter unten Meldung geschehen solle, und kostet
überhaupt die ganze Fracht vom Centen de loco Bresslau bis
Hermanstadt 10 Rthlr, und von Leipzig bis Bresslau 2 Rthlr,
in Summa also 12 Rthlr.

71. Die Hermanstädter Kaufleute zu berühren, so ist daselbst Samuel Tobosi, ein blosser Wechsler und sehr vermöglicher Mann, der Evangelischen Religion zugethan, sonst von
vielen Verstand, darneben aber sehr schlau und ruckhaltig, der
sich jedoch mit verschiedenen guten Rathschlägen zu Empor-
bringung des Siebenbürger Commercii und derer Fabriquen
hervorthuet. Wolfgang Andreas Violant, dessen Eydam, hält
hingegen ein schönes Waaren-Lager und ist ein gar geschickter
und ansehnlicher Negotiant, massen die Siebenbürger ihre Söhne
in Sachsen serviren, einfolgsam, was zu einem rechtschaffenen
Kaufmann erfordert wird, lernen lassen. Georg Nicolas Lang,
Johann Joseph Hermann, Christian Knobloch, Johann Binder,
und Georg Binder, Johann Georg Albrecht, Johann Knobloch,
Johann Schüml, Martin Ertel und Marco Toma, ein Italiener,
sind ebenfalls gar feine Handels-Leute. Seit nicht gar langer
Zeit hat auch ein Grichische Compagnie von Ebes-Falva die
Freyheit erhalten, in Hermanstadt negotiren zu dürfen, wor-
wider die Hermanstädter Kaufmannschaft grosse Klage führet,
weilen man die Grichen vor die grösten Einschwerzer ausgiebt,
neben welchen ein anderer, der seine Waaren ordentlich ver-
mautet, nicht bestehen können solle. Endlich ist auch ein
sicherer Theodor Czingo et Saffier Demeter Compagnie aus
Armenien allda wohnhaft, welcher blos alingrosso verleget und
die Leipziger Messe bauet. Die Hermanstädter Innwohner sind
durch die Einquartirungen, ohne Unterschied der Condition,
stark mitgenomen, wie dann der Provincial-Commissarius, ein
inngebohrner Sächsischer von Adel, nunmehro catholisch, Herr
Baron von Möhring, zwey Ihm angehörige Häuser entpehren
und sein Unterkommen bey seiner Frau Mutter suchen muss.

72. Von dasiger Elln-Maass wird die Länge sub N° 18 beygebogen. Die Wein-Maass bestehet in kleinen Eymern, deren 5 einen Oesterreicher machen; die Getreyd-Maass bestehet in Kübeln, deren jeder in ¼ eingetheilet ist, und 1 Viertl vergleichet sich mit 16 Wienner Maass. In Maut-Sachen ware die neue Tarif daselbst noch nicht introduciret, und gebrauchte man sich, so viel möglich, derer Cammer-Pässe. Wegen derer Frachten ist annoch beyzurucken, dass ein mit 50 Centen beladener Wagen von Wienn bis Ofen per 25 Fr, und von Ofen bis Hermanstadt per 130 Fr bedungen zu werden pfleget. Die Münzen sind per se kayserlich. Die Provision von denen Leipziger Messen betraget 4 p C^to, und die Frankfurther Valuta gegen Kayser-Münz leidet in 7 bis 8 Fr Sconto.

Der vierzehende Ort ist:

Cronstadt.

73. In der Reise bis dahin hat man durchaus ein fruchtbares Land angetroffen, darneben einen schönen Hanf- und noch mehreren Flachs-Bau, der in der Gegend Cronstadt und in dem sogenannten Purzel-Land[1] recht auserlesen ist. Vermög beglaubten Nachrichten werden hievon jährlich über die 15000 Centen ad Turcicum verführet. Es werden auch eine beträgliche Anzahl Ziegen und Böcke alljährlich in die Wallachey getrieben, welche man daselbst verschlachtet, die Häute ausarbeitet, und sodann widerum zurück nach Siebenbürgen verkaufet. Das lebendige Vieh und die ausgearbeitete Haut sollen einerley Preiss gelten, dass also der Wallache das Fleisch und die Haare vor die Ausarbeitung hätte. Die Verfärbung aber geschiehet in Siebenbürgen. Man will den Mangel der Fütterung vor die Ursach des Austriebs angeben.

74. In dieser Stadt sind ebenfalls bis 40 Tuchmacher, welche ihre erforderliche Wolle zeithero meistens aus der Türkischen Wallachey genommen haben, indem die Siebenbürgische Schaaf-Zucht sehr negligiret ist, mithin, ohneracht der schönen Hut-Weyden, lediglich ein grobe Wolle erzieglet wird. Diese Fabricanten beklagten sich eben damalen, dass ein sicherer Jud vor französische Rechnung von dem Hospodar eine Ver-

---

[1] Das Burzenland im südöstlichen Siebenbürgen.

ordnung losgewürket habe, vermittels welcher denen Landes-
Innwohnern an jemand anderen als an ihn Juden einige Wolle
zu verkaufen scharf untersaget worden, ja, Sie hatten unlängst
würklich eine Parthie erkauffet gehabt, welche schon auf dem
Weege nach Siebenbürgen zu ware, durch nachgeschickte Ordre
aber angehalten und in Beschlag genommen worden. Sie sagten
also, dass, in dem Fall Sie der Wallachischen Wolle nicht habhaft werden sollten, Selbe die erforderliche Qualitaet ihren
Tüchern nicht geben könnten, und die Verschleisse, welche
darmit oben in gedachte Wallachey geschehen, dardurch aufhören, folgbar Sie ihren Untergang nicht vermeyden können
würden; wessentwegen baten Sie um Interposition, womit der
Wallachische Fürst hinwiderum auf andere Weege geleitet werde.
Es verlautete überhaupt, dass auser der Baumwolle alle andere
Feilschaften nach Siebenbürgen zu bringen verbothen worden
seye. Eine andere Beschwernuss, sowohl von denenselben, als
anderen Negotianten, bestunde darinnen, dass ohneracht auch
gar nichts von inficirenden Krankheiten zu vernehmen seye,[1]
die Waaren in denen Contumaz-Häusern so lang erliegen bleiben
müsseten, darneben vor dem Wetter sehr schlecht verwahret
wären, wodurch ihnen vielfältiger Schaden zuwachse; ja, da
vormalen viele Wallachen nach Siebenbürgen zu kommen, und
daselbst allerley Waaren zu erkaufen gewohnet gewesen wären,
blieben Selbe der Zeit wegen des scharfen Contumaz halben
zurucke. Der sub N° 19 accludirte Copeyliche Raport wird
die schlechte Versorgung in denen Contumaz-Häusern ganz
wahrscheinlich bestättigen, und werden die, wie überall anders,
auch hierinfalls beygefallene Gedanken in denen nachfolgenden
Reflexionen gehorsamst und unmassgebig eröffnet werden. Die
Cronstadter Tuchmachere machen Tücher im Werth von 16 bis
22 Groschen die Elle; die Qualitaet ist besser als derer Hermanstädter.[2] Dieweilen übrigens die Siebenbürgische Waaren
schon in dem Allegato sub N° 16 vorgekommen, so wäre vergeblich hier eine weitschichtige Wiederhollung zu machen, dann

[1] Im selben Jahre 1755 brach die Pest von Neuem aus. Vgl. ‚Zur Geschichte etc.', S. 256, woferne die angegebene Jahreszahl richtig ist.
[2] Im Jahre 1749 hatte der Hofkriegsrath das Ansuchen der Landstände,
das garnisonirende Militär mit siebenbürgischem Fabrikat zu bekleiden,
mit der Motivirung abgewiesen, ‚dasselbe sei selbst für den gemeinen
Mann zu schlecht'; a. a. O., S. 285.

auch von hieraus werden die Waaren von denen nemlichen locis unde hergehollet, mithin sind die Preise nicht unterschieden; etwelche Muster jedoch, so man zu erheben die Gelegenheit gehabt, sind in dem Allegato sub N⁰ 20 zu finden. Man schreitet also zu Specificirung der besten Kaufleute, welche da sind: Johann Constantin und Gebrüdere, Georg Thompes, Lucas Theodor, ein Armenier, Valentin Gockisch, Georg Bauer und Christoph Bauer. Die Lutheraner sind allhier sehr praepotent, und überhaupt die Siebenbürger Sächsische Nation denen Catholiquen nicht wohl geneigt, dass blos die Furcht Sie zu einer verstellten Freundlichkeit bringet.

75. Die Frachten jener Waaren, so über Wienn dahin kommen, machen von Wienn bis Waitzen zu Wasser von 120 Centen 24 in 25 Fr, von Waitzen sodann bis Cronstadt von 50 Centen Sommers-Zeit 60 in 70 Hungarische Gulden, jeden à 50 xr gerechnet, Winters-Zeit 80 bis 90, auch bey schlimmen Wetter bis 100 derley Gulden. Die Leipziger Waaren aber nehmen eben den nemlichen Gang durch Pohlen, wie die Hermanstädter. Die Elle stimmet mit der Hermanstädter überein. Das Gewicht gehet nach dem Stein, deren einer 6¼ Wienner Pfund haltet. Die Wein- und Getreyd-Maass ist wie in Hermanstadt. Hier hat man annoch entdecket, dass die benachbarte Wallachen ein Gewicht, Litera genannt, haben, so 18 Loth machet, der Stein daselbst nun enthalte 3 Occa weniger eine solche Litera. Der Wallachische Eymer bestehet in 10 Maass, ist folgbar um ¼ grösser als der Siebenbürgische. Die meisten sowohl derer Hermanstädter als Cronstädter Kaufleute haben aus denen vorgezeigten Mustern verschiedene Artickeln sehr annehmlich befunden und daher mit der Compagnie Theils sich in Correspondez zu setzen, Theils bey der Durch-Reise zur Leipziger Messe persönlich einzusprechen sich anheischig gemacht, und nur angesuchet, Sie bey erfolgenden Commissionen prompt, accurat und mit verlässlicher Waare zu bedienen.

Die Ruck-Reise gienge über den fünfzehenden Ort

Schessburg.

76. Daselbst fande man einen einzigen Handelsmann Namens Johann Henke, welcher mittelfeine Tücher, Cron-Rasche, dann die bey Hermanstadt beschriebene leichte Rasche, nebst etwelchen wollenen Zeugen und leinerner Waar führet; sein

Assortiment im Vermögen ist sehr mittelmässig, und der Verschleiss nur in dem Ort, dann umliegenden nähesten Gegend.

77. Was also diesen Ort in einige Betrachtung bringet,
ist, dass seit einigen Jahren ein sicherer Fabricant Namens
Spindler von etwelchen Particularen zu Fabricirung der Mus-
seline eingeleitet worden. Allein das ganze Werk wird sehr
gering unterstützet, also, dass nicht einmal von denen 3 ange-
fangenen Sorten, nemlich die Siebenbürger Elle à 9, 10 et
14 Groschen, Muster vorhanden waren, und die Stühle zur Ver-
weebung einiger leinenen Trillich-, Zwillich- und Cannefass-Sorten
angewendet werden. Von der mittleren Sorte, benamtlich die
Elle à 10 Groschen, zeiget das sub Nᵣₒ 21 beygefügte Muster.
Eine noch geringere Gattung, so gefärbt und in locum derer
hier üblichen Glanz-Leinwanden gebrauchet wird, die Elle à
6 Groschen, ist ebenmässig aus einem beygefügten Muster zu
ersehen. Gedachter Fabricant bedaurete, dass aus Mangel der
Kräfte Er die zum Spinnen sich angebende und zum Theil
schon abgerichtete Leute nicht verlegen, mithin ein so nutz-
liches Werk bey dem Arbeit begierigen Volke ausbreiten könne.
Derselbe versicherte, dass Theils Spinnere die Baumwolle das
Pfund bis auf 4 Fr Werts zu spinnen capabl wären. Die Qualitaet der Baumwolle, welche man hierzu gebrauchet, und aus
der Wallachey dahin kommet, ist ebenmässig aus dem kleinen
Muster zu entnehmen, wovon der Centen 5 bis 26 Fr kostet.
Diese Fabrique ist auch mit einer Färberey und Mangel versehen, wiewohlen alles sehr arm aussiehet, und auch in der Verfertigung, aus Mangel geschickter Handwerks-Leute, die erforderliche Nettigkeit nicht hat. An diesem Ort hat man wiederum
eine Probe noch feiner zugerichteten Flachses, als der in Hermanstadt, erhalten, welcher an Schönheit, und sogar das Werch,
der Baumwolle ähnlich ist; dieweilen aber der Zubereiter gleichfalls ein Geheimnuss daraus machte, so lasset sich eben so wenig
beurtheilen, wie weit diese Zurichtungs-Art à Conto gehe und
wie viel Abgang sich hierbey ergebe. So viel ist jedoch ab-
zunehmen, dass das Haar noch eine genugsame Festigkeit behalten habe. Man leget auch eine Probe der in Siebenbürgen
erzeigenden Wolle bey, woraus deren schlechte Qualitaet genugsam erhellet. Und endlich zeigen die beygefügte Galleten[1]

---

[1] Seidenabfälle, geeignet zur Verarbeitung als Floretseide.

von der Unternehmung einiger Particularen, so einen kleinen
Versuch in dem Seiden-Bau unter Handen haben. Von viel
grösserer Importanz ist der sechzehende Ort

Ebes Falva
oder
Epersdorf,[1]

78. allwo, wie in Hungarn zu .St. Andre ein Sitz der
Grichischen Kaufleute ist, lauter Armenier zu finden sind,
welche gleich denen Juden in anderen Ländern alle Negotia
durch die Wohlfeilkeit der Verkaufs-Preise an sich zu ziehen
wissen.[2] Das ansehnliche Vermögen, so Sie dardurch erwerben,
setzet diese Leute in sehr guten Stand, ihre Waaren-Lager sind
sehr wohl assortiret, und die Häuser zierlich gebauet, dass man
diesen offenen Ort einer gar feinen Stadt vergleichen kann.
Die Capi derer Waaren-Sorten zu widerhohlen, wäre ein Ueberfluss; es erfolget demnach lediglich ein Vormerk über die beste
Negotianten, welche meistens Verlägere en gros sind und sich
in die Wallachey, Moldau, Siebenbürgen und auch in Hungarn
mit ihrem Negotio ausbreiten. Den ersten Rang verdienet
Martin Caspar, so einer der starkesten seyn solle. Nach dem
folget: Copetz Bagda, Lucas Daniel, Johann Kop, Anton Rab-
dabo, Lucas Zirky, oder, wie Sie zu sagen pflegen, Zirky
Lucas, Zirky Theodor, Zirky Joseph, Zirky Martin, Zirky Ni-
colncz, Lucas Patrovan, Christoph Sanpeter und Martin Muto.
79. In der Maass und Gewicht ist nichts Specielles vorgefallen. Man war aber so glücklich, ihre Absichten wegen der
neuen Zoll-Tarif und entrichtet werden sollenden 30 p Cto von
ausländischen Waaren zu entdecken. Dann Sie verriethen ihre
Antrlge, dass, dieweilen ohnehin zeithero die Leipziger Waaren
über Bresslau nacher Pohlen und sodann erst in Hungarn gekommen, denenselben gar wohl thunlich seyn werde, selbige
durch Pohlen bis an die Siebenbürgische Gränze zu bringen,
daselbst aber den Eintritt verholen zu bewürken, und in dem
Fall, da hierowegen eine Difficultaet sich bey dem Eintritt ergeben sollte, den Transport bis in die anstossende Moldau zu

---

[1] **Elisabethstadt.**
Die Armenier waren schon unter Apáffy I. (1661—1690) in Elisabethstadt eingewandert. Vgl. ‚Zur Geschichte etc.‘, S. 276.

erstrecken, sofort unter dem Namen der Türkischen Unterthanen die Waaren in das Land zu bringen, welches bey einer
so intriquanten Nation gar wahrscheinlich und in Ansehen der
wichtigen Folgen in besondere Erwägung zu ziehen ist. Man
konnte bey Vorzeugung derer Erbländischen Muster-Charten
ganz bedeutlich wahrnehmen, dass Ihnen die genaue Kanntnuss
derer Erbländischen Waaren fremd gewesen. Sie approbirten
fast durchgehends die Qualitaet und den Preis und versprachen
Theils aus Gelegenheit der Leipziger Mess den Brünner Mariä-
Geburth-Markt zu besuchen, Theils durch Correspondenz sich
ein so andere Artickel beyzulegen. Der in Siebenbürgen gemachte Umcreiss wurde endlich beschlossen mit dem sieben-
zehenden Ort

Mediasch,

80. in welchem noch Ueberbleibsel zu finden sind, dass
daselbst in älteren Zeiten eine ansehnliche Nahrung gewesen
seyn müsse.[1] Auch hier sind etweiche Tuchmacher, so aber nur
⁵⁄₄ breite schlechte Tücher, die Elle à 14 bis 16 Groschen
machen. An Kaufleuten sind zu bemerken: Johann Albert Hauer,
Andreas Weydner, Jacob Schuster, und Peter Krug, insgesamt
Siebenbürger Sachsen. Die führende Waaren-Sorten werden
übergangen, indeme Selbige mit anderen Siebenbürgischen gemein und hierorts respective gar kleine Magazine sind. Man
hat auf dieser Reise gleichwohlen bemerket, dass hier und dar
etwas Flachs von dem Land-Volk versponnen werde. Der acht-
zehende Ort ist

Carlsburg.

81. Dahin wurde der Weeg über die Salzburger Salz-
Gruben genommen, derer Situation das Allegatum N⁰ 22 entdecket und wobey in die 160 Personen arbeiten. Von jedem
Centen wird ¹⁄₄ Groschen und dem Salz-Hauer extra ebenso
viel bezahlet. Der Verschleiss ist der Centen à 23³⁄₄ xr.

82. Was nun Carlsburg selbsten betrifft, so bestehet das
meiste in denen Vestungs-Werken und der Garnison, wo in

---

[1] Ueber die chemalige Blüthe des siebenbürgischen Handels siehe die
mehrfach angeführte Studie ‚Zur Geschichte etc.‘ und Teutsch,
Geschichte der Siebenbürger Sachsen, I., S. 235 ff.

übrigen der Ort schlecht bewohnet ist. Es sind aber dannoch daselbst ein paar gute Kaufleute, Namens Nicolaus Pivasko und Kopetz Ivan, die mit denen schon öfters angeführten Waaren-Gattungen, auch auf umliegenden Märkten, negotiren. Viel grösser und volkreicher ist der neunzehende Ort

Clausenburg.

83. Allhier sind abermal bis 20 Tuchmacher, welche ordinari und nach ihrer Art mittelfeine Tücher die Elle von 18 bis 28 Groschen machen. Sie nehmen die Wolle hierzu aus Hungarn. Die Breite derer Tücher ist nur $1\frac{1}{4}$ Wienner Elle, die Qualitaet aber erhellet aus der Muster-Chart N^{ro} 23, in welcher auch die alldort stark gangbare Danziger Soy, dann gefärbte Leinwanden, so mittelst Debrezin kommen, zu finden sind.

84. Die hiesige beste Negotianten sind: Stephan Battoni seel. Erben und Compagnie, Johann Schoppel, Gebrüdere Nowack, Armenier, und Martin Tzriky, welcher Letztere eben in Handlungs-Geschäften in Wienn ware, dann Abraham und Jacob Compagnie, nicht minder Armenier; sie halten wohl assortirte Waaren-Lager. Und nachdem man allhier verschiedene gute Nachrichten erhalten, allermassen diese Kaufleute auch die Märkte in Hungarn bauen, als wird das Eingezogene beygerucket: der Ankauf in Leipzig nemlichen wurde angegeben von Aachner Tüchern in ordinari Farben die Wienner Elle à 58 Groschen, in hohen Farben à 68 deto, von Bresslauer Cron-Raschen N° 19 das Stuck à 12 in 13 Reichsthaler, von Sächsischen ganz-wollenen Ordinari-Raschen, à $5\frac{1}{2}$ Rthlr das Stuck per 20 Wienner Ellen lang, von Langensalzer deto à $8\frac{1}{2}$ Fr, von $\frac{5}{4}$ breiten Flanells die Brabander Elle, zweyfärbig, à 7 gute Groschen, dreyfärbig, à 8 gute Groschen, Elln breiten dreyfärbigen à 5 gute Groschen und zweyfärbigen à 4 gute deto; die Linzer Leinwanden, das Stuck 30 Wienner Elln lang $1\frac{1}{4}$ breit, sind courent von N^{ro} 19 bis 45; N^{ro} 19 kostet Franco Wienn $5\frac{1}{2}$ Fr, und die übrigen Preise steigen, wie schon gemeldet, bey dem Stuck à 30 xr; Schlesische Leinwanden, das Schock von 6 bis 20 Rthlr in Bresslau, geschnürleten Barchet, $\frac{3}{4}$ Wienner Ellen breit, $14\frac{1}{2}$ Elle lang, à 5 bis 10 Fr das Stuck, Cannefass von Wienn, das Stuck à 25 Wienner Ellen per 10 Fr, deto Linzer, 30 Ellen lang, à 7, 8 in 9 Fr; die Görlitzer Tücher kommen zu stehen

die Wienner Elle à 35 in 38 Groschen, die Bresslauer, die geringsten à 26, die mitteren à 28, und die feinen à 38 Groschen franco Wienn; Vier-Drat, in ordinari Farben ein Stuck à 58 Kayser-Groschen, scharlach-roth à 3½ Fr franco Leipzig, das Stuck ist 15 Wienner Ellen lang und ¹⁷/₃₂ breit; von der Debreziner Leinwand ist bereits oben Meldung geschehen; Danziger Soy, franco Clausenburg, die Siebenbürger Elle à 25 xr, das Stuck haltet 28 Ellen. Die currenteste Farben sind schon anderwärtig beschrieben worden.

85. Vermög Allserung der Kaufleute wurde von Erbländischen Waaren in dem Land der Ausfuhr ¼ p Cto in Wienn, und Presburg transito 1 p Cto, in Siebenbürgen aber 2 p Cto bezahlet, wo vorhero es auf 8 p Cto zu stehen gekommen. Die Wasser-Fracht von Wienn bis Waitzen ist wie schon an seinem Ort vorgemerket worden. Von Waitzen aber bis Clausenburg wird zu Land von 20 Centen bis 50 Fr, bey schlechter Witterung aber auch wohl 60 Fr bezahlt. In der Maass und Gewicht bleibet es bey dem bereits Gemeldeten. Der zwanzigste Ort ist

Samosuiwar.[1]

86. Dieser Handelsort kommet mit Ebes-Falva oder Epersdorf über ein, und ist ebenmässig mit Griechen und Armeniern angefüllet: meistens Leute von grossem Vermögen, und die recht ansehnliche Negotia führen. Die renomirtesten darunter sind: Martin Versac, Christoph Nowack, Jacob Placent, Martin Lucacz, Nicola Christoph, Jacob Hankovicz und Sarukan Laslo. Man befande den grösten Vorath: in Aachner Tüchern, von denen Mode-Farben die Brabander Elle à 38 in 40 gute Groschen, von scharlachroth und cremoisin à 50 gute Groschen; in Görlitzer Tüchern, die Elle à 30 gute Groschen; in Mährischen ordinari Tüchern, so von Tyrnau gebracht werden, 20 Ellen lang ⁶/₄ breit per 17 à 18 Fr; in Linzer Leinwanden von Nro 18 bis 60 à 6 Fr das Stück, jede Nummer um 30 xr steigend; in Schlesischen Leinwanden, das Schock von 10 bis 30 Rthlr 44 Wiener Ellen lang und 1 deto breit; in geschnürleten weissen Barcheten, von 13 bis 15 Fr das Stuck, so 15 Wienner Ellen haltet; Catton von der Schwechot, das Stuck,

---

[1] Számos-Ujvár.

à 7 Fr, 16 Wienner Ellen lang ⁵/₄ breit; in Hamburger Catton, die Brabander Elle à 27 xr franco Leipzig, in Stucken die Länge von 22 Wienner Ellen und ⁵/₄ deto breit; in Vier-Drat, ordinari Farben à 38 gute Groschen das Stuck 14 Wienner Ellen lang, scharlach-rothen, à 45 gute Groschen; in Taboretas, ordinari Sort das Stuck à 9 Rthlr, feinere deto à 10 Rthlr, sächsischblaue und fein ponceaufarbene à 14 Rthlr franco Leipzig, das Stuck haltet 33 Wiener Ellen; halbseidene Droquets, der Stab à 28 Groschen; in Futter-Barcheten, das Stuck per 16 Wienner-Ellen à 1 Rthlr 16 gute Groschen in Leipzig; in schwarzen Trip, Vier-Sigler, das Stuck, à 10 Fr 30 xr, 20 Ellen lang ⅔ breit, Fünf-Sigler à 14 Fr; in Bologneser Flor von Nᵣₒ 10 bis Nᵣₒ 16; in Seiden-Crepon von Nᵣₒ 0 et Nᵣₒ 1, 2, 3; in Kappel- oder Neapolitaner Flor, ³⁰/₃₂ Wienner-Ellen breit 30 Ellen lang, die Elle hievon à 45 xr; Battist, das Stuck in der Länge von 9²/₃ Wienner Ellen 1 deto breit per 8 bis 30 Fr; in Schleyer, von glatten und geblümten Sorten, à 55 Groschen bis 15 Fr das Stuck, 7½ Wienner Ellen in der Länge, in der Breite 1 deto haltend, die Sorten steigen von Nᵣₒ 70 alle Zeit um 10 Numern bis auf Nᵣₒ 500; in Dünn-Tuch, weiss und schwarz, auch mit Gold und Silber, nicht minder mit broschirten Farben, aus der Wienner Fabrique; in Strümpfen von Berlin und Hamburg, die langen das Duzet à 11 und die kurzen à 9½ Fr, wollene Manns-Strümpf à 7 bis 11 Fr das Duzet, Frauen-Strümpf in Farben, blau und fein-roth, das Duzet von 6 bis 8 Fr; Federrit von Leipzig, ordinari à 4 Rthlr, mittelfein à 5 und den feinen à 6 Rthlr in der Länge à 22 Wienner Ellen; Musselin, glatt und gestreift, das Stuck à 12 bis 20 Rthlr 30 Wienner Ellen lang ⁶/₄ breit; Linzer Ellnbreiten Zwillich von 4 bis 8 Fr; gefärbte Zwirne in Sorten, das Pfund à 36 bis 50 xr; Nürnberger Nägelein in Sorten, das Packl à 450 et 500 à 1 Fr; Hafteln von dannen, ein Pack à 6 gute Groschen, der Pack bestehet in 24 kleinen Päckeln, und jedes haltet 24 Paar Hafteln; mehr in Spiegeln, tombakenen Knöpfen, eben daher; Linzer gefärbte Glanz-Leinwanden, ordinari das Stuck à 6 Fr 30 xr, 1 Stuck per 30 Ellen, und die bessere à 7 Fr; Manns-Hütte, das Duzet à 7 bis 50 Fr; halbseidene Genfer Gallonen, in Leipzig das dasige Pfund à 36 gute Groschen, in Coulenren meistens schwarz, grün, roth und blau; weisse Steif-Leinwanden von Linz, das

Stuck zu 30 Wienner Ellen, 1¹/₅ Elle breit, per 5 Fr 30 xr,
schwarze deto à 4 Fr; Gingang und Schweitzer Zeuge von
Wienn, der Stab à 21 gute Groschen; Cron-Rasch von Bresslau,
die Bresslauer Elle à 11 Groschen, deren Kappen das Zeichen
eines Sterns haben; gedruckte Flanelle, ³/₄ breit und zwey-
färbig à 7, dreyfärbig aber à 8 gute Groschen die Brabander
Elle, die Elln breite nach obigen Unterschied à 4 bis 5 gute
Groschen; Vervierer Tücher in ordinari Couleurn eben die
Brabander Elle à 38 gute Groschen, und in hohen Farben
à 50 deto; Schweinitzer Halb-Raschen, das 22 Ellen lange Stuck
à 7¹/₂ Fr. Ueber dieses allerley schwarz- und weis-zwirnene
Spitzen, Doppel- und Bast-Band, von Nᵣₒ ¹/₂ bis 6, Pappier-
Sorten in Post, Canzley und Concept, Piquet- und andere
Charten, baumwoll- und leinene fein und ordinari Schnupf-
Tücher, und was dergleichen ist. Worüber auch unterschied-
liche Muster aufgebracht und sub Nᵣₒ 24 allegiret worden.

87. Die von Leipzig kommende Waaren nehmen den
nemlichen schon erklärten Weeg über Bresslau nach Pohlen
und sodann über Epperies auf Samosuiwar. Der Centen solle
überhaupt 9¹/₂ Fr zu stehen kommen; benantlich bis Bresslau
2 Fr, und von dannen 7¹/₂, auch bisweilen nur 6¹/₂ Fr. Von
denen Mauten, dann der Maass und Gewicht, ist nichts neues
beyzufügen, sondern nur noch mit wenigen zu berühren, dass
man allda auch Saffian und Corduan machet.

88. Zum Beschluss von Siebenbürgen ist noch zu erinnern,
dass wegen der erstaunlichen Wohlfeilkeit viel Wallachischer
Wein in das Land gebracht werde, indeme der Wallachische
Eymer auch um 6, höchstens 8 Polturn ¹ oder halbe Groschen
erkaufet wird, welcher schon vorhero explicirtermassen 10 Sieben-
burger Maass haltet, deren 8 einen Siebenbürger Eymer, 5 Eymer
aber ein Vass oder Hungarischen Eymer machen. Die Grösse
der Vässer gehet bis auf 130 solche Eymer. Wiewohlen auch
überhaupt alle Esculenta et Poculenta in diesem Lande ungemein wohlfeil sind; dann ehe die grosse Trockene eingefallen,
so galte der in ¹/₄ eingetheilte Kübel, dessen ³/₄ vier Debrecziner
Viertl machen, wo dann ferner ein Viertl 16 Trank-Maass
haltet, an Kukuruz 8 Groschen, der Waitzen und das Korn

---

¹ Ein Poltura = 1¹/₂ Kreuzer = 2¹/₂ Ungarische. Vgl. Büsching's
Neue Erdbeschreibung, II., 1078.

das Viertl à 12 xr, der Haaber à 6 bis 7 xr, das Rind- und Schöpsen-Fleisch das Pfund ½ Groschen. Ein Zug-Ochs kostet 18, 20 bis 24 Fr, und ein schwerer Schlacht-Ochs 40, 50 auch 60 Fr. Die Administrationes derer Magistrate sind dem Angeben nach sehr willkührig und mit vielen Eigennutz vergesellschaftet, folgbar die Städte bey solcher mit denen Gemein-Güttern pflegenden schlechten Würtschaft verschuldet. So sagte man auch, dass die Justiz mit vieler Partheylichkeit verwaltet und gemeiniglich der Freygebigste der gewinnende Theil werde. Von einigen erspriesslichen, die Handlung befördern könnenden Statuten, Ordnungen oder anderen guten Anstalten ware nichts Erhebliches in Erfahrung zu bringen. Das Militare vermeynet, dass bei dessen gehabten Ober-Gewalt die Vollzüge viel schleiniger und besser gewesen wären, das dermalige Politische Gouverno aber beschuldiget selbes hingegen vieler flüreyligen und ohne genugsamen Grund entschiedenen Fürgänge. Der kurze Aufenthalt litte nicht, die Verlässlichkeit in diesen Sachen zu erheben. Nach Ordnung der Reise folget nunmehro der Ueberrest von Hungarn, und darinnen der ein und zwanzigste Ort

Debreczin.

89. Diese gross- und weitschichtige Stadt hat eine starke Handlung, sonderheitlich mit Vieh. Die übrige Capi sind die nemlichen, welche bey Samosuivar umständlich specificiret worden, wie dann auch von dasigen Kaufleuten allhier Niderlagen gehalten werden. Die im Januario am Antoni Tag, im Aprili am Georgi, an Mariä Himmelfahrt im Augusto, und am Tag Dionisii im Octobri haltende Jahr-Märkte sind von grosser Frequenz. Dieweilen aber die zu denen Erforschungen gehabte kurze Zeit in alle Particularitæten hinein zu gehen nicht verstattet hat, und die Ankaufs-Preise, bis auf die etwas wohlfeilere Fracht, mit denen in der Beschreibung unweit angeführten überein kommen, so werden die Wiederhohlungen allhier übergangen. Man hat jedoch nicht vergessen, mit etlichen derer besten Kaufleute Bekanntschaft zu machen, Ihnen die Erbländischen Fabricata vorzuzeigen, mithin, was und wie theuer Sie viel näher haben könnten, in ihre Notiz zu bringen, ingleichen ihre Sortimente einzusehen, sofort was entweder adaptiret oder neu eingeführet werden könnte in

Vormerkung zu nehmen. Ernelte Negotianten schreiben sich
Albert Gestefeld, Georg et Martin Verczeresko et Compagnie,
Joseph Samuel Serenek, und Johann Matuschey. Die Aachner
Tücher werden von denen Ersteren à drittura verschrieben,
und kostet die Brabander Elle in ordinari Farben 11½ Schilling
in courent, deren 8 einen Reichsthaler machen, zum Theil
auch über Leipzig genommen, in Sorten die Elle von 38 bis
60 gute Groschen. Hier ist eine Art schwarz durchbrochener
Gallonen gangbar, wovon das Pfund in Leipzig à 36 gute
Groschen erkaufet wird. Diese Compagnie hat auch eine
Bestellung von etlich 30 Stuck in Halb-Raschen, gestreiften
Canefass und gedruckten Leinwanden gemachet, wovon die
Mährische Compagnie alsogleich benachrichtiget worden. Von
Tüchern, Cron- und Halb-Raschen, wie auch denen verlangenden
gedruckten Leinwanden, sind Muster sub N^{ro} 25 beygebogen.
Man verlanget auf diesem Platz stark- und dicke Tücher.

90. Die Leipziger Waare hat den schon widerhohlten
Zug per Bresslau et Pohlen, und kostet der Centen von Leipzig
bis Bresslau à 3 bis 3½ Fr, sodann bis Debreczin bey gutem
Weeg à 7 Fr 30 xr, bey üblen aber bis 9½ Fr. Von Bresslau
bis Hermanstadt solle der Centen 9 Rthlr kosten. Von Wienn
bis Waitzen wird von einem Schiff 24 Fr bezahlet, sodann vom
Wagen à 33 bis 34 Centen 22 Fr. Die Ellen-Maass und das
Gewicht ist nach dem Wienner. Die Getreyd-Maass hingegen
betraget in Proportion der Siebenbürgischen, dass 5 Siebenbürger Viertl-Kübel 4 Debrecziner machen. Der zwey und
zwanzigste Ort ist

Tockey.

91. Hier ist die gesegnete Gegend, welche den König aller
Weine hervorbringet, worfür gar namhafte Summen Geldes fast
aus allen Europäischen Ländern, hauptsächlich aber aus Pohlen,
denen dasigen Innwohnern zu guten kommen.[1] Die Sorten und
Preise dieses köstlichen Getränks bestunden damalen in folgenden: die Tockayer Essenz kostete das Antheyl 50 Ducaten,
der beste nach der Essenz galte 25 Ducaten, ein guter Aus-

[1] Ueber den Weinbau in Tokay im vorigen Jahrhundert siehe ‚Haunöver-
sches Magazin‘, 1772. S. 509—512 aus der Wiener Realzeitung.

bruch von Tockay 13 Ducaten, und dieses franco Presburg. Ein Antheil bestehet aus 90 Hungarischen Halben und ein Vass aus zwey Antheil.[1] Die Pohlen treiben ihre Würtschaft bey dem Einkauf auf das höchste, indeme dieselbe zur Lös-Zeit sich persönlich einfinden, auch noch vor der Löse mit ein so anderen bedürftige Accorde treffen und Geld angeben, sofort durch diese Art derer Anticipationen wohlfeile Preise erzwingen. Nach dem Verlaut derer dortigen Insassen sollen unter denen letzhin von der Cammer verkauften Wein-Gebürgen fürtrefliche, ja viel bessere Gegenden seyn, als jene, die neuerdings angeleget worden. Durch diesen ansehentlichen Verschleiss kommet besagtermassen eine beträchtliche Summa Geldes in dasige Gegend; mithin ist auch eine ziemliche Nahrung unter denen Leuten, woher dann kommet, dass auch verschiedene Handelsleute mit verschiedenen Waaren Debite finden, ohneracht sonsten der Ort klein ist und schlecht genug aussiehet.

92. Unter die besten letztgemelter Negotianten, welche unter einem die Tockayer Weine führen, werden gezehlet: Johann Lazar, Michael Kondorosch, Georg Koratschan, Constantin Apostel Roschapop und Johann Koratschan. Die Gangbarkeit derer Waaren-Sorten bestehet mehrmalen in Leydner, Aachner, Bresslauer und Mährischen Tüchern, Ganz- und Halb-Raschen, Schachwitzen, Linzer- und Schlesischen Leinwanden, gedruckten breit- und schmalen zwey- und dreyfärbigen Flanellen, Vierdrat, Calamanten, Floretas und anderen wollenen wie auch halbseidenen Schweitzer Zeugen, Gingangs, Camelots und verschiedenen Seiden-Waaren, deren Einkaufs-Preise in Leipzig, Bresslau und Wien mit jenen auf anderen Hungarischen Plätzen wenig unterschieden sind.

93. Der Transport geschiehet von Wienn zu Wasser bis Waitzen, wo dann all' ordinaire von 100 Centen 24 Fr bezahlet werden, sodann zu Land bis Tockay gemeiniglich auf einen Wagen, 25 Centen per 20 Fr. Die Maut ist das gewöhnliche Hungarische Dreyssigst. Die Leipziger Fracht aber durch Pohlen und sodann über Epperies wurde per 10 Fr 30 xr von dem Leipziger Centen angegeben.

94. Die Ellen-Maass und das Gewicht ist von der Wienner nicht unterschieden, und die Getreyd-Maass vergleichet sich

---

[1] Ein Antheil (Antal) ungefähr ⁵/₄ eines österreichischen Eimers. Nur oberungarische Weine wurden nach Antheilen gemessen.

mit der Presburger. Von der Wein-Maass aber ist bereits oben Meldung geschehen. Alle vorher angemerkte Kaufleute haben entweder die Brünner Niederlage persönlich oder durch Correspondenz zu besuchen zugesaget.

95. In der Reise nach Caschau ist man den Ort Talia[1] passiret, wo gleichfalls ein Espece und Continuation von Tockayer Weinen wachset, die in ihren Quali bis auf 15 Ducaten das Antheil gehen. Von hier ist nicht minder durch die Pohlen eine Abnahm. Nun folget der drey und zwanzigste Ort

Caschau.

96. Diese Haupt-Stadt von Ober-Hungarn solle einstmal sehr vermögliche Einwohnere gehabt haben, so aus einigen publiquen Gebäuen annoch abzunehmen ist; dermalen aber sind Selbige zimlich erarmet, so aus Ungleichheit derer Anlagen herrühren soll. Es gibt aber dannoch etwelche vermögende Handelsleute, welche zu dasiger Landes-Consumption wohl assortirte Waaren-Lager halten, und daraus kleinere Ortschaften verlegen. Die Waaren-Gattungen bestehen in Leydner, Aachner, Görlitzer, Bilitzer und Mährischen Tüchern, Tuch-Flanellen und Boyen, nicht minder aus Schlesien Ganz- und Halb-Raschen, Leinwanden, Tisch-Zeug, Battist, Schleyer, schwarz- und weissen Dünntuch aus Leipzig, in gedruckten Flanellen, Hüten, Cron-Raschen, Calamanten, wollenen Zeug-Sorten, Schweitzer Droquet, Seidenzeugen als: Lustrin, Damasten, Droqueten, Taffet etc., Cannefass und verschiedenen Trüllich-Sorten, item aus Mähren ordinari Hüten, wollenen Manns- und Weiber-Strümpfen, Mesolanen, und deto Weiber-Röcken, ordinari Leinwanden und Bettzeugen. Von denen Cron- und Halb-Raschen sind Muster sub N° 26 beygefüget. Die gangbareste Coulenren, wie fast in ganz Hungarn, sind franz- und licht-blau, oder coolest, gras- und licht-grün; unter denen Tüchern jedoch sind verschiedene melirte Farben gleichfalls gebräuchlich.

97. In Caschau finden sich auch Vorräthe von Tockayer-Wein, als 49er Ausbruch von Trokenbeeren das Antheil per 20 Ducaten, 53er à 18 Ducaten, Masslasch das Vass oder

---

[1] Tálya im Zempliner Comitat.

zwey Antheil zu 15 Ducaten, der ordinari à 8 Ducaten, de anno 1754 Ausbruch das Antheil à 12 bis 15 Ducaten, Masslasch das Vass à 10 bis 12 Ducaten, ordinari das Vass à 7 Ducaten. Unter denen Kaufleuten sind von einiger Consideration: Andreas Pratobevera et Compagnie, Mathias Neumann und Friedrich Michael Dürner, Müllers seel. Wittib, Paul Trexel, Jacobs Kostatin seel. Wittib und Erben, Christoph Wiletz und Monsiny, endlich Michael Argenti et Compagnie, Griechen.

98. Die Fracht von Wienn bis Caschau betraget von Centen 4 Fr. Die Elln-Maass und das Gewicht ist wie anderer Orten, und die Getreyd-Maass geschiehet in Kübeln, deren einer 2 Presburger Metzen machet. Die Wein-Maass bestehet in Vässern und Antheil, welche sich wie bey Tockay vorgekommen verhalten; machen also derley vier Vässer ein 10 eymeriges Österreicher Vass.

99. In Caschau ware Gelegenheit jenen Weeg etwas genauer zu erforschen, welchen die Hungarn und Siebenbürger mit ihren Bresslauer und Leipziger Waaren durch Pohlen zu nehmen gewohnet sind. Dieselben frequentiren aber viererley Weege, nachdeme Ihnen dieser oder jener respectu des loci ad quem, der verschiedenen Zeit und Witterung, dann wegen Aufbringung und Subsistenz der Fuhrleute am gelegensamsten fallet. Die erste Strasse gehet von Caschau bis Epperies und betraget . . . . 4 Meilen,
von dannen bis Bartfeld . . 4 „
bis Gribow . . . . . 5 „
bis Saclazin . . . . . . 5 „
bis Cracau . . . . . . 6 „

zusammen also . . 24 Meilen.

Die zweyte Strasse von Caschau bis Epperies wie oben 4 Meilen,
von dannen bis Palotscha . . . . 3 „
weiter über das wüste Feld bis Lieblau . . . . 3 „
auf Altendorf . . . . 2 „
sonach bey dem Schloss Tunajetz über den Fluss
gleichen Namens bis Neumarkt oder Novitary 4 „
endlich bis Cracau . . . . 5 „

thut . . 21 Meilen.

Die dritte Strass gehet mehrmal über Epperies und Palotscha,
sind . . . . 7 Meilen,
ferner über das wüste Feld bis Muschina . . . 4 „
alsdann auf Neumarkt . . . . 4 „
und auf Cracau . . . . 5 „

betraget . . 20 Meilen.

Die vierte Strass gehet von Caschau der Post-Strasse nach bis
Leutschau, facit . . . . 11 Meilen,
von Leutschau über Kessmark nacher Altendorf . 4 „
und endlich von dannen, wie bey der zweyten
Strass schon angemerket worden, über Neumarkt nach Cracau . . . . 9 „

in Summa . . 24 Meilen.

Bey der ersten Strasse ist das erste Pohlnische Ort
Grübow, bey der zweyten Lieblau, und bey der dritten Muschina, bey der vierten aber wäre es Altendorf. Noch ist zu
bemerken, dass bey der ersten, zweyten und vierten Strass
unzähligemal der Fluss Biela passiret werden müsse; mithin
ist in jenem Fall, wann der Fluss Poprat unweit Muschina
passiret werden kann, die dritte Strass allzeit die fürträglichste,
weilen man nicht nur allein den gedachten Fluss Biela dardurch umgehet, sondern auch, wie aus der Vormerkung zu
ersehen, dieser der näheste ist. Es ware zu vernehmen, dass
mittelst des Flusses Poprat gar füglich Wasser-Transporto in
die Weixel eingeleitet werden könnten, und da derselbe nur
6 Meilen von dem Waag-Strohm entlegen, auch eine Communication mit demselben nicht unmöglich seye.[1] Der vier und
zwanzigste Ort ist

Epperies.

100. In dieser Gegend wird nicht nur allein viel Flachs
gebauet, sondern auch versponnen, und sodann das Garn in
Leinwanden verwebet, massen in dem angränzenden gar schön-

---

[1] Dreissig Jahre später verwunderte sich Mairo (Bemerkungen über den
inneren Kreislauf etc., S. 72 f.), dass man noch nicht an eine Verbindung
von Waag und Poprád gedacht habe, wo nur eine Arbeit von 3000 Klaftern
erforderlich sei, um das Wasser der beiden Flüsse in einem Bassin zu
sammeln, aus diesem einen verbindenden Canal zu ziehen und auf solche
Weise Donau und Weichsel in Communication zu setzen.

und angenehmen Zipser-Land schon verschiedene Fabricata in leinerner Waare gemacht werden, welche sich weit in Nieder-Hungarn ausbreiten und vielen Debit finden. Deme ohner-achtet aber werden auch verschiedene Teschner, Sielberberger und Mährische ordinari Leinwanden dahin eingeführet.

101. Zu mehrerer Einsicht des Negotien-Gangs verhalten sich die usuellen Waaren-Capi folgendermassen: Aachner Tücher von Leipzig, die Brabander Elle 48 gute Groschen ordinari Couleuren, hohe Farben dagegen à 52 bis 54 gute Groschen; Bresslauer Tücher à 24 bis 38 Silber-Groschen; daher Cron-Rasche die Elle à 11 bis 12 Groschen; item Schlesische Halb-Rasche, das Stuck zu 6 et 7 Fr, an Farben dunkel- und liecht-grün, schwarz, maron, eisenfarb und ponceau; Schmideberger feine Leinwanden von 16 bis 40 Rthlr das Schock und respec-tive Weebe; Teschner Leinwand von 6 bis 18 Fr das Schock; Bresslauer Schachwitz à 30 Wienner Ellen lang, 1½, breit, von 9 bis 14 Fr; gedruckte Flanelle von Leipzig, gekepert ⅝ breit, die Brabander Elle zweyfärbig zu 8 und dreyfärbig zu 9 gute Groschen, die Elln breiten mit diesem Unterschied zu 5 et 6 gute Groschen, ungekeperte ⅝ breite zweyfärbige zu 6 und dreyfärbige zu 8 gute Groschen, die Elln breite in gleichem Verhalt à 3½ und 5 gute Groschen, nebst 4 p C^{to} Sconto, wann content bezahlet wird; Kessmarkter Cannefass, gestreift, das Stuck von 25 Ellen à 7½ Fr, rohe deto à 5 Fr, Steif-Leinwanden, das Stuck à 30 Ellen, weis per 5 Fr und schwarz per 4 Fr; Bielitzer Tücher in Courent-Farben, als dunkel- und licht-grün, franz- und lichtblau, coelest, cremoisin und scharlach, in ordinari Farben die Wienner Elle von 24 bis 38 Groschen, in feinen Farben à 44 bis 58 Sielber-Groschen franco Epperies; Leipziger Schwanen-Boy die Wienner Elle auf 24 bis 26 Silber-Groschen 1³⁄₁₆ breit; Schlesische Glanz-Leinwanden, die Wiener Elle à 6 Groschen, alles franco ad locum verstanden. Von ein so anderen Waaren werden die Muster sub N^{ro} 27 beygeleget. Die beträglichste Kaufleute dieses Platzes sind: Jacob Schrey-vogl seel. Wittib, Johann Jacob Walleutner et Compagnie, Johann Sinkenthaller, Johann Weiferl, Paul Fistrowitz, Joseph Primavesi et Compagnie, Roschosch Stephan, Michael Miczko, beede Grichen.

102. An denen Mauten ist hier nichts Speciales zu be-merken, wohl aber ware zu vernehmen, dass die Mautner

nirgend besser als an der Pohlnischen Gränitz stünden. Die
Ursach ist leicht zu begreifen, da fast alle von Leipzig kommende Waaren in dieser Gegend in das Land tretten, wie es
die bey Caschau bemerkte vier Strassen mit mehreren bewähren. Die Fracht von Wienn bis Epperies betraget vom
Centen 3 Fr, nach Wienn aber nur 2 Fr. Von Leipzig über
Bresslau von Centen 6 auch 6½ Fr.

103. Die Ellen-Maass und das Gewicht ist mit dem Wienner einstimmig; die Getreyd-Maass bestehet in Kübeln, deren
einer vier Korcs haltet, 2 Korcs aber einen Presburger Metzen.
Die Wein-Maass ist wie bey Caschau.

104. Allhier wurde die Topolzaner Wolle angerühmet,
welche in ihrer Qualitaet die Stuhlweisenburger noch übertreffen
soll, wie dann dieses auch aus dem Preis zu entnehmen ist,
allermassen der Centen Winter-Wolle per 35 et 36 Fr verkaufet
worden. Hierorts ist ferner Jährlich in die 150 Centen Wachs
à 60 Fr zu erkaufen, und ein Quantum Honig, die 2½ Centen
haltende Tonne à 11 in 12 Rthlr. Man führet auch Trocken-
Beer-Wein aus denen Madereyn und Bennier-Gebürgen,[1] das
Antheil à 15 bis 16 Ducaten, die Masslasch das Vass zu 12
bis 13 Ducaten. Man rühmte die besondere Eigenschaft hieran,
dass Selbiger sich 15 bis 20 Jahre halten lasse. Der fünf und
zwanzigste Ort ist

Leutschau.

105. Hier sind abermal etliche recht ansehentliche Negotianten, als: Gorbat und Nehrer Compagnie, Johann Friwerth
und Johann Rädel, welche nicht nur allein in Waaren recht
wohl assortiret sind und ein starkes Lager halten, sondern
auch proportionirte mithin grosse Verschleisse machen. Die
Gattungen derer Waaren sind eben diejenige, welche bey Caschau
bemerket worden, und gehen hiernächst noch allerhand Catton
von Hamburg und von der Schwechat nächst Wienn, wie dann
ferner fast alle Sächsische wollene Zeug-Sorten unter einem
geführet und die Muster etwelcher Waaren sub N⁰ 28 bemerket werden.

106. Der Johann Friwerth machte nach gesehenen hier-
ländigen Muster-Charten zur Probe eine Bestellung sowohl an

---

[1] Mád und Bény in der Hegyallya.

ordinari als mittelfeinen Tüchern, an gedruckten zweyfärbigen
Flanellen in verschiedener Breite, an Halb-Raschen, welche
jedoch so dicht als möglich und bedeckt zu verfertigen wären,
von weissen Bombasin, weissen und schwarzen Steif-Leinwanden, grün und rothen Glanz-Leinwanden, weis auch blau gedruckten Leinwanden, brochirten Wienner Bändern, item Sommer-
Tücheln und von derley Flor zu machen kommenden Frauen-
Schürzen, dann gold- und silbernen Spitzen von dannen. Dieser
Handelsmann recomandirte einen stattlichen Negotianten in der
Zips, Namens Johann Gottlieb Losgallner, welcher eine gar beträchtliche Handlung führen und von sehr grossen Vermögen
seyn solle; die Zeit hatte nicht verstattet, dass man sich ad
locum hätte begeben können, folglichen ist es der Mährischen
Compagnie lediglich durch Correspondenz an Hand gelassen
worden, mit Beziehung auf den Recommendenten Muster-
Charten und Preise einzusenden. Der sechs und zwanzigste
Ort ist

Neusoll.

107. Man übergehet allhier die aufgerichtete Eisen- und
Kupfer-Schmelzen als eine bekannte Sache, und berühret lediglich das Commerciale, so jedoch blos allein sich auf die Consumption der dasigen Gegend extendiret. Die beste Negotianten,
welche sich damit beschäftigen, sind: Johann Simon Semko,
Johann Michael Zopf, Johann Rudolph Trinkel und Samuel
Lakner seel. Wittib. Ihre Waaren bestehen in denen bey vorgedachten Orten angeführten Sorten. So werden auch Selbige
von denen nemlichen Orten gezogen; mithin ist in denen Ankaufs-Preisen kein Unterschied. Die ansehnliche Waaren-Lager,
welche diese Kaufleute halten, zeigen, dass die Verschleisse
proportioniret seyn müssen; so sich auch wohl aus der Natur
der Sache ergiebet, weilen in locis keine Fabricanten zu finden,
sondern alle derley Nothdurften von anderwärts her gehollet
werden müssen. Allein von denen aus Ziment-Kupfer gemacht
werdenden, innwendig und am äusersten Rand vergoldten Bechern
nähren sich etliche Fabricanten, weilen diese Art Trinkgeschirr
für Reisende sehr commode ist. Die kleinere halbrunden kosten
das Stuck 25 Groschen, die grösseren in Form halber Vässeln
aber 3½ Fr. Von mittelfeinen Tüchern und Cron-Raschen erfolgen Muster sub N^{ro} 29.

108. Das Hungarische Dreyssigst ist all'ordinaire. Die Fracht hingegen von Pressburg bis Neusoll von Centen 17 Silber-Groschen, wo gemeiniglich von Wienn bis Pressburg die Waare zu Wasser abgeliefert wird und der Centen 6 in 7 Groschen kostet. Von der Maass und Gewicht ist nichts Besonderes zu erinnern.

109. Von hieraus ist der Weeg über das Bozzer Berg-werks-Ort,[1] allwo von Particular-Gewerken auf Gold, wiewohlen mit geringen Vortheil, gebauet wird, indeme, wie aus allen ab-zunehmen ware, es denenselben an der Sach verständigen Leuten fehlet, auf den sieben und zwanzigsten Ort

Schemnitz

für sich gegangen.

. 110. Obwohlen man Zeit währenden kurzen Aufenthalt in Schemnitz, als dem Haubt-Berg-Ort der fürtreflich Hunga-rischen Bergwerks-Gegenden, den seegenreichen Bau sowohl, als die in dessen Behuf aufgerichtete Wasser-, Luft-, Feuer- und andere Machinen, nebst der schönen Ordnung in denen Verrichtungen, zu sehen die Gelegenheit gehabt, so sind dieses dannoch Sachen, welche in eine Commercial-Beschreibung nicht oder nur in soweit einschlagen, wann zum Exempl das gar gemachte Kupfer in negotio weiter versendet wird. Da nun aber der Kupfer-Verschleiss an die Wienerische Handels-Leute Küner et Compagnie allein et privative überlassen ist, so ist auch hierinnfalls von dieser Sache nichts besonderes zu erhollen gewesen.[2] Dieses allein ware zu vernehmen, dass man das Zimment-Kupfer zu machen aufhöret. Die grosse Quantität Leute, welche sich aus Gelegenheit dieses Berg-Baues ernähren und auf die 12000 Personen gerechnet werden, verursachet die Bedürftnus von allerley Feilschaften und leget den Grund zu einer ziemlichen Handelschaft. Johann Gottfried Graudi seel.

---

[1] Bócza im Liptauer Comitate. Auch bei Korabinsky, Geographisch-historisches Lexikon von Ungarn (1786), wird des Goldbergwerkes erwähnt, jedoch auch, dass dasselbe ‚nicht im besten Zustande sei'.

[2] ‚La seule mine de cuivre de Neusohl rapporte une somme importante à l'Impératrice selon le contract que la Cour a fait avec le banquier Kühner et Goll Comp., qui porte que chaque mois il tire de cette mine 25,000 livres de cuivre à raison de 50,000 florins d'argent comptant.' Fürst, Lettres sur Vienne, XIII.

Erben ist die best-assortirte Handels-Compagnie; nächst dieser handlet annoch Johann Clement, Samuel Zacharides, Samuel Mitrofzky, Johann Christoph Leicher, Michael Fiedler, und Johann Nötzl. Die gangbare Gattungen sind: Aachner, Bielitzer, und ordinari Mährische Tücher, ⁵⁄₄ und Elln breite gedruckte Flanelle, Catton von Hollitsch und der Schwechat, Calamant, Florotas und allerhand wollene Zeug-Sorten, Cannefass, Schachwitz, Trillich, ganz- und halbe Cron-Rasch, Linzer und Schlesische Leinwanden, Hamburger und Lucceser-Damaste, ganz- und halbseidene Droquets, Lustrins, Gros de Tours, Taffet, Gold- und Silber-Tressen, auch Spitzen, reich, auch glatte Bänder, Manns-Hüte in Sorten, Berliner, Hamburger und Duxer Manns- und Frauen-Strümpfe, Weisser Barchet, Mesolan, Zipser Leinwanden, gestreifte Mesolane, Weibs-Röcke, und was sonsten in einer wohl eingerichteten Schnid-Handlung vorkommet. Von ein- so anderen Articln zeiget die sub Nᵣₒ 30 beygebogene Muster-Chart.

111. Die Fracht durch den bekannten Pohlnischen Weeg von Leipzig bis Schemnitz belaufet sich vom Centen auf 6 bis 7 Fr. Der Schlesische Transito soll 3 p Cᵗᵒ betragen. Von Brünn kostet der Centen 1 Rthlr. Die Elln-Maass und das Gewicht verhaltet sich vermög dem Wiener, die Getreyd- und Wein-Maass aber nach der Pressburger.

Der acht und zwanzigste Ort ist

Kremnitz.

112. Allhier sind lediglich zwey Negotianten zu bemerken: Andreas Wagner und Johann Georg Kzrivi. Die Assortirung ist wie in Schemnitz, doch a proportione des Orts in minderen Quantis. Die Fracht ist wegen der Nachbarschaft ganz wenig. Maass und Gewicht aber gar nicht unterschieden. Die in dieser Stadt aufgerichtete Münze unterhaltet viele Personen und giebet also Gelegenheit zu etwelcher besseren Nahrung. Der neun und zwanzigste Ort ist

Silein.

113. Um die Zeit zu ersparen und die hohe Gebürge zu vermeyden, ist der Weeg nacher Suzzan ¹ an den Waag-Fluss genommen, sofort auf Flössen bis Silein zu Wasser gefahren

---

¹ Szucsán im Turóczer Comitat.

worden, an welchen ersteren Ort die Salz-Transporte zu Wasser ihren Anfang nehmen. Vermög der Situation sollte nicht unthunlich seyn, dass auch bis dahin leicht- und platt-gebaute Fahr-Zeuge hinaufgezogen sollen werden können.

114. Von dem Sileiner Negotio ist gar wenig zu melden. Der Ort hat seine meiste Nahrung von der Passage aus Schlesien. Die daselbstige Klein-Kauf- oder vielmehr Krämers-Leute sind: Johann Anton Contessa et Compagnie, Wenzel Maschner und Mathias Tzeppani, deren der Erstere lediglich mit Specerey-Waaren, die zwey Andere aber mit Cron- und Halb-Raschen, Flanellen, Catton, Barchet, Cannefass und anderen geringen Schnid-Waaren handlen. Umsonsten ist auch daselbst eine Haubt-Salz-Niederlage, wo das Sowarer[1] Sud- und Stein-Salz Theils weiter nach Puchof[2] befördert, Theils ausgeschiffet, sofort über Jablunka nach Teschen und Troppau transportiret wird. Die Salz-Flösse, wann solche aus Tramm-Holz bestehen, werden das Paar à 6 Fr 12 xr, aus Sparr-Holz aber die schwächere das Paar à 4 Fr 30 xr verschlissen. Vormalen sind die nach Hungarn und Siebenbürgen verführte Leipziger und Bresslauer Feilschaften über diesen Pass nach Hungarn bis Debreczin und in das Bannat, auch Siebenbürgen gegangen, von deme es aber nach denen erhöheten Maut-Gebühren abgekommen, und der bey Caschau beschriebene Weeg durch Pohlen eingeleitet worden ist, dass also gegenwärtig nur etwelche in die Hungarischen Bergstädte gewiedmete, aus Schlesien kommende Feilschaften diesen Weeg nehmen.

Und dieses wären die bey dem Königreich Hungarn mit seinen angehängten Ländern in der anzuwenden gehabten Eylfertigkeit gemachte Bemerkungen. Die am Ende der ganzen Beschreibung erfolgende Reflexiones werden sodann noch zu Ein- und Anderen dahin Gehörigen Gelegenheit geben.

Böhmisch-Schlesien.

In dem kurzen Strich, welchen man aus Hungarn durch Böhmisch-Schlesien bis an die Pohlnische Gränze gemachet hat, wurde berühret der neun und zwanzigste Ort

---

[1] Sóvár bei Eperies.

[2] Pucho an der Waag im Trencsiner Comitat.

Teschen.

114*a*.[1] Die in negotio bekannte sogenannte Teschner Leinwanden werden nicht so viel in dieser Stadt als vielmehr in
denen kleineren Städten und auf dem Land des ebenso be-
namsten Fürstenthums verfertiget, und überkommen also den
bemerkten Beynahmen daher. Es kommen aber auch viele
Leinwanden aus Pohlen dahin, welche alsdann gleichmässig
unter dem Namen derer Teschner Leinwanden zum Theil verführet werden. Die in loco befindliche etwelche Teschner Kauf-
Leute versicherten, dass selbe binnen Jahres-Frist bis 30,000
Schock erwehnter Leinwanden, wann die Bestellung in Zeit
geschehete, zu liefern in dem Stand wären, allein hierunter
dürfften obenberührtermassen viele Pohlnische Leinwanden vor-
fallen. Die Fabricirung geschiehet in viererley Gattungen: die
gröbste Sort Nᵘ 1 kostet die Bresslauer Elle 90 xr oder das
Schock 9 Fr, Nᵒ 2 als die nechst-kommende bessere das Schock
à 12 Fr, Nᵒ 3 in mehrerer Feine das Schock à 15 Fr und
Nᵒ 4 die beste das Schock à 18 Fr. Nebst diesem wird noch
eine Sort Trillich gemachet, wovon die schon gedachte Bresslauer Elle à 12 xr zu stehen kommet. Von allen diesen Gattungen exhibiret das Allegatum sub Nᵘ 31 die Muster.

114*b*. Der Debit mit dieser Leinen-Waar gehet starck
Theils durch Stadt-Teschner Kaufleute, Theils und noch mehr
durch Billizer, auch nicht wenig durch die angränzende Mäh-
risch-Mistecker Negotianten nach Hungarn. In loco Teschen
sind die beste: Joh. Ant. Contessa, Brachetti seel. Wittib, und
Christian Schulz. Diese führen hierbey annoch allerley fremde
Trillich und Canefas, Pohlnische Leinwanden und Schachwiz,
Berliner, dann Hamburger wollene Manns- und Frauen-Strümpfe,
die Manns-Strümpfe das Duzet à 9 bis 11 Fr und die Frauen-
dᵗᵒ à 6 bis 7 Fr, andere derley gewürflete das Duzet von 16
bis 17 Fr, Hirschberger Leinwanden die Webe von 8 bis 20
Rthlr, Halb-Rasche aus Nieder-Schlesien und gedruckte Flanelle
aus Sachsen mit anderen vielerley wollenen und auch Seiden-
Zeugen; das meiste deren lezten Sorten aber lediglich zur
local- und umliegenden Oerter Marckts-Consumption. Die Con-

---

[1] In der Handschrift folgt irrthümlich hier nochmals die Bezifferung 112,
113, 114, wofür ich 111*a*, 114*b*, 114*c* gewählt habe.

tess- und Brachettische Handlungen führen nebenbey Specerey-Waar.[1]

114c. Sonsten wäre annoch das Teschner Gewöhr oder die sogenannte Deschinken anzumercken, welches ehehin in grosser Menge verfertiget und verschliessen worden. Nachdeme aber diese Art der Arbeit dermal den vorigen Beyfall nicht mehr findet, so ist auch der Verdienst hierbey sehr herabgekommen und sind von nun die Salz-Einschwärzer und die Pohlen die grösto Abnehmere. Unter diesen Fabricanten machen verschiedene eine recht kunstreiche Arbeit.[2]

115. Die Ellen-Maass ist nach der Bresslauer und differiret also von der Wiener um 32$\frac{1}{8}$ p C^{to}.[3] Das Gewicht ist ebenfalls Schlesisch, mithin um 35 p C^{to} geringer als das Wiener, und wird der Centner in Steine getheilet, deren 5$\frac{1}{2}$ einen Centner oder 132 Pfund ausmachen, ein jeder Stein à 24 kleine Pfund gerechnet.

Von dannen folgete der dreysigste Ort

Zkotschow.[4]

116. Dieser Ort hat eine starke Weberschaft, von welcher man wohl in die 6000 Schock Leinwanden jährlich soll aufbringen können. Die Sorten sind von denen bey Teschen angeführten unterschieden; dann die niedrigste fallet gröber aus, und die feineste kommet der feinen Teschner nicht gleich. Man machet also hier Orts fünferley Gattungen: N° 1 das Schock à 6 Fr, N° 2 à 9 Fr, N° 3 à 9 Fr 30 xr, N° 4 à 10 Fr und N° 5 à 11 Fr, wovon eben die sub N° 32 beygelegte Muster das mehrere zeigen.

117. Indeme auf dem Ort zur Abnahme keine Handels-Leute sind, so müssen die Weber in Teschen und Billiz ihre

---

[1] Ueber die italienischen Kaufleute in Teschen vgl. auch Biermann, Geschichte des Herzogthums Teschen, S. 379.

[2] Ueber die Teschinken und Teschen's Gewerbeblüthe und Verfall siehe Biermann, a. a. O., S. 292 und 376 ff. Noch 1734 erscheinen in Teschen neben 18 Bäckern 6 Schlosser und Büchsenmacher, in Bielitz neben 9 Bäckern 10 Schlosser und Büchsenmacher. Es hatte sich also schon in diesem Jahre der Verkauf von Büchsen mehr nach der Grenze gezogen.

[3] Eine Wiener Elle = 1·32125 schlesische.

[4] Skotschau.

Verschleisse suchen: ein einige Wittib Nahmens Schulzin ver-
debitiret jährlich etwa 400 Schock.

Der einunddreyssigste Ort ist

Billitz,

118. welcher verdienet, dass man denselben unter die Erbländischen Handels-Städte rechne, dann man findet Fabricanten
und Negotianten, die Vieles thuen. Tücher werden von 18 Groschen bis auf 2 Fr 30 xr die Bresslauer Elle fabriciret, deren
Qualität die Muster-Kart sub N° 33 anzeiget. Von Leinwanden
wird zwar auch etwas in loco gemachet, das meiste aber kommet aus Pohlen, oder wird aus Zkotschow oder anderen Orten
des Fürstenthums genommen.[1] Ansonsten befindet sich hierorts eine Fabrique auf Wax-Leinwanden, so ein sicherer Gottfried Barthmus unterhaltet, wovon die grün- und blaugeflaserte
das Schock in 4 Stuck bestehend à 15 Fr, die schwarze aber
à 12 Fr eben das Schock, hindan gegeben werden. Die Qualität ist in der Muster-Kart sub N° 34 zu ersehen.

119. Gut assortirte Kaufleute sind: Joh. Ludw. Fux, Ludwig Wilhelm seel. Erben, Andreas Mickler, Joh. Georg Men-
hardt, Johann Christian Titius, so zugleich eine schöne Farbe
hat, Christoph Langer, Carl Mayer und Nitsch Comp., Franz
Nitsch, und Franz Heinrich. Die Assortirung dieser Handels-
leute bestehet hauptsächlich in rohen Leinwanden, so meistens
nacher Bresslau abgesezet werden, das Schock per 4 Fr franco
Billiz, dann in gebleichten Commiss-Leinwanden das Stück zu
6 Fr, die Breite ist Wiener Ellen. Die gebleichten Leinwanden
gehen meistens in Hungarn und werden darinnen à 6³/₄ Fr, gleichwie die rohen in Bresslau à 4³/₄ Fr, verkaufet. Es sollen diese
Sort roher Leinwanden weiter nacher Holland abgehen. Ausser
dem führen Dieselben rohen Trillich das Stück per 8½ Fr,
item noch andere gebleichte ord. Leinwand das Stuck per 7 Fr
grösten Theils aus Pohlen, dann gestreifte Bresslauer Röcke in
2 Sorten, die bessere das Stück per 6 Ellen lang à 45 Groschen,
die schlechtere à 35 Groschen, Niederschlesische Halb-Rasche

---

[1] Im Jahre 1733 zählte die Tuchmacherzeche von Bielitz 271 Mitglieder,
Leinweber hingegen gab es 1734 nur acht, gegen dreissig in Teschen.
Biermann a. a. O., S. 376.

à 6½ Fr und Mährische à 5 Fr. Aus denen sub N° 35 beygefügten Mustern ergiebet der Augenschein das mehrere. Der
vorgenannte Andreas Mickler führet allerley Nürnberger Waar.
Von denen Billizer Tüchern sowohl als Nürnberger und Specerey-Waaren sind einige Debite in Pohlen.

120. Die Billizer Kaufleute, welche mit denen angemerckten
Pohlnischen und Teschner Leinwanden nacher Bresslau handlen,
meldeten, dass der Zoll hievon in Bresslau mit 10 p C^to abgenommen, dargegen in Billiz, weilen die Waare daselbst nieder-
gelegt und nach Verlangen der Bresslauer Abnehmere gepacket
wird, 30 p C^to abgeforderet werde; wordurch aber die Billizer Negotianten den Handel mit Bresslau fortzuführen nothwendig ausser Stand gesezet würden, weilen der Zuschlag von
30 p C^to den Preiss der Waare dermassen erhöhet, dass die
Bresslauer Abnehmere die Pohlnische Verkaufere directe an
sich zu ziehen suchen, folgbar den Zug über Billiz, welcher
dannoch verschiedene Handels- und Fuhrleute näheret, hiernechst zum Verschleiss verschiedener Land-Producten unter
einem Gelegenheit giebet, abwenden werden. Es wären ohnehin schon würcklich einige Negotianten in dem gleichsam eine
Vorstadt von Billiz machenden Pohlnischen Ort Biala, welche
von diesen Umständen ihren Nuzen zu ziehen suchen, die sich
ferner in der Zahl vermehren und gewisslich von Seiten ihres
neuen Herrn, des Sächsischen Premier-Ministers Herrn Grafen
von Brühl, welcher vor nicht gar langer Zeit diese Starostey
käuflich an sich gebracht hat, alle Unterstützung finden würden,
dass also, wann nicht in Zeiten eine Abhülf geschehen solte,
der Verfall des Billizer Negotii unvermeidlich und für sie Billizer Kaufleute, um dem gänzlichen Verderben zu entgehen,
nichts übrig seye, als schlüsslich ihr Handlungs-Werck selbsten
nach gedachtem Biala zu transferiren, wie mehr nicht nur allein
respectu der gleichgedachten weiter verführenden Pohlnischen
Leinwanden, sondern auch mit denen von Bresslau bringenden
und nach Pohlen veräusserenden Specerey-Waaren die Bialer
Kaufleute, welche selbige directe von Bresslau ziehen, sodann
lediglich in Pohlen 10 p C^to entrichten, schon um 10 bis
20 p C^to caeteris paribus wohlfeiler als die Billizer verkaufen
können. Ein sicherer Sigmund Bartlmus hatte bisshero mit
Preussisch-Schlesischen Eisen nach Pohlen negotiiret, welcher
wegen der angeführten Bewandnuss, und da dessen mittelst

dem Billitzer Stadt-Rath dem Landes-Eltesten-Amt und bey der
Troppauischen Zoll-Administration eingebrachte Vorstellungen
keinen Ingress gefunden, nunmehro sich ausser Nahrung gesezet und ermelten Eysen-Handel directe nach Pohlen gezogen
sehe. Ja auf diese Weise hätten die Pohlen vor ihnen Billizer
auch in dem Negotio gegen Hungarn einen Vorzug, in Betrachtung selbige den lediglichen Transito-Zoll entrichten, sie aber
bey der Einfuhr zu der Consums-Gebühr angehalten werden.

Die Fracht von Bresslau bis Billiz wurde dazumal von
Centen mit 1 Fr 30 xr bezahlet; von der Schlesischen Mass
und Gewicht aber ist allbereits bey Teschen die nöthige Erwehnung geschehen.

Es pfleget aus Pohlen auch Wax nacher Billiz gebracht
zu werden, welches sodann weiter zur Consumption in die
Kayserl. Erbländer verführet wird. Der Verkauf in Bresslau
ware zur Zeit in Preiss gestiegen, mithin kame auch in Billiz
der Wiener Centner auf 70 bis 72 Fr zu stehen. Die Pohlen
bringen von dieser Seiten das meiste Wax aus Podolien,
woher um 20 und mehr Meilen näher nach Billiz als Bresslau
ist. Indessen gehet es dannoch denen Bresslauern his stantibus
der Ursachen besser à conto, dieweilen sie die Verkaufere mit
Preussischem Geld bezahlen, mithin dardurch in einen Vortheil von 8 p Cto, welches der Unterschied in der Valuta zwischen dem Kayserlichen und Preussischen Geld ist, gesezet
werden, und also wohlfeiler als ein Billizer Kaufmann in die
Kayserlichen Erblande verschleissen können, welchem der Gebrauch der Preussischen Münze verbothen ist und der, in so
lang ein Baratto auf andere Waaren ermanglet, die Pohlnische
Feilschaften mit Kayserl. Geld bezahlen muss.[1]

121. Der Billizer Landes-Hauptmann von Trzebinsky
macht sich anheischig, dass, dieweilen der Fürst Sollekovsky[2]

---

[1] Im Jahre 1750 hatte Friedrich II. den Graumann'schen Münzfuss angenommen und die Mark Feinsilber zu 21 Gulden ausprägen lassen,
während Oesterreich auf dem 20 Gulden-Fuss bestehen blieb und denselben später in der Münzconvention mit Baiern am 21. September 1753
befestigte. Diese Differenz im Münzfuss und die Angabe der Oesterreicher, dass die preussischen Münzen ungleich seien, liessen die Wiener
Regierung den Eingang preussischer Münzen am 2. Mai 1761 gänzlich
verbieten. Vgl. Ranke, Sämmtliche Werke, XXX., S. 28.

[2] Alexander Josef von Sulkowsky hatte 1752 die Herrschaft Bielitz von
Haugwitz gekauft, wobei dieser ihm die Reichsfürstenwürde verschaffte.

die ansehnlichste Schäfereyen habe, derselbe ein beträgliches
Quantum der besten Pohlnischen Wolle beyschaffen, nicht minder
aus Podolien das Wax anheroziehen und in ein so anderen
convenable Preyse bewürcken, auch zu Ausnehmung der Qualität vorläufige Muster einsenden wolle. Die Wohlfeilkeit wurde
daher entstehen, wann die Feilschaften durch die Pohlen auf
ihren leichten hölzernen Wägen mit Ochsen vorgespannt, dahin
kommeten, die Ochsen alsdan ebenfalls verkaufet, und die Wägen,
welche über 2 Rthlr nicht kosten, verbrennet würden. Von der
Importanz der hierortigen Pohlnischen Angränzung wird in
denen Reflexionen das mehrere breiteren Inhalts vorkommen.[1]

Pohlen.

Zumalen bey Billiz bereits Verschiedenes gemeldet worden, so bleibet nur noch Folgendes von dem zwey und dreysigst-
und ersten Pohlnischen Ort

Biala

122. beyzurucken. Dass nemlichen der alleinige kleine
Fluss gleichen Nahmens die Scheidung zwischen diesen beeden
Ortschaften und Ländern mache. Die Häuser und Wohnungen
sind wie in denen billigen Vorstädten aufgerichtet und grossen
Theils mit deutschen Innwohnern besezet, welche unter dem
sonderbaren Vortheil der Pohlnischen Freyheit allerhand Gewerbe treiben. Unter denen Negotianten sind daselbst 2 ziemlich
starcke Leinwand-Handler Nahmens Jacob Zinadij und Thomas
Masek. Das Allegatum sub N° 36 zeiget viererley Gattungen
der gangbaresten Leinwanden, das Stuck à 6 Fr, 6 Fr 30 xr, 11 Fr
30 xr und 12 Fr, wormit der meiste Verschleis nach Hungarn
gemachet wird. Man sprache, dass die neue Herrschaft, benantlich der Herr Graf von Brühl, die daselbstige Nahrung
besser in die Höhe zu heben Anträge mache.
123. Die Ellen-Mass und das Gewicht wird wegen der
nahen Nachbarschaft, und weilen man so viel mit Schlesien zu
thun hat, durchgehends auf Schlesischen Fuss gehalten; wie
dann auch hier allerley Münzen rouliren. Die Pohlnischen
Münzen bestehen in doppelt- und einfachen Ducaten, in Gulden-

---

[1] Siehe oben S. 369 ff.

stücken, so sie Zlotti nennen, in Timpfen nach der Grösse
unserer Siebenzehner, in Schostaken, welche denen Siebnern
ähnlich, in Trojaken, welche unseren Groschen gleichkommen,
in Polturaken, die eben bald wie die hierländige Polturen beschaffen seynd, in Groschen und Szelongen. Drei Szelongi
machen einen Pohlnischen Groschen, $1\frac{1}{2}$ Pohln. Groschen
machet einen Polturak, 2 Polturaken machen einen Trojak,
2 Trojaken machen einen Schostak, 3 Schostaken einen Timpf,
deren 5 einen deutschen Reichsthaler oder 1 Fr 30 xr machen.
Der Pohln. Szlotti oder Gulden enthaltet 30 Pohln. Groschen,
folgbar machen 3 Pohln. Gulden erst einen vorbenannten Thaler.[1]

124. Die Gegend ist ansonsten alhier bey dem Eintritt
von Pohlen gegen Crackau zu gar angenehm, meistens eben,
oder wenigst in fruchtbaren Anhöhen bestehend, wohl gebauet
und mit gut besezten Dörfern versehen, dass man zwischen
Schlesien, woher man kommet, und Pohlen nach dem äusser-
lichen Ansehen fast keinen Unterschied machen kann.

125. Bey Zator gelanget man an die Weixel, so da nicht
gar 5 Meilen von Billiz austrägt. Hier also wäre der näheste
Weeg, alwo nach behöriger Einleitung die nacher Cracau,
Warschau, Thoren, Danzig, oder von dannen in Moscau oder
andere an der Ostsee liegende Provinzien bringen wollende
Waaren am ersten eingeschiffet werden könnten, massen ohnerachtet der damaligen Trockene der Fluss zu platten Fahr-
zeugen starck genug ist, mithin blos die ermanglende Anstalten
verursachen, dass die Schiffe anerst von dem nun folgenden
dreyunddreyssigsten Ort

Cracau

abgehen.

126. Diese kleine Pohlnische Hauptstadt könnte ein recht
beträglicher Handels-Ort werden, wann Pohlen in Commercial-
Sachen auf einige Ordnungen und Anstalten fürdächte und

---

[1] 1 polnischer Gulden (Zloty) = 30 polnische Groschen = 30 Kreuzer;
1 Tympf = 3 Schostak = 18 Kreuzer;
1 Schostak = 2 Trojak = 6 Kreuzer;
1 Trojak = 2 Polturak = 3 Kreuzer;
1 Polturak = $1\frac{1}{2}$ polnische Groschen = $1\frac{1}{2}$ Kreuzer;
1 polnischer Groschen = 3 Szelongen = 1 Kreuzer.
1 Szelong = $\frac{1}{3}$ Kreuzer.

fremde Handels-Leute ihr Land zu besuchen zu vermögen wüste
oder vielleicht wollte, mithin die besizende häufige producta
naturae aus Podolien, Volhinien aus dem Kyower Ober-Palatinat,
aus Reussen, als Vieh, Korn, Waizen, Girsten, Haber, rohe
Häute, Wax, Honig, Inslicht, Woll, verschiedene Pelz-Werck,
worunter besonders Bären- und Wolfs-Häute, Hanf, Flachs, Potasche etc. dahin zu ziehen, sofort die Nothdurften verschiedener
Fabricanten sich nach- und zuführen zu lassen bedacht wäre,
anstatt dass man das Bresslauer Negotium so starck in die Höhe
hebet. Allein auf alle Exportanda hat Cracau weder Kaufleute
noch Magazine oder Niederlagen, das Wachs allein ausgenommen,
wovon etwas in Schlesien und Mähren durch den dasigen
Handels-Stand verschliessen, sofort in dieser Absicht immerzu
einiger Vorrath gefunden wird. Der Preiss ware damalen der
Bresslauer Centen zu 40 Rthlr. Ansonsten werden in Pohlen
noch viel mehr als in Hungarn die Fabriquen vernachlässiget,
mithin ermanglet es nicht so an Christlichen als Jüdischen
Handels-Leuten, welche denen Landes-Innwohnern die Nothdurften, und was sie sonst verlangen, beyzuschafen sich beschäftigen, dahero von allerley fremden Waaren aus Bresslau,
Frankfurth an der Oder und Leipzig Vorräthe beyführen und
darmit gar namhaft- auch profitable Verschleisse machen. Dieses
ist also das Thun des Crackauer Handels-Standes.

127. Unter diesen ab extra beyführenden Feilschaften ist
ein starcker Articl die Seiden-Waar, indeme fast alle Sorten
von Samet, Peruvien, Lustrin, Damast, Gros de Tour, Terzenell,
Atlas, Droquet und Taffeten ihren Gang haben. Es ist aber
ein alter Wahn, dass alle alte Moden und anderweitig nicht
mehr gangbare Feilschaften in Pohlen annoch Abgang findeten,
indeme man gewislich die neuesten Façons und ausgesuchteste
Waaren darinnen finden wird, wovon die sub No 37 beybrin-
gende etwelche Mustere, ohnerachtet Cracau keine Hof-Haltung
hat und mit Warschau in keinen Vergleich kommet, dannoch
zeugen werden. Man erforschte, dass der französische Gros de
Tour, ³/₄ Wienner Ellen breit, im Ankauf der Stab in ordinari
Farben à 4 Fr 15 xr und in feinen Farben à 5 Fr 12 xr zu
stehen komme; die Peruviens kostete der Stab 5 Fr, die Lustrins
4 Fr 36 xr, die französischen Audiner Taffent 2 Fr 6 xr, ge-
wiperte Terzenelle 4 Fr 6 xr, die Droquets 3 Fr 18 xr, ³/₄ Wienner
Ellen breite doppelte Lioner Damaste der Stab 4 Fr, in hohen

Farben 5 Fr 12 xr; Gingangs, die Cracauer Elle à 10 Groschen;
Spalier-Leinwanden die Wiener Elle à 24 xr; Tücher Leydner
in ord. Farben die Brabander Elle à 50 gute Groschen, d°
Achner à 40 bis 42 gG, fein scharlach und carmesin à 62 bis
70 gG, feine Pohlnische Tücher von Lissa, das Stück 21 Wiener
Ellen in der Länge und ⁷/₄ in Breite haltend, à 24 Rthlr, mittel-
feine zu 18 Rthlr und ordinari à 13 Rthlr; Billizer Tücher 21 W. E.
lang, ⁷/₄ breit, von 14 bis 23 Rthlr. Ansonsten gehen noch allerley Waaren-Sorten, als gedruckte Flanelle, breit und schmale
Halb-Rasche, Cron-Rasche, Nürnberger Waaren, Eisen-Geschmeid,
Französische Galanterie-Waar, Schlesisch- und Sächsische Leinwanden, die meiste Gattungen an wollenen Zeugen, und darunter finden die Chalons einen ganz besonders starken Debite;
das Stuck haltet 32 Wiener Ellen und kommet à 14 bis 15 Rthlr
zu stehen; zu geschweigen, was von allerley Gewürz, Zucker,
Friandisen, candirt- und eingemachten Sachen, Droguerien,
Häring, Stockfisch, Gewehr, Französischen und Hungarischen
Weinen, nicht minder an gold- und silbernen Dressen und
Spizen, und was sonsten in dem Europäischen Commercio gangbar ist, wohl assortiert, wiewohlen keineswegs in solcher Menge,
wie in Warschau, zu finden. Indeme Cracau zwar beträgliche
Local- und auch einige weitere Verschleisse, nicht aber, wie
Warschau, so viele Verlage und Versendungen machet. Ueber
verschiedene von denen obspecifizirten Waaren sind die erhobene
Muster in das Allegatum sub N° 38 gebracht worden.

Die beste Kaufleute in Seiden- und wollenen Zeug-Waaren
sind Joh. Gottlieb Hillmann, die Gebrüder Pilling, der Königl.
Pohln. Commercien-Rath Stanislaus Fachinetti, item Johann
Fachinetti junior dessen Sohn, und Samuel Widmann; in Spe-
cereyen: der Balthasar Haller; in Tüchern: eine Wittib Sophia
Bayerin, Andreas Rumel, Johann Gottfried Fux, Anton Kepper,
Johann Payer junior. Unter denen Juden stehen in Renomée:
Seckl Zadck, Isaac Pinckes, Marcus Manasses und Moyses
Abraham.

Die vorgezeigten Muster derer Kayserl. Erbländ. Fabri-
canten haben viele Approbation gefunden, ja es verlangten die
Cracauer Kaufleute recht sehnlich mit ermelten Landen in ein
Negotium zu treten, und wolten dargegen allerley Pohlnische
Producta liefern, massen dieselben ganz wohl begreifen, dass
dardurch das Cracauer Negotium besser in die Höhe gebracht

würde, wo dermalen aller Zug mit denen Pohlnischen Erzeugnissen mit Beiseitlassung Cracau directe nacher Bresslau gehet.
Die Londres seconds kamen unter anderen in besondere Atten-
tion. Diese Art der Fabrique ware noch unbekannt, und die
besondere Wohlfeilkeit in dem Sortiment ungemein anständig.
Man verlangte nur, dass selbe etwas weniges tüchter, hiernechst
auch von anderen sogenannten Mode Farben verfertiget, und
durchgehends wie alle andere fein- und mittel-feine Tuch-Sorten
in weisse Kappen gestecket werden möchten.

128. Das Justizwesen ist noch weniger ausrichtsam als in
Hungarn beschaffen, dann die unumschränckte Freyheit, der
sich in Pohlen eine jede Person von Distinction anmasset,
machet, dass man sich an die Gesäze wenig bindet. Besitzet
der Richter eine natürliche Gemüths-Billigkeit, so erfolgen ge-
rechte Aussprüche, ist derselbe aber einigen Passionen zugethan,
so müssen dieselbe vergnüget werden, wan man zum Zweck
gelangen will, welche Bewandnus ein Negotirender in besondere Erwegung zu ziehen, folgbar zu Verhütung wichtiger Be-
nachtheiligungen die nöthige Vorsichten zu nehmen hat. Bleibet
der Pohle schuldig und will nicht freywillig bezahlen, so ist
sehr beschwerlich ihn zu suchen und zur Richtigkeit zu verhalten. Hat derselbe aber von einem Ausländer etwas zu for-
deren, so muss der erste Beste, den er aus demselbigen Land
oder Ort in Pohlen betreten kan, darvor haften, so die Bresslauer nicht selten erfahren haben sollen. Derley Unordnungen
erstrecken sich auch bisselbst auf die Pohlnischen Kaufleute.
Der Adel nimmt sich die grösten Freyheiten heraus. Gar oft
kommt der Schlachtiz oder Pohlnische Edelmann in den Kram-
Laden, behandlet gewisse Waaren, lasset so viel er bedarf ab-
schneiden, und wann er dieselbe bekommen hat, so sezet er
ihm selbst gefällige Zahlungs-Termine. Will sich der Kaufmann
hierzu nicht bequemen, so ist es noch ein Glück, wann er die
abgeschnittene Waar zuruck bekommet; meistens aber nimmt
Er das behandlete unter den Arm, überhäufet den armen
Handelsmann mit 1000 Injurien, ziehet das Mistrauen als eine
seinem Adel zufügende hohe Beleidigung an, drohet auch wohl
gar mit dem Säbel, dass der ängstige Negotiant froh seyn muss,
wan er mit allen Arten der Submission den Rasenden wiederum
begütigen kan. Das alleinige Mittel also ist, sich gewisse mäch-
tige Protectiones zu erwerben und die auf solche Art hier und

da erleidende Verluste mittelst des nehmenden grossen Gewinns hinwiederum herein zu bringen, dann endlich verdächtigen Kaufern die suchende Waare viel lieber zu verlaugnen.

129. Von denen Münzen ist zwar schon bey dem Ort Biala Meldung geschehen, man soll also hier lediglich beyrucken, dass ein Kayserlicher Siebenzehner 18 Pohln. Groschen, ein Siebener $7\frac{1}{2}$ und ein Silber-Groschen 3 d° und einen Szelong gelte. Der Ducaten endlich bestehet aus 18 Pohlnischen Gulden, deren jeder, wie schon an gedachten Ort angeführet worden, 15 Pohlnische Groschen haltet. Der Timf aber ist um 3 Pohlnische Groschen höher als der Zlotti. Der Pohlnische Groschen machet so viel als ein Kreuzer Kayser-Geld. Der Cours nacher Bresslau ware in Ducaten per $87\frac{1}{2}$ Silber-Groschen, in Louisd'or per 167 Silber-Groschen, in Louisblanc mit $7^1{}_2$ p C^{to} Aggio, in Kayserlichen Siebenzehner gleichfalls mit $7^1{}_2$ p C^{to} Aggio, d° in Siebneren, Groschen, Kreuzern und Gröschlen mit 4 in 5 p C^{to}. Die neue Pohlnische Timfe werden daselbst in Handel und Wandel per 18 bis $18^1{}_2$ und die alte per 19 xr angenommen.[1]

130. Von denen Mauthen sagten die Kaufleute, dass der Republique 7 p C^{to}, dem König 3 p C^{to} und der Stadt eben 3 p C^{to}, also zusammen 13 p C^{to} an Mauth-Gebühr entrichtet werde. Es wird aber bey Danzig eine durch besondere Weege erlangte Mauth-Tariff beygeleget werden, woraus der sichere Verhalt genau zu entnehmen ist.[2] Frachtlohn von Cracau bis Bresslau et vicissim kommet von dem Bresslauer Centen 39 bis 40 Sgr., von Cracau nacher Warschau zu Wasser auf der Weixel von dem Last[3] 4 in 5 Rthlr, gegen das Wasser von Warschau bis Cracau aber 6 in 7 Rthlr, zu Land bey guten Weg von dem Centen 2 Fr 15 xr, bey üblen hingegen bis 2 Fr 30 xr.

131. Die Cracauer Elle ist sub N° 39 beygeleget. Der Centen wird in 130 Pfund getheilet; es geben aber 100 Wiener Pfund 137 Cracauer, gleichwie die vorgemelte Elle $^3/_4$ Wiener betraget. Die nasse Maass bestehet in Töpfen, in Quarten und Quartirln; ein Antheil haltet 27 Töpfe, ein Topf 4 Quarte, ein

---

[1] In den Jahren 1752 bis 1756 wurden in Polen für $5^1{}_2$ Millionen Thaler neue Münzen geprägt. Jekel, Pohlens Handelsgeschichte, I., 127.

[2] Derselbe war unter den verlorenen Allegaten.

[3] Siehe unten S. 449.

Quart 2 Quartirln. Die Getrayd-Mass, so durchaus gestrichen wird, bestehet in Schefln, deren 1 Cracauer ³/₄ Schlesische machet.[1] Der vier und dreyssigste Ort ist

Mallogocz.[2]

132. Dieses in sich schlechte Städtl, wo eine ziemliche Judenschaft wohnhaft ist, wird von darümen hier angemercket, dieweilen hierdurch der grosse Vieh-Trieb aus Podolien nacher Bresslau gehet. Cracau bleibet 13 Meilen linker Hand liegen; wohingegen, wann das Centrum in Kamiec Podolizky,[3] weilen das meiste Vieh aus Podolien kommet, genommen wird, bey dem Trieb nacher Billiz Cracau noch etwas rechter Hand sollte bleiben können, und bis auf dem ersten Weg das Vieh nach gedachten Mallagocz kommet, selbes auf dem zweiten gegen Billiz schon unweit Billiz angelanget seyn würde, wodurch sich also der Vortheil des näheren Weges ermessen lasset.

133. Die Strasse von Cracau bis Warschau ist meistens von lauter Wäldern und Gepüschen durchschnitten. Die Dorfschatten seynd weit von einander entlegen, schlecht gebauet, der Grund meistens sandig, mithin nicht sonderlich fruchtbar und der Bauer überhaupt miserabl. Fast alle Wirthshäuser auf dem Lande sind von denen Juden besezet, und man könnte beynahe sagen, dass der Jud Herr seye, dieweilen demselben nicht nur allein der Schank an Bier und Brandwein nebst denen Gast-Höfen, sondern auch vielmal alle übrige Wirthschaffts-Einflüsse verpachtet sind, wozu ihm die fort und fort an den Edelmann thuende Anticipationes verhelfen. Er Jud weiss sich sodann bey dem leibeigenen Bauersmann weidlich zu regressiren, indeme er demselben unter Assistenz der nach neuen Anticipationen lechzenden Herrschaft den Balck so zu sagen über die Ohren streifet, welche Begegnung dan bey diesem geplagten Volck Unmuth und Desperation nach sich ziehet, so sie durch den Trunck zu verringeren suchen und auf solche Weiss noch den wenigen Ueberrest ihrer Habseligkeit anwiederum dem Juden vor Brandwein zujagen.[4] Es ist kaum zu

---

[1] Siehe unten bei Warschau §. 141.

[2] Malogosz in Russisch-Polen, Gouvernement Radom, südwestlich von Kielce.

[3] Kamieniec-Podolsk im russisch-polnischen Gouvernement Podolien.

[4] ,Tout le monde sait que cette race répandue dans tout le Royaume est dans une situation beaucoup plus heureuse que nos bourgeois et nos

beschreiben, was ein Reisender sowohl unterwegs wegen derer
grundüblen Strassen, als auch in denen elenden mit Mangel und
Unsauberkeit angefüllten Wirths-Häusern zu übertragen hat.
Dieses ist noch zu bewundern, dass bey solch- bedencklichen Umständen von Unsicherheit deren Strassen nichts zu vernehmen
gewesen.

Auf der weiten Reyse nach Warschau ist noch ein
feines Städtgen, mithin der fünfunddreyssigste Ort vorgefallen,
Nahmens

Konczy,[1]

so dem Cron-Canzler Malachowsky angehöret.

134. Dieser Herr hat verschiedene teutsche Leute und
Professionisten auf ermelten Ort gezogen, ihnen von guten Zeug
recht feine Häuser in angenehmer Ordnung gebauet und thuet
denenselben zu Forttreibung ihrer Gewerbe allen erforderlichen
Vorschub. Die meiste Fabricata bestehen zu dato in allerley
Gewehr- und anderen Eysen-Arbeiten, worzu auch die Eysen-
Hammer angeleget sind. Die Anmuth dieses Orts wird dardurch
sehr erhoben, weilen man aus lauter Wüsteneyen und gleich-
sam einer zerbrochenen Welt einen ordentlichen Ort auf teutsche
Art ansichtig wird. Man trafe daselbst einen Tuch-Laden an,
welchen der Postmeister hielte, jedoch nur von Pohlnischen
Lisser-Tüchern assortiret, die Warschauer Elle à 5 bis 8 Timpf.
Die Mährischen Tücher gefielen ihm sehr wohl, besonders aber
waren die Preise gar anständig. Es ist auch nicht ohne, wie
solches die Muster sub N° 40 bewähren, dass bey denen Lisser
Tücheren zwar die Wolle sehr gut seye, mithin einen gelinderen
Angrif und feine Gespunst gebe, allein die Festigkeit in dem
Weben, nebst der Nettigkeit in der Appretur ermanglet, und
der Preiss ist a proportione sehr hoch und theuer. Es meinte
also Derselbe, dass, wan man von denen Mährischen Tüchern
in Cracau oder Warschau etwas haben könte, er ein Abnehmer
seyn wolte.

---

païsans, de la manière qu'un certain autour a appelé à juste titre la
Pologne le Paradis des Juifs.‘ Lettre d'un gentilhomme Polouais (Stanislaus Poniatowski) 1744 bei Roepell, Polen um die Mitte des 18. Jahrhunderts, S. 212. Büsching, Neue Erdbeschreibung, I., S. 924.

' Konskie, auf der Strasse von Kielce nach Warschau.

Nun folgete die Königl. Pohlnische Haupt- und Residenz-
Stadt als der sechs und dreysigste Ort

Warschau.

135. Obgleich zur Zeit des Daseyns kein Hof-Lager anwesend und der meiste Adel auf seinen Land-Gütern gewesen,
so kan man dannoch diesen sonderheitlich in denen Vorstädten
mit prächtigen Pallästen, Kirchen und Klöstern angefüllten Plaz
unter grosse und sehr volckreiche Städte zehlen. Man findet
fast alle Europäischen Nationen daselbst, und obgleich der
Warschauer Handelstand sonsten das Privilegium hat, dass auf
3 bis 4 Meilen kein Jud sich niederlassen und einiges Gewerb
treiben solle, so haben dieselbe dannoch von Theils Magnaten
so starcke Protectiones, dass sie in derenselben Häusern gegen
grosse Zinse aufgenommen werden und mit Aushenckung des
Wappens des Haus-Herrns ohne besonderes Verhelen allerley
Negotia treiben. Dieses, obgleich durch die Juden gedachter-
massen zum Theil gekränckte, dannoch aber sehr importante
Privilegium, der grosse Zusammenfluss des Adels, sonderheitlich
zur Winterszeit, die Stärcke der Burgerschaft und Innwohner,
so viele Gesandten und Residenten, nebst der beträglichen Anzahl vieler Fremden, und endlich die gehalten zu werden pfle-
gende Reichs-Täge, ja endlich die Communication mit allen
anderen erheblichen Pohlnischen Städten, geben dem dortigen
Handel-Stand ein sonderbares Gewicht und verschaffen viel-
fältige verdienstliche Beschäftigungen. Der Weichsel-Strohm
ist allzeit mit Schiffen bedeckt, welche auf eine besondere Art
ganz platt und flach gebauet werden, damit man desto sicherer
alle Untiefen passiren und der Sorge, auf Sand-Bäncke zu
stossen, entgehen könne; die meisten jedoch pflegen mit Getrayd,
Schiff- und Bau-Holz beladen zu werden, wiewohlen auch andere
Feilschaften, ja meist alle Passagiers zu Vermeidung derer un-
gemächlichen Land-Reysen zu Wasser nach Danzig abgehen.
Es ist schon bey Cracau von dem Gusto der Pohlnischen Nation
Erwehnung geschehen. Hier hat es die Erfahrnus noch mehr
bestättiget, dass der Pohl die Waare zwar gut bezahle, allein
hievor auch eine recht ausgesuchte Güte fordere, also zwar
dass, insonderheit bey distinguirten Personen, je besser die Waare,
je angenehmer ohne Rücksicht auf den höheren Preiss dieselbe
ist, warumen nur gar mittellose Personen auf die geringere

Gattungen verfallen, jedoch auch hierinnen lebhaft und angenehme Farben fordern.

136. Man wird wenig Feilschaften finden, welche bey
denen Warschauer Negotianten nicht anzutreffen seyn solten;
mithin hätte es viel Zeit und Weile erforderet, von allen Sorten
die Qualität und Preise zu erforschen, da insonderheit nicht bey
jedem Kaufmann die Auskünfte, welche man sucht, gleich erhalten werden, sondern erst ein längerer Umgang das Vertrauen
erwecken, dann durch manchen Umweeg diese oder jene ver-
lässliche Nachricht herausgelocket werden muss. Es werden
demnach so viel Feilschaften als in Erfahrnus zu bringen Gelegenheit gewesen, zu Abkürzung der Sache in jener Ordnung,
wie man selbe innen geworden, nachstehender massen beschrieben: Englische Tücher directe aus Engelland über Danzig ein
Yard à 15 Schilling Englischen Geldes, oder franco Warschau,
die dasige Elle à 4 Fr 50 xr; Aachner Tücher von Leipzig,
2¼ Warschauer Elle breit, die Brabander Elle à 40 bis 46 gG.,
in feinen Farben à 60 bis 64 gG; Tücher von Pohlnisch Lissa,
2¼ Ellen Warschauer Maass breit und 33 Ellen lang, die
feinste Sort das Stuck per 250 Timpf, die mittlere per 150 dᵒ
und die geringste per 100 dᵒ; die franz-blauen werden am
stärkesten gesucht, sind aber auch bey dermalen erhöhetem
Preiss des Indigo jedes Stuck um 2½ Rthlr theuerer; sonsten
sind die Farben: amarant, cremoisin, ponceau, kornblau und
coelest. Die Englischen Norder Tücher kommen die Warschauer
Elle à 3, 4 bis 35 Sg, Gingang, die Bresslauer Elle à 15 Sg,
Französische Gros de Tour der Stab à 10 Livers, coulourte
Lustrin, der Stab à 15 Livers, in hohen Farben aber zu
14 Livers; die couranten Farben sind: schwarz, blau, grün,
cremoisin, paille und jaungille. Weiss Düntuch, die Warschauer
Elle zu 17 bis 20 Sg, schwarz à 14 bis 18 dᵒ, Felpen, die
Warschauer Elle franco dahin à 40 in 42 Sg; die halbseiden
Schweizer Droquet franco Warschau die Warschauer Elle à
20 bis 25 Sg, Florentiner Gros de Tour bis dahin die daselbstige
Elle à 44 Sg, in feinen Farben à 48 dᵒ, Französische Taffete,
der Stab à 2¼ Fr franco Leipzig in der Breite ein Wiener
Ellen. In leinenen Waaren allerley gestreifte und fassonirte
Schlesische und Sächsische Cannefass, das Schock à 14 bis
18 Rthlr, in der Breite 1½ Leipziger Ellen; leinene Schnupf-
tücher das Duzent à 4 bis 10 Rthlr, Schlesische Leinwanden,

das Schock à 8 bis 40 Rthlr. In wollenen Zeug-Sorten: gedruckte
Flanelle von Leipzig ⁵/₁ breite dreyfärbige im Ankauf 7 gG,
die zweyfärbigen nach obiger Breite à 5 et 6 gG, Camelotte,
das Stuck à 42 Brabander Ellen, die besten à 18 Rthlr, die
mittleren à 14 Rthlr und die ordinari à 10 Rthlr; geschlangelte
und gestreifte Struck in Leipzig die Brabander Elle à 8 bis
10 gG, englische Plüsche, in ordinari Farben die Brabander
Elle à 29 in 30 gG, ponceau und cremoisin à 30 gG, Schwanen-
Boy die Brabander Elle à 18 gG, Englische Floretas, couleurte,
das Stuck 29 Yards haltend, à 14 Rthlr, in feinen Farben à
17 Rthlr; Berliner wollene Strümpf, die langen à 7 Rthlr das
Duzent, die kurzen Manns-Strümpfe à 5 Rthlr und die Frauen-
Strümpfe à 2³'₁ Rthlr; mit einem Wort, fast alle in Leipzig,
Bresslau und Franckfurth an der Oder angetrofen werdende
Feilschaften, deren Ankaufspreise viel verlässlicher bei Leipzig
vorkommen werden.¹ Indessen lasset sich aus der sub N° 41
beygefügten Muster-Chart von verschiedenen Gattungen das
Quale beurtheilen, und dienet zu weiterer Erklärung, dass obwohlen die Littauische, dann Reussisch-Lembergische Juden-
schafft zum Theil selbsten die oben gedachte Haupt-Handels-
Pläze frequentiren, dannoch auch sehr vieles in Warschau von
darumen abgenommen werde, weilen viele Pohlnische Producta
zur weiteren Verführung nacher Danzig in Warschau anbring-
lich sind. Wie dann überhaupt der Zug aus Littauen und Gross-
Pohlen entweder nach Warschau oder directe nach Danzig,
aus Reussen, Podolien, Volhinien etc. dagegen nach Cracau,
Sendomir, sofort über Warschau zu Wasser nach Danzig, oder
auch zu Lande nach Bresslau zu gehen pfleget.

137. Die Warschauer Preise respectu deren Natur-Erzeug-
nüssen waren zur Zeit: der Schefel Waizen à 13 Schostack,
Korn à 45 Pohlnische Groschen, Gersten à 6 Schostack und
Habern 21 Pohlnische Groschen, Erbsen, Linsen, Bohnen und
dergleichen Kuchel-Gemüss zu 15 bis 18 Schostak; das Wachs
galte 40 Rthlr der Centen; die Ochsen-Häute, die grösten, das
Paar à 20 bis 22 Timpf, die geringeren zu 18 Timpf, die Küh-
Häute zu 12 Timpf. Die Pottasche kostete der Centen à 30 bis
31 Timpf, das Honig die Tonne, à 52 bis 53 Timpf, im Gewicht
bis 3 Centen haltend, das Innsslet der Centen à 27 bis 28 Timpf.

---

¹ Der Bericht über Leipzig fehlt.

Sonsten kommet auch Littauer Leder dahin; noch mehr aber ist das Englische Sohlen-Leder üblich, dessen ein Pfund zu 7 Schostak verkaufet wird. Das aus Mähren mitgehabte Pfund- und Sohlen-Leder hat mehr Approbation als selbst das Englische gefunden, indeme es nicht so schwamig, sondern viel dauerhafter ist. Man hat also ein Paar Centen zur Probe über Cracau zu senden verlanget, wovon der Mährischen Compagnie Nachricht gegeben worden.

138. Die renomirtesten Negotianten in Warschau sind: und zwar in dem Wechsel-Negotio ein sicherer Franzoss Freiherren Standes Nahmens Riacour und Peter Töpper, ein Ermländer; in Seiden-, Tuch-, Lein-, Gold- und Silber-, auch anderen Galanterie-Waaren vorbenannter Peter Töpper, der nebst dem Wechsel ein schönes Waaren-Lager haltet, Johann Denocius und Comp., Johann Barakowsky, Peter Passezky, Johann Dollfuss, Franz Menony, Johann Christoph Liopold, Casimir Riokowsky, Müller und Ogilvy Comp.; blosse Tuch-Händlere sind: Ambrosius Thomas Zerbinsky, Franz Widhof, Johann Baptist Gautier und Adam Kowalsky; berühmte Leder-Händlere: Staboy et Lehmann Comp. Der gemelte Wechsler und Niederleger Peter Töpper hat unter anderen an dem Wiener cremoisin Spalier-Damast, wovon man ein kleines Muster mitgehabt, Belieben gefunden, mithin verlanget, dass ihm ein ganzes Blatt zu vollständiger Erschung des Dessein zugesendet werden möchte, mit der Versicherung dass, im Fall der Gusto gut seyn solte, er mehr dann 1000 Ellen jährlich committiren wolle; Derselbe begehrte nicht minder eine Muster-Chart von allerley Seyden-Waaren, die in Wienn gemachet werden und von guter Qualität seynd, mit der Versicherung, hiernach sich ganz gern in ein so andere Verkehrung einlassen zu wollen.

139. Von denen Pohlnischen Geld-Valuten ist zwar allbereits bey Cracau und Biala Meldung geschehen, dieweilen aber auf denen Pläzen der Cours zu differiren pfleget, so wird allhier das in Warschau Erforschte beygerucket. Ein gewichtiger Ducaten gienge à 14 Timpf, ein Louis d'or à 26²/₃ Timpf, die alten Timpfe à 19 xr, die Schostaken à 6 xr. Zu besserer an sich Ziehung des Pohlnischen Negotii und um von der Valuta des Pohlnischen Geldes in Poblen zu profitiren, hat der König von Preussen eine Münze, welche denen Pohlnischen Timpfen ausgenommen der Umschrift ganz gleich ist, prägen lassen, welche aber in Schrot und Korn geringhaltiger seyn solle und

dannoch starck eingeschlichen ist, auch gleich denen neuen
Pohlnischen Timpfen à 18 xr coursiret. Die Russische Rubels
gelten à 6½ Timpf. Man hat nicht minder erfahren, dass in
Bresslau 5 Timpf vor einen Rthlr und die Ducaten zu 5, 6, bis
87 Silbergroschen angenommen werden, wie dann die dahin-
gehende Pohlnische Waaren die von Bresslau ziehende Feilschaften niemalen genugsam bilanciren, sondern gar ansehnliche
Summen baaren Geldes aus Pohlen in ermelte Schlesische
Handels-Stadt verführet werden sollen, welche Sicherheit halber
bisweilen in das Wachs vergossen, bisweilen unter andere Feilschaften verpacket werden. Es wird also in Bresslau das Wenigste durch einen geraden Tausch-Handel verkehret, sondern
der Pohlnische Handelsmann verkaufet seine Waare vor Geld
und verwendet dasselbe hinwiederum zur Erkaufung anderer
benöthigten Feilschaften; wann nun das Eingelöste nicht hin-
reichen kann und die Erhaltung des Credits den baaron Ab-
trag erforderet, so bringet er den Ueberrest in natura mit. Der
Wechsel-Cours ware zur Zeit mit Wienn 3 p Cto, das ist,
wann in Wienn 103 Fr eingegangen, so wird hievor 100 Fr in
Ducaten, à 4 Fr 7½ xr jeden gerechnet, in Warschau bezahlet.
Mit Bresslau dagegen ware derselbe à 1½ bis 2 p Cto, nacher
Leipzig 2½ p Cto in favor gedachter Pläze.

140. Respectu des Zolls hat man hier vernommen, dass
auf der Graniz die Catholischen Negotianten 8 p Cto, Juden
und Reformirte aber 10 p Cto zu bezahlen haben. Das sicherste
jedoch wird die bey Danzig vorkommende Pohlnische Tariff
eröfnen. Die Fracht zu Wasser nach Danzig kostet von
einem Last 9 bis 10 Rthlr, von Danzig nach Warschau hingegen 10 in 12 Rthlr; zu Lande wird vor ein Schiffpfund
14 Rthlr bezahlet. Nacher Bresslau kostet der Centen 12 bis
14 Timpf, von Leipzig aber das Schiffpfund 16 Rthlr.

141. In der Ellen-Mass geben 41 Warschauer 35 Brabander Netto; nach der Ansage der Kaufleute jedoch wird selbe
gemeiniglich mit ½ französischen Stab oder ¾ Wiener ver-
glichen. Das Gewicht bestehet in Centen, deren einer 5 Stein oder
130 Pfund haltet; 1 solcher Centen gibt 160 Pfund Bresslauer.
Die Getrayd-Maass bestehet in Schefeln und Garnezen und wird
durchgehends gestrichen gemessen. Man rechnet, dass ein Pohl-
nischer Scheffel ¾ eines Schlesischen gebe. Jenes Getrayd
jedoch, so nach Danzig kommet, wird nach denen Lasten

geführet und verkaufet, und hält 1 Last 12 Schiffpfund und
ein Schiffpfund 320 Pfund, wie Alles bey Danzig umständlicher
vorkommen solle. In der nassen Mass sind Garnez oder Töpfe;
der Topf hat 4 Quart und das Quart 2 Quartirl; 25 derley
Töpfe werden auf 1 Hungarischen Antheil gerechnet.

142. Als was Besonderes in diesem freyen Lande ist annoch anzuführen, dass in Warschau die Handwercks-Leute
Zünfte, wie in Teutschland, dann auch ad normam von der
Republique ertheilte Zunfts-Articl haben, folgbar das Aufdingen
in die Lehre, Freysprechen und Meister werden, Laad- und Fahn-
halten ebenmässig gebräuchlich seye. Die Kaufleute haben
gleichfalls ihre Bruderschaft und Vorstehere, sind beynebenst
von der Republique privilegiret, worunter der schon angeführte
Verboth wegen Zuruckhaltung der Judenschaft der vornehmste
Punkt ist. Ein numerus restrictus jedoch ist nicht ausgemessen,
sondern es kann bey dieser gemelten Bruderschaft einwerben,
wer nur will; gleichwie es an Handels-Gericht und Wechsel-
Ordnung gänzlich ermanglet; wehe also denen, die in einen
Rechts-Streitt verfallen und keine Protection suchen dann finden
können; warumen vor einen Handelsmann eine Haupt-Erforder-
nus ist, sich Protectores zu erwerben und an Niemanden zu
verkaufen, von dem man nicht weis, dass er ein richtiger Zahler
ist; dahero die Kauf-Leute, wie allschon Erwehnung geschehen,
die Gewohnheit haben, dass, wann jemand, sonderheitlich ein
Schlachtiz oder Edelmann, etwas kaufen will, den man nicht
kennet, gemeiniglich der Vorrath der suchenden Waare ver-
laugnet werde. Von dem Pohlnischen Wachs-Ankauf ware noch
zu vernehmen, dass hiebey die ersten Ankaufer in Littau- und
Podolien, so meistens Juden sind, den besten Nuzen ziehen,
indeme Selbige um ein sehr geringes Geld die Einlösung von dem
Edelmann haben. Ein Sächsischer von Adel vermeinte, dass durch
Interessirung eines Magnaten, welcher in denen gemelten Provinzien begütert ist, es ganz leicht dahin zu bringen wäre, womit
gedachte Einlösung durch einen ihrer Beamten geschehe und man
also des Vortheils aus der ersten Hand habhaft werde.

Der sieben und dreysigste Ort ist

Thoren.

143. Diese in Form einer kleinen Republique unter Pohl-
nischer Protection stehende Stadt hat wohl keinen so gar

importanten Handel, doch sind noch ziemlich viel Negotianten
daselbst, welche aber das üble Gerücht haben, dass sie nicht
gern Wort halten, sich auf allerley Intriquen verlegen, und ein
Fremder wider einen daselbstigen Bürger gar selten eine Aus-
richtung finde.[1]

144. Auf diesen Platz kommet viele Wolle zum Verkauf,
welche bis nacher Sachsen verführet wird, allwo man selbige,
sonderheitlich die einschurige, zu Verfertigung der Camelotte
verarbeitet, wovon der Stein à 5 et 5½ Fr hiesigen Geldes zu
stehen kommet, deren Qualität das Muster sub N° 42 anzeiget.
Es werden alldort einige ordinari Tücher gemachet, welche aber
sehr gering und die Thorner Elle zu 7 Schostak zu haben
sind; die Breite ist 1¾ Ellen. Sonst gehen daselbst Aachener
Tücher in 2 Sorten, die feineren die gesagte Thorner Elle à
14 Timpf, die geringeren à 11 Timpf, der Ankauf in Leipzig
ist die Brabander Elle à 40 et 45 gG; Görlitzer Tücher, die
Thorner Elle à 32 Silbergr.; englische Norder-Tücher, die nemliche Elle à 20 Sg; teutsches Sohlen-Leder wird gleichfalls in
sehr schlechter Qualität gearbeitet, das Pfund kostet 15 bis 16 xr;
die rohen Ochsen-Häute kosteten das Paar der schwereren
12 Pohlnisch-Preussische Gulden, und die geringen 10 d°; die
wollene Satin gehen sehr starck, die Brabander Elle in Leipzig
cremoisinfarb à 10 und schwarz à 9 gG. Unter denen Seiden-
Waaren gehen am stärckesten die façonirten Gros de Tour, ⅗
breit die Brabander Elle franco Leipzig à 21 gG, dann Florentiner Atlas ²¹/₃₂ breit, in ordinari Farben die Brabander
Elle franco Leipzig à 37 gG, rosenfarb à 42 d°. Man findet
aber nebst diesem auch Lustrin, Peruvien, Damast, Taffent,
Englische Camelotte, und andere seidene wie auch Sächsische
wollene Waaren, nicht minder verschiedene Leinen-Sorten,
welche Letztere meistens von Bresslau gezogen werden. Das
Stab-Eisen kommet aus Schweden über Danzig und kostet
ein Schiffpfund 33 Fr. Die Eisen-Geschmeidwaar ist Steyerisch
und kommet über Bresslau. Von denen gangbaresten Sorten
in Tüchern, wollenen Zeugen und Seiden-Waaren zeiget die
Muster-Chart sub N° 43 das Mehrere.

---

[1] Ueber den Niedergang von Thorns einst blühendem Handel vergleiche
den Aufsatz ‚Von dem ehemaligen und jetzigen Zustand der Handlung
in Thorn' in den ‚Ephemeriden der Menschheit', 1783, VIII., S. 204
bis 214.

145. Negotianten, mit welchen man gesprochen und die Besten seyn sollen, zehlet man folgende: in Tuchwaaren den Gottfried Andreas Blümiag, Christian Andreas Rüttig, Jacob Heret, Johann Friedrich Kullenkampf, Johann Parent, Johann Schwandrau, dann der Heret junior; in Seiden-, Wollen-, Leinen- und anderen Kram-Waaren Johann Gottlob Schäfer, Simon Jaster. Erdmann Jason seel. Wittib und Christoph Spiller. Die Invention mit denen Londres Seconds ware denen Tuch-Handlern gar anständig, versprachen dahero sich mit der Compagnie in Correspondenz zu setzen. Es wollten Dieselben nur vorläufig sich wegen der Fracht und Mauthen gründlich erkundigen, sofort ihren Calculum ziehen. Der anderen auf Holländische Art gearbeiteten feinen Tüchern, wie auch des Pfund-Leders wegen hat man nicht minder Hoffnung erhalten.

146. Thoren bezahlet keinen Zoll oder Mauth, wann die Waaren über Danzig oder aus Pommern durch Pohlnisch-Preussen kommen, wann dieselben aber durch Pohlen gehen, so muss 12 p C^{to} entrichtet werden. Die Fracht bis Warschau beträgt zu Lande vom Centen 2 Fr 30 xr, zu Wasser 30 xr, von Bresslau bis Thoren per 1 Centen 3 Fr 36 xr, von Leipzig 6 Fr; mit der Fracht von und nacher Danzig verhaltet es sich sowohl zu Wasser als zu Land wie respectu Warschau, weilen Thoren eben in meditullio lieget.

147. Die Münzen bestehen in Pohlnisch-Preussischen Gulden à 8 gG oder 30 xr, in 4 gG- und 2 gG-Stücken, dann sogenannten Dittichen, deren eines 3 xr gilt, und machen 11 Pohlnische Schelonken ein solches Dittichen. Gewichtige Ducaten gelten im Handel und Wandel 87 Dittichens oder Silbergroschen, die halben Louisd'or aber 85 d°. Die übrige Pohlnische Münzen haben ihren Valor wie in Pohlen. In solcher Conformität wird Buch und Rechnung in diesen beschriebenen Gulden und Dittichen, dann Pohlnisch-Preussischen Schillingen geführet, deren 9 ein Dittichen machen. Die Thorner Ellen-Maass ist aus dem Allegato sub N° 44 zu ersehen. Das Gewicht bestehet in Centen, deren einer 5 Stein und jeder Stein 25 Pfund haltet. Der Centen kommet mit dem Wiener überein: die Pfund aber sind kleiner, weilen 120 Thorner Pfund auf einen Wiener Centen gehen. Die Getrayd-Maass bestehet in Schefeln, deren einer 44 Stof und 1 Stof 2 Quart hält. Die nasse Mass gehet mehrmalen nach Stof und Quarten; ein Oxhöft hält 160 solche Stof.

Der Acht und dreysigste Ort ist

Danzig.

148. Es ist ausser aller Abrede, dass Danzig, so ehemalen unter die 4 Häupter der berühmten Hansestädte gezehlet worden, sich bis dato in einem sehr florissanten Stande erhalte und nach Hamburg in diesen nordischen Gegenden den ersten Rang habe. Die Situation an dem Weichsel-Strohm bringet dieser Stadt die Haupt-Niederlage aller Pohlnischen Produkten zuwege, welche von dar aus weit und breit weiter verführet und meistens von denen fremden Nationen selbst gehohlet werden, dass also die dasige Rehde von Schiffen verschiedener Nationen immerhin besezet ist. Dieser Zug veranleitet hinwiederum allerley fremde Waaren nacher Danzig, welche von dar aus durch die Verkaufere derer Producten in ganz Pohlen verführet werden, und da aller Handel durch die Hände derer Local-Kaufleute zu gehen hat, so lasset sich der erwerbende Reichthum derer Innwohner hieraus ermessen. Die Stadt versichert ihre Communication mit der Ost-See durch die eine Meile von Danzig gelegene Vestung und sogenannte Weichsel-Münde, welche zwar nicht gross, aber regulaire gebauet ist. Der Comendant dependiret nicht von dem Danziger, sondern directe von dem Magistrat. In der Mitte ist ein Wacht-Thurn, oder so genannte Laterne, welche innwendig am Rucken mit hell-pollirten gelben Blech überzogen ist und durch die Zuruckprallung des darinnen Nachtzeit unterhaltenden Feuers denen fremden Schiffen zu dem gewöhnlichen See-Wahrzeichen dienet, womit selbe auf die behörige Distanz sich vor Ancker legen können. Die Schiffe, so bey Tag ankommen, salutiren die Vestung mit ein oder mehr Canonen-Schüssen, nachdem die Nation ihren Rang hat, worauf die Vestung mit dem ausgemachten Unterschied antwortet, und sonach einen Bootsmann nebst einigen Commandirten von der Guarnison in einem Boot absendet, das Vorhaben des angekommenen Schiffes vernehmen und sodann nach Verlangen die Waaren wegen Seichte des Wassers auf Prahmen ausladen, sofort, gleichwie die erleichterte Schiffe, bis an die Stadt weiter einführen lasset. Ein besonderer Vortheil für ankommende und abgehende Schiffe ist, dass alle derley aus- oder aufladende Waaren von der Stadt Danzig, bis selbe entweder an Bord oder in die Magazine kommen, assecuriret

werden, mithin der Eigenthümer in denen Canälen keine weitere Gefahr zu besorgen hat. Das Territorium der Stadt Danzig erstrecket sich auf etliche Meilen in dem sogenannten Danziger Werder und ist mit vielen ansehnlichen Dörfern besezet, jedoch meistens lutherischer Religion, wie dann der Stadt-Magistrat eben durchaus, bis auf alleinige zwey Raths-Glieder, so beständig reformirt seyn müssen, lutherisch ist. Indessen hat die catholische Religion ihr freyes offentliches Exercitium und viele Klöster allda. Der Magistrat regieret in Form der Staatischen Republiquen souverain; die Guarnison dependiret von demselben, wann gleich der König selbst anwesend ist. Sie haben das hohe Blut-Gericht, ohne statt-findende weitere Appellation, und verurtheilen auf solche Weiss auch Pohlnische Edelleute. In Civil-Sachen jedannoch sind gewisse Fälle exempt, in welchen wann die Sachen durch die Stadt-Instanzien bereits geloffen, zwar jedoch blos an das Königliche Gericht appelliret werden kan. Mithin ist dieser Ort als eine sehr hoch privilegirte Pohlnische Schuz-Stadt anzusehen. Der König hat gleichwohlen seinen bestelten Burg-Grafen allda, welcher aber jederzeit aus denen Raths-Gliedern genommen wird. So ist auch die Post königlich und gebühret dem König nicht minder ein Drittel von dem sogenannten Pfahl-Zoll, welchen die aus- und einlaufende Schiffe zu entrichten haben.[1]

149. Das grüste Capo derer Pohlnischen Producten ist unstrittig das Getrayd, und sind die Danziger Korn-Speicher mehr als zu berühmt. Man rechnet, dass jährlich 30 bis 40,000 Last Getrayd über Danzig verführet werden. Die Getrayd-Preise werden wochentlich in offentlichen Blättern mitgetheilet. Wie nun selbige in der 36. Woche gewesen, zeiget die Beylage sub N° 45. Es wird beynebst viel fertiges Malz zum Verbrauen dahin gebracht. Mit recht vieler Verwunderung hat man wahrgenommen, dass auf gemelten Korn-Speichern aus Franckreich, Portugall und Schottland dahin bringendes Salz aufbehalten und sodann an Fremde und Einheimische verkaufet werde, wo doch das Königreich sehr schöne Salzwercke hat. Die Preise und Sorten sind in dem vorcitirten Allegato gleichfalls vor-

---

[1] Wenige Jahre bevor Haugwitz und Procop nach Danzig kamen, 1752, waren der Stadt ihre alten Rechte durch König August III. bestätigt worden. Vgl. Gralath, Versuch einer Geschichte Danzigs, III., S. 535 f. II. Prutz, Danzig, das nordische Venedig. (Raumer's Hist. Taschenbuch, 1868.) S. 228 f.

gemercket worden. Das meiste Getrayd gehet nacher Amsterdam, von wannen man ohnfehlbar hinwiederum weitere Verschleisse hat. Man erfuhre, dass damalen der Last Weizen in
Amsterdam 200 Holländische Gulden und das Korn 160 d⁰, das
gedörrte Obst in Zwespen oder Pflaumen das Pfund Amsterdamer
Gewicht à 20 bis 30 Stüber¹ gekostet habe. In Danzig kosteten
die gemelten Zwespen ein dasiges Pfund 8 Schelonky. Ein Productum der dortigen Gegend ist der Danziger Käss, welcher
weit und breit verführet wird; 100 Pfund Danziger kosteten
14 Preuss. Fr; der meiste kommet aus der Gegend Marienburg.
Ein anderes starckes Capo aus Pohlen ist allerley Holz, als hartes
Brennholz der Faden, so 8¹/₂ Schuch hoch dann 7¹/₂ d⁰ breit
ist, à 8 Fr 6 Groschen Preussisch; Fracht hievon in die Stadt
18 d⁰ Groschen. Dieses Holz ist aber nur 2 Schuch lang. Visser-
Taufeln das Stuck à 6 Groschen, mithin das Schock per 12 Preuss.
Gulden. Diehlen, das Stuck zu 14 bis 16 Groschen, 3 in 4 Zoll
dick, 3 Clafter lang, 1¹/₂ Schuch breit. Ordinari Bretter à 1¹/₂
bis 2 Zoll dick zu 10 bis 12 Groschen. Fichtene Masten, nach
ihrer Länge und Stärcke, dann wie solche entweder mehr oder
weniger ästig sind, über deren nach Proportion unterschiedenen
Preiss und Gestalt das Allegatum sub N⁰ 46 Auskunft giebet.
Wachs, der Stein à 20 Fr Preuss. Honig, die Tonne schwer
3 Centen Danziger, à 4 in 35 Preuss. Gulden. Rohe Ochsen-
Häute, die schweresten das Paar à 16 Preuss. Gulden, geringere d⁰ 10 Fr Preuss. Innslet, der Stein 6 Fr Preuss. Wolle,
einschürige, der Stein à 15 Fr Preuss., zweyschürige à 12 Fr
Preuss. Lamm-Wolle zu 172¹/₂ Fr d⁰, von deren Qualität einige
Proben sub N⁰ 47 zu ersehen sind. Es giebt auch noch bessere
Wollen, sonderheitlich in der Gegend Lissa, wohin man aber
nicht gekommen, und zur Zeit ware in Danzig hievon kein Vorrath. Pottasche, das Schiffpfund à 16 bis 17 Rthlr; Pohln. Juchten,
Schluzker und Meylower, weis und roth, das Pfund per 20 dasige Gr.; Flachs, der feinste, der Stein à 34 Danziger Pfund per
7¹/₄ Fr Preuss.; Podolischer à 6¹/₂ Fr Preuss.; sogenannter
Pater noster Flachs à 7 bis 7¹/₄ Fr Preuss.; d⁰ Bauerband aus
Ermland à 6 bis 6¹/₂ Fr Preuss.; Liebsteiner Flachs à 5¹/₄ bis
5¹/₂ Fr Preuss.; zweyband Flachs à 4³/₅ bis 4¹/₅ Preuss. Gulden;
dreyband Flachs aus Preussen à 4¹/₄ bis 4²/₅ Fr Preuss. Hanf

---

¹ 6 Stüber = 3 Silbergroschen.

in dreyerley Sorten, benanntlich der Stein à $4^3/_5$ bis $4^4/_5$ Fr
Preuss., dann à $5^1/_5$ Fr Preuss., endlich $3^4/_5$ bis 4 Fr Preuss.
Die Proben derer spezificirten Flachs- und Hanf-Sorten sind
sub N° 48 beygefüget.

150. Danzig ist eben kein sonderlicher Fabrique-Ort, den
alleinigen Danziger Soy ausgenommen, welcher in grosser Quantität verfertiget und sodann weit und breit verführet wird. In
Danzig wird derselbe Rasch genannt, sofort in 3-Sigler, $^7/_4$ Danziger Elle breit und 38 lang, das Stuck à $22^1{}_2$ Fr Preuss.,
dann in fremden Muster-Rasch, $1^7/_4$ Ellen breit, 36 in 37 Ellen
lang, das Stuck à 20 Fr Preuss., und endlich in ordinari Rasch,
$^6/_4$ breit, 33 bis 35 Ellen lang, das Stuck à 15, 16 in 17 Fr
unterschieden. Man machet jedoch nebst diesem in viel minderem Quanto auch einige gestreifte und geflamte, daselbst
nennende Camlotts, Ellen breit, die Elle à 15 Pohln. Groschen
oder 15 xr; gestreifte und einfärbige auch melirte Soyetten,
Ellen breit, die Elle à 10 Pohln. Groschen. Beyde vorhergehende
Sorten werden in Stucken bis auf 110 Ellen lang gemachet.
Gestreift- und geblümte Calamanken, fein und ächt, $^7{}_4$ breit,
die Elle à 22 Pohln. Groschen; ein ganzes Stuck haltet bis
90 Ellen. Derley geringere von gleicher Breite und Länge à
20 Pohln. Groschen. Feine einfärbige gross geblümte Calamanken oder Wollen-Damaste, $^7{}_4$ breit, das Stuck 90 Ellen
lang, die Elle 23 in 24 Pohln. Groschen, etwas geringere d°,
feine zweyfärbig, $^6/_4$ breit à 16 Pohln. Groschen. Eine Art von
gestreiften Calamank à 20 Pohln. Groschen. Noch geringere
d° à 12 bis 13 Pohln. Groschen. Endlich einfärbige glatte Ca-
lamanks oder wollene Atlasse, mehrmalen die Elle, $^7{}_4$ breit,
à 24 bis 26 Pohln. Groschen. Die Preise sind durchaus contant
verstanden. Es kan jedoch die Zahlung in Königl. Preussischer
Münz geschehen, wo dann in Gegenhalt des Wiener Courants
5 p C^to zu guten kommen. Man hat sonsten auch ein Eisen-
Gusswerk alda auf Kessel, Ofen-Platten etc, dessen das Schiff-
Pfund zu 37 Fr Preuss. verkaufet wird. Alle andere daselbstige
Fabricata haben wenig zu bedeuten. Man solle jedoch die in
Danzig so sehr üblich daselbst geschlifen und polirt werdende
Marmor-Platten mit wenigem berühren. In Farben sind selbige
Theils grün und weis, Theils roth und weis, und werden aus
Schweden von Carlscron beygeführet. Der Format ist $1^1/_2$ Schuh
ins Gevierte, mithin aus dem gröbsten schon gearbeitet, 1 Stuck

10*

kostet franco Danzig 8 Groschen Preuss., geschliffen und polirt
hingegen 21 d°. Die Art zu schleifen ist folgende: Es ist ein
rundes Gefäss, so an der Erd fest gemacht und circa 2 bis
2¹/₂ Schuch erhoben ist, mit einem Rand versehen, worein 24 Stein
mit dem Theil, welcher geschliffen werden soll, in die Höhe
fest geleget werden. Nun hat man verschiedenen Sand, nach
Proportion als der Stein schon zu seiner Glätte und Feine
kommt; mit diesen werden die vorgedachten Steine bestreuet,
und sodann 8 andere dergleichen Steine wiederum mit der Polier-
Seite darauf gelegt. In der Mitte ist eine Mutter von Eisen,
worinnen der Stift der Haupt-Spindel laufet; oben ist ermelte
Spindel widerum mit einer solchen Mutter und Stift versehen,
wordurch der freye Umlauf ungehindert vor sich gehet. Von
dem oberen Centro wiederholter Spindel gehen starcke Latten
herab, welche sich in Form eines Zuckerhuts ausbreiten und
unten durch von der Spindel wie ein Stern herausgehende,
dan mit einem Reif zusammen in der Runde verbundene Hölzer
befestiget sind. Zwischen diese Hölzer oder Strahlen werden
die schon oben bemerkte 8 Steine, worzu gemeiniglich die schon
aus dem gröbsten geschliffene genommen werden, eingeleget,
sofort bei machender Bewegung herumgeschoben. Ein Pferd,
so an eine aus der Spindel hervorragende Stange gespannet
wird, machet die Bewegung, und der Schleifer streuet nach
Befund immerzu frischen Sand auf die festliegende Steine,
welcher aus einem auf der gedachten Maschine stehenden mit
Wasser angefüllten Vässl, so beständig tropfet, wie bey allen
Schleifen nöthig, angefeuchtet wird. Sind alsdan die Steine mit
dem feinesten Sand so glatt als möglich gemachet worden, so
geschiehet die letzte Pollirung mit Bimsstein durch Menschen-
Hände. Auf solche Weis werden den Tag hindurch 24 Stuck
geschliffen. Es kommen auch noch grosse Platt-Steine aus Ost-
Friessland dahin, 10 Schuch lang, 8 Schuch breit und 1 Schuch
dick, welche zu Thür-Schwellen und Stiegen-Staffeln in Danzig
gesäget werden. Ueber einen solchen Stein sägen 2 Personen
bis 8 Täge, und bekommet jede des Tages 18 Pohln. Groschen.

151. Was die verschiedenen Waaren-Sorten, welche aus
fremden Ländern nacher Danzig kommen anbetrift, so erhielte
man hievon folgende Nachricht. Englisches Pfund-Leder, das Danziger Pfund à 27 Pohln. Groschen. Saffian von grossen Häuten,
5 Stuck in einem Bund, der Bund à 5 Rthlr, mittere d° Felle

à 4 Rthlr oder 12 Preuss. Fr., dann die kleinesten à 10 Fr Preuss.
Brand-Sohlen-Leder, das Pfund per 17 Pohln. Gr. Moscovitische Juchten das Pfund à 26 Pohln. Gr. Steyerischer Stahl,
welcher ganz vorzüglich hoch gehalten wird und über Holland
kommet, der Danziger Centen 40 Fr Preuss. Das Schwedische
Stab-Eisen kostet ein Schiff-Pfund 30½ Fr Preuss, das geringere à 28 Fr Preuss. Man rühmte insonderheit den Steyerischen
Meister Jacob Host, dessen Stahl das Zeichen mit dem doppelten Schlüssel hat. Englisch Zinn, der Danziger Centen per
88 Fr Preuss. Bley, eben aus Engelland, der Centen per 19 Fr
Preuss. franco Danzig. Von Königsberg aus Preussen wird viel
Haaber dahin gebracht, der Schefel à 45 Pohln. Groschen.
Aus Norwegen kommet Stockfisch und Häring, der Erstere der
Centen à 21½ Preuss. Fr, die Häring die Tonne à 19 bis
20 Fr d°. Von Amsterdam kommet Caffée, Matrasser der Stein
in 24 Pfund à 21 Fr Preuss., der Martiniquer zu 17 Fr Preuss.,
der ordinari zu 15 Fr Preuss. Indigo curasso, gefeuert Guth
per 8 Fr Preuss. Semen Amoni, das Pfund à 9 Dittchen oder Sgr.
Gewürz-Nägel, das Pfund à 10 Fr Preuss. Muscat-Nüsse, das
Pfund 6½ Fr d°. Canella, das Pfund 9 Fr Pr.; Macis oder
Muscat-Blühe, das Pfund 12 Fr Pr., Cochenille, das Pfund à
13 Fr Pr., Galles von Aleppo, der Centen per 54 Fr Preuss.;
Blau-Holz in Stücken, der Centen à 11 Fr Preuss., geraspelt
à 12½ Fr d°, gemahlen à 11 Fr Preuss., nebst anderen Materialien und Droguerie-Waaren, deren Preise aus denen Amsterdamer Preiss-Couranten zu ersehen und mit Zuschlag des unten
vorkommenden Fracht-Loses und Assecuration ganz leicht zu
eruiren seynd. Zu beobachten ist, dass der Zucker, Pfefer,
Feigen, Cibeben und Rosinen, nebst anderen trockenen Früch-
ten, item Baum-Oehl, Ingwer etc. nach dem kleinen Stein à
24 Pfund, die Mandeln, Lorbern, Capern, Reyss etc. aber nach
dem grossen Stein à 34 Pfund gewogen werden. Von Emden aus
Ost-Friessland kommen Dach-Ziegel, 100 Stück per 1 Preuss.
Gulden, aus Schottland Stein-Kohlen, der Last à 40 bis 50 Fr
Preuss. Die Emder laden Getrayd zurück und die Schottländer
gemeiniglich Pottaschen, Honig-Dillen, Bretter,Vässer-Taufeln etc.
Von Bresslau kommen Schlesische Leinwanden in Sorten das
Stuck von 8 bis 40 Rthlr. In Seiden-Waaren findet man allerley
Stoffe als Turiner Damast, ¾ Danziger Elle breit à 4¹₁ Preuss.
Gulden, façonirte Schweizer Gros de Tour, ¾ Danziger Elle

breit à 26 Düttichen, Florentiner Atlas, $^3/_4$ Danziger Elle breit
à $4^3/_4$ Preuss. Fr, Welse Terzenelle, $^3/_4$ breit à 24 Düttichen;
Lucceser Atlas, $^7/_8$ Danziger Elle breit in hohen Farben à 31,
und ordinari Farben à 28 Düttichen, von allen Couleuren zu
3, 4 et 5 Pelli Samete, die Danziger Elle von 3 Pelli zu $6^2/_3$,
von 4 Pelli zu 8 und die von 5 Pelli zu 10 Preuss Fr, item
Seiden-Felpen, oben diese Elle ordinari Farben zu 38 bis 40,
in höheren Farben aber zu 42 in 43 Düttichen; dann Spalier-
Damast nebst allerley glatt-, melirt-, gestreift- und brochirten
Taffeten. Es kommen auch dahin allerley Ost-Indische Catton,
Nessl- und Schnupf-Tücher, item Dünntuch, Bänder, Seiden-
Strümpfe, gestreifte Gingangs, der Stab von 18 Düttichen,
alle schon anderweitig vorgekommene Englische Wollen-Zeug-
Sorten, als gestreifte Camlotts, $^5/_4$ Danziger Elle breit, 35 d^o lang,
das Stuck zu $23^1/_4$ Preuss. Fr, Taborets, $^{11}/_{16}$ Danziger Elle
breit, 38 d^o lang, in hohen Farben das Stuck per 36 und in
ordinari Farben per 33 Preuss. Fr, brochirte d^o, $^{11}/_{16}$ breit
und 38 Danziger Ellen lang, das Stuck zu 36 Fr, item façonirte
Lustrins, $^5/_8$ breit und 35 Danziger Ellen lang, das Stuck per
$28^1/_2$ ernelter Preuss. Fr; Amiens, die cröfterte Elle von 16 Düttichen bis 3 Fr, Plüsche, die Elle von $4^1/_2$ bis 6 Fr., und Peruviens, der französische Stab zu 10 Fr Preuss. Dann Gold-
und Silberne Gallonen, Spizen und Borten, glatt- und gestreifte
Mousseline, von 50 bis 220 Preuss. Fr, Cammer-Tücher, Holländische Leinwanden, von 50 bis 130 Fr, Tücher, Englische
feine und Norder, Französische, Leydener, Aachener und Pohlnische Lisser, Nürnberger- und Englische Kram- und Galanterie-
Waaren, Sächsische Barchet oder Cannefass mit bunten Farben
das Schock von 24 bis 60 Preuss. Fr, Tischzeuge und was
man kürzlich auf einen so renomirten Handelsplaz verlangen
kan. Die gangbaresten Weine sind die Franz-Weine, welche,
wegen ihrer Wohlfeilkeit, den meisten Absaz finden. Ein Oxhof
der geringeren kostet 180 Fr Preuss., und sodann steigen selbe
nach Befund der Qualität bis auf 240 Fr Preuss., die Franz-
Muscatte im Oxhof von 115 bis 120 Preuss. Fr. Dieses Ge-
tränck ist überhaupt zwar ziemlich lieblich, jedoch ohne Kraft
und Geist. Die Franz-Brandweine sind gleichfalls starck im
Gebrauch, und kostet ein Oxhof 230 Fr Preuss. Die Tokaijer
kosten ein Antheil daselbst 20 bis 35 Ducaton. Der Rigauische
Leinsaamen ist nicht minder ein ansehnliches Capo, so starck

über Danzig gehet, die Tonne à 24 in 25 Fr Preuss. Ueber
dieses bleibet Danzig ein Haupt-Plaz auf das aus Moscau kommende allerley Pelz- und Futterwerck, dessen Sorten und damalen current gewesene Preise zu Vermeidung der Weitschich-
tigkeit in das Allegatum sub N⁰ 49 gebracht worden; gleichwie
die sub N⁰ 50 beygefügte Muster-Chart allerley Seiden-, Tuch-,
Spaniolett- und wollene Zeug-Waaren samt ihren Preisen zu
Ersehung der Qualität exhibiret.

152. Es bringet die Natur der Sach mit sich, dass ein so
berühmter Handels-Plaz auch viel ansehnliche Negotianten habe;
es wurde aber ein viel längere Zeit erforderet haben, nur in
derer Beträchtlichsten ihre Bekanntschaft zu kommen, und noch
viel mehr ihres Wesens und Thuens genauere Erkantnus zu
erlangen. Es werden demnach lediglich diejenigen specificiret,
welche der kurze Aufenthalt zu besuchen oder kennen zu lernen
verstattet hat: als Johann Christoph Scher, ein Leder-Handler,
Martin Hynius, ein Flachs- und Hanf-Verleger, Balthasar Elert
seel. Wittib, eine Eisen-Handlerin, Andreas Breyl in Seyden-
Waar allerley Sorten, item Holländisch- und Schlesische Leinwand, Gingangs, Düntuch, Bänder, seidene Strümpfe, dann
Ost-Indische Cattons und Nessel-Tücher, Johann Michael Eben
in allen Sorten Seiden- und Ost-Indischer Waare, und auf solche
Art Johann Warhold, Andreas Kunsky, Christoph Kunsky,
Sugrow seel. Wittib in Seiden und Englischen Woll-Waaren,
item Reynor seel. Wittib nebst allerhand Sorten Leinwand,
Düntuch, Band, Gingang, dann Gold- und Silberne Tressen
und Spizen, Cornelius Quies, ein Seiden- und Leinwand-Handler,
Moor in Seiden- und Englischen Woll-Waaren, auch Ost-Indischen Musselinen, Schwarz in Seiden- und Englischen Woll-
Waaren, dann Gingang und Holländischen Leinwanden, Natha-
nael Richter in Seiden- und Ost-Indischen Waaren, Hermann
und Fabricius in Englischen, Leydener, Aachner und Norder-
Tücher, Johann Schubert seel. Wittib in der nemlichen Waar,
Schneider, ein Wein- und Brandweinverleger, Gabriel Feyer-
mann in Nürnberger und Englischen Galanterie-Waaren, worunter Englische Uhren, dann allerley Tabattieren von Silber
und Gold, Anton Carcani mit Flach-Fischen, Döring und Bäh-
renkol Comp. in Material-Waare, Kunsky in d⁰, Paul Schnase
in Franz-Wein, Schuppenhauer in d⁰ nebst Franz-Brandwein,
Rost, eben ein solcher Wein-Verleger, Anton Kupers, ein Tuch-

Handler, Johann Ubagens in Seiden- und Woll-Waaren item
Leinwand, Gingang, Cannefass, Barchet und Musselin-Waaren,
Heinrich Surmann mit Seiden und wollenen Zeug-Waaren,
Cadis, ein Tuchhandler, Leschkan in Seiden-, Englischen Woll-
auch Ost-Indischen Waaren, Mathieu, ein Franzoss, der stärckest-
und renomirteste Banquier, Carl Piossi ist einer von den stärckesten
Fabricanten und zugleich Niderleger in denen angeführten
Danziger wollenen Zeugen, endlich Gottfried Booth, ein reicher
Speculant, welcher mit Allem handlet, was ihm Zeit und Um-
stände einrathen. Mit diesem sind nähere Unterredungen ge-
pflogen und die Versicherungen erhalten worden, dass er die
Verschleisse derer Kayserl. Erbländischen Fabricaten mit bester
Angelegensamkeit einleiten und befördern wolle. Wie er dann
verlangte, dass ihme 50 Centen von Mähr. Pfund-Leder nach
der vorgezeigten Probe, 10 Centen von allen Gattungen Mes-
sing-Drath, 20 Centen Stangen-Messing und 20 d⁰ Platten-
Messing, in Sorten Wachs-Leinwand, 2 Danziger Ellen breit,
15 bis 16 d⁰ lang, à 5 bis 6 Fr, 1½ Breite à 4 Fr, 7¹⁄₂ Viertl
Breite geringere das Stuck à 3 Fr 15 xr bis 3 Fr 30 xr, und
zwar von jeglicher dieser dreyen Sorten 15 Stuck über Bresslau
eingesendet werden möchten, mit dem Beysaz, successive
mehrere Capi zu committiren, oder auch andere Waaren en
commission gegen eine Provision von 2 p Cᵗᵒ und wann er
del credere zu stehen hätte à parte 4 p Cᵗᵒ zu nehmen, worfür derselbe jedoch unter Einem alle auf diesseitige Rechnung erkaufende Waaren, in wie weit derselbe ein Schuldner
wäre, ohne weiteren Entgelt besorgen wolle. Die Zahlungen
mit Danzig können am füglichsten mittelst Hamburg oder
Amsterdam laufen. Bey ermeltem Booth und anderen Handels-
leuten ware der Hauptanstand noch an dem, dass keiner die
Spesen aus hiesigen Erblanden nacher Danzig aus Mangel
einiger introducirten Verkehren zu berechnen wuste, dahero
sie diese nothwendige Kanntnus vorläufig auszufinden sich vor-
behielten, um sodann in denen Wiener Band-Mustern, Dün-
tuchen, Gingang, Mährischen Cannefassen, dann ein so anderen
Lein- auch Tuch-Waaren etwas zu committiren versprachen.

153. Die berühmte Danziger Messe, der Dominic genannt,
fangt an den 5. August und dauert vor die kleinen Kramer
und Professionisten von Elbing und anderen Orten 8 Täge,
vor fremde Niderleger aber 4 Wochen. Auf diese Dominic-Messe

kommen viele Holländisch-, Französisch-, Spanisch-, Portugie-
sisch-, Englische, Schottische, Hamburger, Lübecker, Stettiner,
Schwedisch-, Norwegisch-, Königsberger und Moscovitische
Schiffe, zu geschweigen der vielen Handels-Leuten, so da von
dem festen Land zusammenkommen.

154. Die Zölle betreffend, so ist man so glücklich gewesen,
durch die Vermittlung des Kays. Agentens Herrn Abramson
eine Abschrift von dem Pohlnischen Zoll-Instituto nebst beygefügten Vectigali, so selten es auch sonsten zu haben, zu überkommen, welche man demnach sub Nᵒ 51 beybieget.[1] Die
Fracht von Danzig bis Königsberg per 24 Meilen betraget von
einem Schiff-Pfund 2 Fr Preuss. 15 dᵒ Groschen, nacher Emden
in Ostfriessland von einem Last per 150 Meilen 18 bis 20 Fr
Preuss., nacher Carlscron in Schweden vor 1 Last per 85 Meilen
6 Rthlr, nach Warschau zu Land von 1 Schiffpfund 9 bis 10 Rthlr,
bei guter Sommer-Witterung auch wohl nur 8 Rthlr, zu Wasser
vor einen Last 14 Rthlr, nach Leipzig vor 1 Schiffpfund 12, auch
nach der Witterung 13 bis 14 Rthlr, von Warschau aber nach
Danzig dem Strohm nach 9 in 10 Rthlr, von Cracau bis Danzig
zu Wasser vor 1 Last 14 bis 15 Rthlr, von Danzig nach Bilbao
in Spanien per 550 Meilen von einem Last à 22 bis 24 Rthlr,
von Danzig in Schottland per 900 Meilen von einem Last 38 bis
40 Rthlr, von Danzig nach Amsterdam per 200 Meilen von
dem Last à 8 bis 9 Rthlr, von Danzig nach Petersburg 18 bis
20 Rthlr. Die meiste anwesende Schiffe waren von 200 bis 250
Lasten und mit 12 bis 15 Personen ohne dem Schif-Capitaine
besezt, auch durch 10 bis 12 Canonen defendiret. Die Boots-
Knechte bekommen überhaupt von Amsterdam bis Danzig einer
50 Holländische Gulden nebst Kost, und dabey 4 mal Fleisch
die Woche und 3 mal Stockfisch, der Steuermann 80, der Schif-
Capitaine 100 Ducaten, wann das Schiff nicht sein Eigen ist.
Was für Schiffe von 30. August bis 5. September des ent-
wichenen 1755ᵗᵉⁿ Jahrs auf der Danziger Rehde angekommen,
dargegen ausgelaufen, und in was ihre Ladung bestanden, ist
aus der Beylag sub Nᵒ 52, unter Einem also zu ersehen, welche
Nationen dahin handeln, was sie bringen, sofort von dannen
ziehen. Man zehlte zur Zeit von Anfang des Jahrs schon 733 an-
gekommene und 700 abgegangene Schiffe, so von der Importanz

---

[1] Fehlt wie alle Beilagen des Berichts.

dieses Handels-Platzes genugsam zeiget. Zu weiterer Nachricht und Erkantnus derer Waaren, welche in grossen Schiff-Ladungen nach Danzig und von dannen kommen, wie auch von wem solche gebracht oder gehohlet werden, kann folgende Auskunft dienen:

Aus Holland kommen Dach-Pfannen, Moppen (!), allerley schon vorhergehend - beschriebene Kaufmanns- oder Kram-Waaren, so man Stück-Guth nennet. Hingegen gehet dahin: Pottasche, Getreyd, Holz, Wolle, Stück-Guth.

Aus Norwegen: Hering; dahin: Getreyd, Hanf.

Aus Schweden: Französische Weine, Eisen; dahin: Getrayd, Holz, Wolle.

Von Riga: Stück-Guth, Flachs, Hanf, Leinsaat etc; dahin: Stück-Guth in allerley Materialien und Fabricaten.

Aus Engelland: Stück-Guth, Stein-Kohlen; dahin: Holz, Stück-Guth, Potasche, Stäbe.

Aus Curland: Fische.

Von Lübeck: Stück-Guth; dahin: Stück-Guth.

Von Colberg: Ballast; dahin: Getrayd.

Aus Frankreich: Salz, Stück-Guth, Wein; dahin Stück-Guth, Holz, Potasche, Wolle.

Von Coppenhagen: Stück-Guth; dahin dᵒ, item Holz.

Aus Spanien: Ballast; dahin: Flachs und Holz.

Aus Schottland: Bley, Stein-Kohlen.[1]

Aus Pommern: Taback; dahin: Getrayd.

Von Hamburg: Stück-Guth.

Aus Irland: Butter.

Nach Rostock: Stück-Guth.

Nach Flensburg: Holz.

Nach Petersburg: Stück-Guth, und was sonsten allschon in der vorläufigen Beschreibung vorgekommen.

155. Buch und Rechnung wird zu Danzig in Preussischen Gulden à 30 xr und dᵒ Groschen à 1 xr und Schelongen à $\frac{1}{3}$ xr oder in Reichsthalern à 30 Silber-Groschen und Düttichen à 3 xr geführet. Der Wechsel-Cours ware nach Amsterdam 311 gG vor 1 Pfund Flämisch, nach Hamburg 131½ gG

---

[1] Die Liste ist nicht vollständig. Weiter oben erzählten die Berichterstatter, dass die Schotten aus Danzig Pottasche, Honig, Fassdauben zurückführen.

vor 1 Thaler à 48 Schilling Lübisch. Die Ducaten gelten
8 Fr Preuss. 12 Groschen; die Species-Thaler 4 Preuss. Fr
6 Gr; die Timpfe 18 Pr. Gr; die Schostaken 6 Pr. Gr; die
Düttichens 3 Pr. Gr., die Bromer oder Polturen 1½ Pr. Gr.,
die Groschen à 3 Schelongen, die Schelong à 6 Pfennige, die
Louis d'or à 14 Preuss. Fr 24 Pr. Gr., die Kreuz-Thaler à
4 Preuss. Fr, die Rubels à 3 Preuss. Fr 12 Pr. Gr., ⅔ Stuck
à 2 Pr. Fr und ⅓ Stuck à 1 Pr. Fr. — Die Ellen-Mass ist
sub N° 53 beygefüget. Das Gewicht bestehet in Schiff-Pfunden
à 320 Pfund in Centen à 120 Pfund, in grossen Steinen à
34, in kleinen d° à 24, in Liss-Pfunden à 16 Pfund. Ein Last
hält 60 grosse Stein oder 2040 Pfund, 1 Tonne Butter hält
16 Liss-Pfund, die Pfund endlich werden in 2 Marck, das
Marck in 8 Unzen, die Unze in 2 Loth und das Loth in
4 Quintl vertheilet. Ein Centen oder 120 Pfund Danziger geben
125 Bresslauer, und 125 Danziger geben 100 Pfund Wiener.
Cochenill, Indig und andere feine Farben, dann die feine Specereyen als Muscat-Blüh, Nägl, Safran etc., item der Caffée,
Thee, Chiocolade, Fischbein etc werden nach dem Pfund verkauft, der Pfefer, Ingwer, Aneis, Zucker, die Friandisen, Zibe-
ben, Rosinen, Feigon, item Baum-Oehl etc nach dem kleinen Stein
à 24 Pfund, Mandeln, Reiss, Lorbere, Capriete, item Insslet, Wolle,
Flachs, Hanf etc nach dem grossen Stein à 34 Pfund, Röthe,
Weinstein, Färb-Hölzer, Allaun, Zinn, Bley, Schwefel, Salpeter,
Stahl, Messing und Drath nach dem Centen. In der nassen
Maass halt ein Last Wein 2 Vass, 1 Vass 4 Oxhoft, 1 Oxhoft
1½ Ohm, 1 Ohm 4 Ancker, 1 Ancker 5 Viertel, 1 Viertel
5½ Stofe. Eine Last Bier hat 6 Vass, 1 Vass 2 Tonnen, 1 Tonne
90 Stofen, 1 Stof 4 Quartir, 38 solche Stofen sollen einen
Oesterreicher Eymer ausmachen. In der trocknen Maass hat
1 Last Getrayd 3¾ Malter, 1 Malter 16 Schefel, 1 Schefel
4 Viertl, 1 Viertl 4 Mezen, 1 Last Malz aber halt 1½ Getrayd-
Last, mithin 90 Schefel. Ein Danziger Getrayd-Last machet
26⅖ Prager Strich[1] und wird bey dem Verkauf dem Kaufer
3 Schefel auf jeden Last zugegeben. Nach damaligen Preiss
ware ein Prager Strich Waizen in Danzig per 3 Fr 20 xr zu
verkaufen gewesen. Eine Tonne Häring hält 1040 Häring, ein

---

[1] 100 Prager Striche = 135 österreichische Metzen. Vgl. für die obigen
Angaben Struensee, Handlung der europäischen Staaten, I., 359.

Becher 10 Stuck, ein Zimer 40 Stuck. Schock, Mandl und Duzet sind wie hierlandes.[1]

156. Der Kayserl. Agent in Danzig, Herr Abramson, hat eine Abschrift seiner in Behuf des Commercii aus den Kays. Königl. Erblanden mit Pohlen bereits gethanen Vorschläge communiciret, welche sub N° 54 angeschlossen werden, und worüber man in denen Reflexionen sich äusseren wird.[2] Hier wird nur der eben darinnen befindlichen Bemerkung gedacht, dass niemand als Danziger Bürger durch dasigen Port einige Waaren zu versenden befugt sind, mithin der Verkauf an dieselben geschehen müsse, so die Nahrung des dortigen Handelsstandes ungemein erhebet.

157. Die Nachbarschaft hat Gelegenheit gegeben, erstlich von der Stadt Elbing, von derselbigen Beschaffenheit, einige Nachricht einzuziehen, und zwar, dass ermelte Stadt mittelst des Flusses gleichen Nahmens, welcher sich in dem Frisch Haff ausgiesset, auch einen ziemlich ergebigen Handel und zwar in denen nemlichen Waaren, wie Danzig, habe, so solle auch Geld, Maass und Gewicht gleich seyn; allein aller Wechsel-Cours gehet über Danzig.

158. Marienburg solle die nemliche Beschaffenheit haben, gleichwohlen aber ohngeacht die Lage vortheilhafter als von Elbing ist, dieweilen es einen Arm von der Weixel hat, folgbar so wie Danzig mit Pohlen und der Ost-See communiciren kan, dannoch letztgemelter Stadt Elbing in denen Verkehrungen nicht gleich kommen.

159. Königsberg, die Haupt-Stadt des Königreichs Preussen, wurde als eine sehr starcke Handels-Stadt angegeben, wie man dan auch beständig Königsberger Schiffe zu Danzig findet. Der Fluss Pregel verbindet dieselbe mit dem Frisch Haff, und gehen die belasteten Schiffe bis Pielau, von wannen alsdann die Waaren auf Prahmen nach der Stadt gebracht werden, oder auch vor der Stadt auf die Schiffe. Der Handel bestehet in allerley Bau-Holz, Flachs, Hanf, Potasche, Wax, Lein-Saamen, Insslet, rohen Leder, und aller Sorten Getrayd etc. Ein specificum aber ist der Bernstein, welcher an dasiger Küste gesamlet und auf verschiedene Art entweder verarbeitet oder

---

[1] D. i. 60, 15, 12 Stück.
[2] Siehe oben S. 372.

auch roher verführet wird. Die ermelte Samlung ist ein Regale des Lands-Fürsten; die Sorten sind dreyerley: schwarz, gelb und weiss. Dahin kommet aus Franckreich viel Salz, Wein, Brandwein, Wein-Essig, Papier, Glass und allerley Seyden- und wollene Zeuge, ansonsten aber auch von anderwertig alle Sorten von Specereyen, Zucker, womit es aber vor künftig wegen angelegter eigenen Fabriquen in denen Brandenburgischen Landen aufhören solle, und anderen verschiedenen Kaufmanns-Waaren, welche aus der Beylag sub N° 55 am besten zu ersehen sind, mithin den Stand der Königsberger Handlung, was nemlich in quali et quanto im verwichenen 1755ten Jahre dahin gekommen und von dannen ausgeführet worden, sehr bedeutsam exhibiret wird.

160. Buch und Rechnung wird zum Theil in Rthlr und gG., Theils auch in Preuss. Gulden und xr geführet, deren Erklärung albereits bey Danzig vorgekommen. Die Wexel-Frist bestehet in 40 Tägen à dato, und sind nach denen Verfall-Tägen noch 3 Respect-Täge. Die geprägte Münzen sind Preussische Timpfe à 18 xr, Sechser à 6 xr und die Düttichens à 3 xr. Die Friedrichs d'or gelten 5 Rthlr, die Louis d'or 14 Fr Preuss. 25 Groschen d°, Ducaten 8 Fr 12 Groschen, Louis Blanc 4 Fr 6 Groschen. Das Gewicht bestehet in Schiff-Pfunden zu $3\frac{1}{8}$ Centen, ein Centen 128, der grosse Stein 40 und der kleine Stein 25 Pfund, ein Liss-Pfund hat 20 Pfund altes Gwicht; nach dem neuen oder Berliner Gewicht aber hat der grosse Stein 33, und der kleine 20 Pfund; das Pfund ist eben wie in hiesigen Landen in 6 Unzen, 32 Loth, das Loth in 4 Quintl, dann das Quintl in 4 Pfennige zertheilet. Das alte Gewicht ist geringer als das Wiener um $43\frac{1}{4}$ p C°, das neue hingegen um $19\frac{3}{8}$ p C°. Ein Last haltet 24 Tonnen, eine Tonne $2\frac{1}{2}$ Schefel, ein Schefel 4 Viertl und ein Viertl 4 Mezen. Die Last ist um 4 p C° geringer als die Hamburger und der Danziger gleich, womit auch die Maass in flüssigen Dingen übereinkommet. Die Ellen-Maass differiret von der Wiener $34\frac{1}{4}$ p C°.

Anhang.

Zwei zeitgenössische Berichte über den Stand der Industrie in Böhmen.

---

a) Relation

über alle in folgenden fünf Commercialkreisen, benanntlich Königgratzer, Saatzer beide Antheile, Bunzlauer, Leutmeritzer und Stadt Prag, erhobenen Manufacturs-Gattungen.

Authore de Loscani, Anno 1756.[1]

1) Königgratzer Kreys.

Die Gütte des Erdbodens ist in diesem Kreyss vortrefflich, weshalben auch an allerhand Getreyde-Sorten ein Überfluss vorhanden, und nur zu bedauern, dass die daran angräntzende aussländische Provinzen nicht, wie zuvor, den

---

[1] Die Relation bildet den Inhalt eines im Jahre 1868 von dem Grosshändler Richard von Dotzauer dem „Vereine für Geschichte der Deutschen in Böhmen" geschenkten Manuscriptes. Auf dem äusseren Deckel desselben befindet sich folgende gleichzeitige Anfschrift: „Beschreibung aller Mannfacturs-Sorten, welche in denen fünff Commercial-Creissen, benanntlich: Königgratzer, Saatzer beyder Antheile, Buntzlauer, Leütmeritzer und Stadt Prag fabriciret werden, samt einer bey jedem Creiss vorgängigen historischen Relation aller darinnen befindlichen Natural- und Industrialien, welche ddo 15. September 1756 samt dem diesfälligen Manufacturs-Collegii Bericht in einem roth eingebundenen Folianten ad Aulam geschickt und Ihro Majestnot von des Herrn Ober-Commercial-Präsidenten Graff v. Chotek Excellenz übergeben worden seyn." Die Handschrift zählt 155 Seiten, von denen jedoch nur 62 halbbrüchig beschrieben sind. Die übrigen sind theils leer, theils mit Mustern böhmischer Webeproducte beklebt. Unter den letzteren finden sich: Braunauer, Schlaggenwalder, Duppauer, Gabler, Oberleutensdorfer und Prager (Kernische und Westerholdische) Tücher, Wollzenge aus Königsberg, Carlsbad, Schlaggenwald und Prag, Wollgespinnst von Niemes, Braunauer, Friedländer und Pürgsteiner Leinwand, Prager Glanzleinwand, Kokgarn aus dem Bunzlauer Kreis, Friedländer und Schönlinder Zwirne, Friedländer, Pürgsteiner und Schönlinder Leinengingangs, Prager Seidengarne und Neudecker Spitzen. Der Verfasser des Berichtes ist Otto Ludwig von Loscani, der im „Prager Titular und Logiaments-Calender" vom Jahre 1756 als „Repräsentatious und Cammer-Rath im Königreiche Böheim, wie auch des Consessus Commercialis, dann Mannfacturs-Collegii, wie auch wegen Vergoldungs-, Gold- und Silbertragen, nicht minder deren Apotheker-, Medicinal-Ordnung-, Spinnhaus- und Landesgränsen-Commissionen Assessor" verzeichnet ist. Der von Fechner, Handelspolit. Beziehungen, S. 231, angeführte „Toscanus", welcher 1752 die schlesische Grenze bereiste, um den Stand der Manufacturen zu erkunden, war offenbar kein Anderer als Loscani, womit Fechner's Vermuthung, es sei Toscanus mit Toussaint identisch, gegenstandslos wird

freyen Willen besitzen, sich derer zu ihrem Gebrauch bedienen zu können.
Mit Flüssen und Waldungen ist dieser Kreyss reichlich versehen, und dahero
weder an Fischen noch Wildpräth von allerley Gattung einiger Mangel zu
verspühren.

Die Färbe-Röthe wird auch in diesem Kreyss, auf der Fürstl. Piccolo-
minischen Herrschaft, jedoch nur zu dato in wenigem Quanto angebaut, um
destomehr hingegen die Flachserzieglung cultivirt. Das Gespunst, die Weeberey,
Tuch- und Mesulan-Fabricatur seyn dorten in grossem Flor. Der Gebürgs-
Unterthan ist sehr bemühsamb, incliniret zum Handel und Wandel, und hat
den Vortheil, dass, weilen derselbe mit dem Glatzisch- und Schlesischen
Territorio gräntzet, Er seine Garn- und Leinwand-Producta, besonders die
ungebleichten, dorthin verkauft und baares Geld davor überkommen kan,
auss welchem Vortheil Er jedoch seit der Zeit, als man die neue schlesische
Müntzen ringhaltiger denn zuvor geschlagen hat, um ein Merkliches gesetzet
worden, nachdem er seine Waare in dem sonst üblichen Werth hat verkaufen,
und bey Umsetzung der Gelder sich dem Verlust von 2 oder 3 Groschen pr
jeden Gulden unterziehen müssen.

Die mehriste Fabricata dieses Kreysses bestehen: 1mo in dem Gespünst
und Lothgarn, 2do in der Weeberey von allerlei Leinwand-Gattung, 3tio ge-
zogener Tischzeng- und Fuss-Arbeit; worzu noch kommen: 4to die Bleichen,
5to Tuch-Fabricata, 6to wollene Zeug-Fabricata, 7mo allerhand Edelgesteine,
8vo allerhand Kräutlerey, 9no Pappier und 10mo Glasshütten.

Das Gespunst betreffend, so ist in dieser Arbeits-Art kein Kreyss in
Böhmen so stark als der Königgratzer, massen darinnen nicht nur die grobe
Dacht-, sondern auch ordinari- dann mittlere und feine Garne gesponnen
werden, welches durch die gantze Gebürgsgegend von Grulich bis auf Hohen-
Elbe hin fast allerorten angetroffen wird. Man leget denenselben und sonderlich denen feineren unterschiedliche Nahmen bey, und werden zum Theil feine
Weeber- oder leichte Schleyer- oder Loth-Garne genennet. Wenn der Fleiss
des Spinners den feinen Flachs-Faden wohl zusammen drähet, dass er zu
feinen Leinwanden tauglich ist, so wird die Gespunst ein gutes Weebergarn
genennet, wovon das stärckere zur Aufspannung auf dem Weeberbaum, das
schwächere aber zum Einschuss gebrauchet; ist aber der Flachs-Faden von
minderer Festigkeit, so wird er zum Schleyer, zum Tischzeug und dergleichen
leichte Fabricaturen appliciret und ein Schleyergarn genennet; unter dem
Nahmen der Lothgarne seyn jene Gespünsten bekannt, welche nach dem Gewicht pflegen verkauffet zu worden und wovon ein Stück die Schwere von
10 biss 12 Loth nicht erreichet. Letztere nun werden in der Gegend von
Hohen-Elbe, Marschendorf, Herrschaft Starckenbach, Branna und Gradlitz am
mehristen gesponnen, die Weeber- und Mittlgarne aber in dem gantzen Gebürgs-District biss Braunau hin angetroffen. Wegen der Menge derer Gespunsten
befinden sich auch in diessem Kreyss eine beträchtliche Anzahl von Garn-
Handlern, welche die Garne da und dort aufkaufen und nach Schlesien, sonderheitlich aber nach Greifenberg, Schmiedeberg, Landshut und Hirschberg
an die dortige Kaufleüthe verführen, von welchen Sie gleichsam als Factores
unterhalten werden. Die Leinweeberey ist noch beträchtlicher als das Garn-
Commercium. Die grobe Gattungen werden in der Gegend um Nachod, Grulich

und dortorten in grosser Menge fabriciret, und haben ihren Zug Theils in das Glatzische, Theils nach Breslau, Theils in das Schlesische Gebürge.

Die mittlere Leinwandt-Sorten und sonderlich jene, welche zum commercio ad extra gewidmet und in anderen Ländern unter den Nahmen: Tele di Bretagnes, Ravanes, Cavalina, Schatter-Leinwand, Plattilles, Plattilles Royales,[1] bekandt seyn, werden in der Gegend von Nachod an biss Hohen-Elbe in grosser Anzahl fabriciret und von denen Schlesischen Factoren zu Nachod, Starckstadt, Politz, Braunau, Freiheit, Schatzlar, Trauttenau, Hohen-Elbe, Rochlitz, Wildschitz, Mohren, Arnau, Neupacka zusammengekauft und denen Schlesiern zugeschickt. Jedoch wird von Ein- und Andern dieser Leinwandt-Handlern auch schon ein ansehnliches Commercium in disser Waare in die Oesterreichische Erblande, Mähren, Italien und Schweitz, auch Hammburg, getrieben. In sich selbst seyn alle ohbenahmsete Sorten fast einerley Leinwandt, biss auf die sogenannte Schatter, welche zum Färben verbrauchet wird und sehr schütter ist, massen alle übrige fremde Nahmen ihr mehristen Theils wegen den Ort, wohin sie verschickt werden, zugeleget wird, und sonst keine andere Unterscheidung, als welche etwa eine mehr oder mindere Breite und eine unter sich differirende Art der Zusammenlegung giebt, zu verspühren ist. Zu Pottenstein ist diessfalls ein k. k. Magazin errichtet und dadurch dem armen Land-Weeber ein heilsames Mittl wieder die auss Noth übertragene Abdruckung seines Fabricati verschaffet worden.

Die feinere Leinwandten werden in den Braunauischen, Trauttenauischen und Starckenbachischen, wie auch in der Gegend von Wildschitz und Johannesberg, Schatzlar und Schurtz, fabriciret, doch keineswegs in solcher Menge als obbeschriebene mittlere Sorten, weilen der Landes-Innwohner, um desto ehender fertig zu werden und Geld zu bekommen, viel lieber diese Gattung Leinwandt dann die feinere arbeitet, sonderlich da die Letztere nicht Jedermanns Kauf ist und von denen Schlesiern nicht so sehr gesuchet wird, nachdem ihre einheimbische feine Leinwandten, wegen der dortigen gutten Garne, vester und dichter pflegen gemacht und von darumb unsere Schluss-Garne von Ihnen eingekaufet zu werden.

Hin und wieder im Gebürge werden auch schon feine Zwirne verfertiget, doch nicht in solcher Menge alss in dem Leutmeritzer Kreyss.

Zu Freiheit an der Schlesischen Gränitz, zu Arnau und zu Senftenberg giebt es geschickte Kunst-Weeber, welche Schachwitz und damascirte Arbeit zu verfertigen im Stande seyn, denen aber das Vermögen und die Kunst, sich selber neue Opern und Desseins anzuschaffen oder die überkommene abzureissen ermanglet. Mithin bleiben Sie gemeiniglich nur bey der bestellten Arbeit oder, wenn Sie ja etwas auf den Kauf machen zu können die Kräfften haben, bey ihren alten Mustern. In einer unterthänigen Fürst Schwarzenberg. Stadtl zu Freyheit werden auch unterschiedliche Leinwandt-Tücheln, Theils mit gefärbten Garn, Theils mit Seiden eingetragen, gearbeitet.

Zu Rochlitz bey Frantzenthal auf der Graf Harrachischen Herrschaft ist eine Schleyer-Fabricatur vorhanden, welche seit ein paar Jahren her

---

[1] Ueber Toilos Bretagnes, Rouennes, Cavallina, Platilles royales und Platilles simples siehe Schreyer, Commerz, Fabriken und Manufacturen im Königreich Böhmen. I., 62.

angefangen hat, eine gutte Form und Consistenz anzunehmen, und nachdem
der Graf von Chamarré auf seinem Guth Pottenstein ebendergleichen Schleyer-
und Battist-Fabricatur angeleget hat, so ist mit guttem Grund zu hoffen, dass
man sich binnen kurtzer Frist deren frembden Schleyern wird entledigen
können, sonderlich wenn der geblumte zu der behörigen Vollkommenheit
wird gebracht worden seyn. Die Bleichen anlangend, so seynd deren, was
die Haus-Bleichen anbetriefft, in grosser Menge vorhanden. Unter die recht-
schaffene Bleichen aber seyn zu rechnen die zu Rochlitz, Frantzenthal und
Starckenbach angelegte und mit gutten Walcken, einem Appretur-Hauss,
Mangen und Glätten versehene Bleichen; nicht minder die Hohen-Elber, die
Braunauer und die vor zwey Jahren angelegte Graf Chamarreische Bleichen,
welchen an denen Requisiten nicht nur Nichts abgehet, sondern noch das Lob
beygeleget werden muss, dass die dort abgeblichene Leinwandten mehrere Weisse
und bessere Appreturssart haben, alss Alle übrige, welches der Industrie deren
auss Schlesien dorthin gezogenen Bleichern und Appreteurs zuzuschreiben ist.[1]

Betreffend die wollene Fabricatur, so haben in diessem Kreyss die
Braunauer und Reichenauer Tücher für Anderen den Vorzug und einen gutten
Ruf, sowohl ihrer gutten Gespunst und Würckung halber, alss auch wass die
Färberey und Zurichtung angehet, ad extra erworben, maassen viele nach Wienn
und Ungarn, Lintz und Saltzburg verkauffet werden, jedoch zeithero ihr for-
derliches Woll-Materiale mehristen Theils auss Schlesien gehollet und ihren
Fabricatis dadurch eine bessere Lindigkeit und feinen Angriff verschaffet.
Seit deme aber Braunau angefangen hat, die Sortirung der Böhmischen Wolle
vor der Hand zu nehmen und zu Ihren besseren Tuch-Sorten die Spannische
zu appliciren, so verlässet es allgemach die vormahlige Begirde zur Schlesischen Wolle.

Ausser diessen Ortschaften giebt es zwar noch andere Privatstädte und
Märkte, wo ebenfalls gute ordinari Landt-Tücher zum Consummo kommen.
Die wollene Zeuge, sowohl wass die gantz alss halbe Raschle und Castor
anlanget, werden in der Gegend von Jaromierz, Neu-Bittschoff, Nachod, Politz
und Braunau auch Hohen-Elbe in beträchtlicher Anzahl und ziemlich guter
Qualität, auch preysswürdig fabriciret. Ingleichen ist auch die Strumpf-
würckerey und Strückerey von Wolle sehr im Gang.

Von Edelgestein werden in der Gebürgsgegend von Hohen-Elbe bis
Trauttenau hin und wieder verschiedene Sorten von Granaten, Carniol, Jaspis
und Holtzsteinen angetroffen. Ingleichen der sogenannte Viol- oder Feiglstein,
welcher mit Moss überzogen und, wenn die Nässe auf ihn fallet, eines durchdringenden Geschmacks von blauen Feigeln ist. Es hat auch in der Gegend
Hohen-Elbe und Trauttenau Marmor, harte Schleif- auch Wetzsteine.

Von Kräntern, so zur Medizin nutzbahrlich seyn, wird in der Gegend
des Riesengebürges sehr viel gefunden, und davon verschiedene Sorten von
dem Niess- und Schnupf-Pulver gemacht und hin und wieder im Lande verkauft. Von Jenen aber, so zur Färberey taugen, ist die sogenannte Schardte
und Röthe, wovon aber schon gedacht worden, bekannt, deren die Erstere
zur gelben Farbe wohl zu brauchen ist.

---

[1] Ueber das Chamarré'sche Etablissement, seine Aufnahme im Jahre 1755, seine Abnahme
1756, vgl. Fechner, Handelspolit. Beziehungen, S. 243 f.

Auf die Pappier zu kommen, so thut sich darinnen die Herrschaft
Hohen-Elbe, Stadt Trauttenau und Senftenberg besonders hervor, unter welchen
jedoch Hohen-Elbe der Feine und Weisse halber die übrigen übertrifft. Zu
Trauttenau ist auch eine eigene Pappiermühle für das blaue Pappier, welches
für die Leinwandten zum emballiren tanget, vorhanden, dessen sich das
Pottensteinische Magazin bedienet.

Glasshütten hat es ebenfalls im Gebürge verschiedene, von Theils
ordinari, Theils feiner Gattung; eine deren besten aber ist die Graff Har-
rachische, so auf der sogenannten Bauden unter der Herrschaft Starckenbach
angeleget worden, allwo dass Glass nicht allein schön weiss sondern auch
wohl und fein geschliffen und eine gutte feine Vergoldung angewendet wird.

Das Fuhrwesen wird in diesem Kreyss auch stark betrieben, besonders
nachdem viele Leinwandt-Handlungs-Grossirer sich befinden, welche Ihre
Speditiones über Prag nach Welschlandt, Schweitz und Hamburg schicken,
wesshalben man dann auch den gantzen Kreyss billig für den ersten Com-
mercialkreyss halten muss.

2) Saatzer Kreyss.

Der Saatzer Kreyss ist einer deren schönsten und ausgebigsten Kreysen
in Böhmen. Die Gleba im flachen Lande ist vortrefflich, desto schlechter aber
im Gebürge, welches sehr rauh und kalt ist, mithin mehristen Theils dem
Haber gedeylich. In dem flächeren Theil dieses Kreyses wachset der Waitzen
sehr wohl. Es giebt auch gute und grosse Teich, doch nicht in solcher
Menge als in dem Bechiner Kreyss. Die Flüsse seyn fischreich und führen
mit sich viele Forellen, Grundeln und andere dergleichen gute Sorten mehr.
Eines von denen vornehmsten Naturalien, so dieser Kreyss hat, ist der Hopfen,
welcher alldort in sehr grosser Menge erziegelt und starck damit ad extra
gehandelt wird, unter welchen der Saatzer der beste ist.

Es giebt auch viel Medicinal-Kräuter, sonderlich auf der Herrschaft
Pressnitz, womit ein nutzbahrlicher Handel nach Sachsen getrieben wird. Der
Kreyss hat eine grosse Viehzucht und Hutwäydten und hin und wieder vor-
treffliche Wolle, produciret auch viele einschürige Wolle. Die Wälder im
Gebürge seyn gross, aber ziemlich mitgenommen, also dass sie in der Thatt
Ruhe bedürfen, sonderlich da im flachen Land das Holtz rar und kostbahr ist.
An Feder-Wildbrett und kleineren Wild abundiret dieser Kreyss sehr.

Der Unterthann stehet im flachem Lande nicht übel, im Gebürge aber
lebet er mühsamb und kummerhaft, ist jedoch mit seinem Schicksaal zufrieden
und nähret sich so gut er kann.

Die stärckeste Fabricata dieses Kreysses bestehen in der Wolle-Arbeit
als nemblichen: 1. Zeugmacherey, 2. Strümpfe, 3. Hutmacherey, 4. Spitzen-
klöpplerey, 5. Farbmacherey, 6. Blechhammer, 7. Messing und 8. Zinnberg-
werke, 9. Drahtmühlen, 10. Gewehr-Fabricatur, 11. Alaun.

Was die Zeugmacherey betrifft, so ist selbige in diessem Kreyss
ziemlich zahlreich, und nur zu bedauern dass die Zeug-Weeber ihre Manufacta Mittllossigkeit halber mit jener regulmässiger Art nicht so vermögen,
als es die Gesetze des Handwercks und der stuffenweiss erlangte Begrieff
der Manipulation erheischen, der Schleyderey allzusehr ergeben seyn. Ihrer

seynd in dem Kreyss sehr viel. Die beste befinden sich in der Gegend Schlackenwalde, Carlsbaad, Königsberg und Falkenau, allwo verschiedene Gattungen von Barkan, Scott, Mantelzeug und Raschen, auch halbwollene Zeuge gemacht werden, jedoch grossen Theils denen eine rechte leb- und dauerhafte Farbe in den Coloriten und die Appretur ermangelt. Königsberg hat vor Anderen den Vorzug und dürfte eines deren Ersteren seyn, welches emporkommen wird, maassen es seit wenig Jahren her die dortige Zeugmacherey sehr verbessert und solches der rühmlichen Beeyfferung ihrer Obrigkeit zuzuschreiben hat. Falckenau ist in denen Mittl-Zeugen, Coucenten und Raschen noch das beste und liefert gute Zeuge von ordinari Farben.

Die Wolle-Gespunst floriret in der Gegend bey Schlackenwalde, allwo ein ziemlich fein und wohl gedrähtes Wollgarn zu haben ist. Bey Brix, Caaden, Laun werden viele Strümpfe auf die Duxer Art gearbeitet, in den übrigen Ortschaften hingegen mehristen Theils ordinari-Guth und gestrickte Strümpfe fabriciret, wovon Vieles im Lande und in Sachsen in die dortigen Bergstädte verführet wird.

Es hat auch gute Tuchmachere in diessem Kreyss, besonders um Laun, Brix, Görckau und Falckenau, deren Arbeit jedoch kein vorzügliches Objectum Commerciale ausmachet und kaum zu dem innerlichen Consumo des Kreysses genug ist.

In der Hutmacherey behält die Stadt Neudeck vor Allen Anderen die Oberhand, indem alldorten nicht nur feine und gutgefilzte, sondern auch wohlgefärbte Hüte zubereitet werden, so sehr oft für aussländisches Gut passiren.

In dem Gebürgs-District von Caaden bis Culm hin ist die Spitzenmacherey eine deren grösste Beschäftigungen dortiger Inwohnern, welche mehristen Theils zu Handen derer Annaberger Kauffleute gegen das Klöpplerlohn arbeiten und auch von dorther den benöthigten Zwirn und die Desseins bekommen. Es giebt jedoch auch schon zu Joachimsthall, Weipert, Pressnitz und zu Neudeck einige Verlegere, so die böhmischen Spitzen bis nach Ungarn und in's Reich und Tyrol verführen. Zu Neudeck floriren vor Anderen die schwartze Spitzen, welche theils von Seithen, theils von Zwirn, mit recht schönen Desseins breit und schmal fabriciret und in's Reich wie auch in die Kayserl. Erblande mit gutem Nutzen debitiret werden und den Ruf haben, dass es eine preisswürdige Waare ist.

Die Farbmacherey anlangend, so ist die Koboldfarbe, welche zu Platten, Joachimsthall verfertiget wird sehr zu beloben. Sie wird gemeiniglich Schmolcken genannt, ist jedoch von der Feine und Ausgibigkeit nicht als die Sächssische, welches der Qualitaet des Kobolds zugeschrieben zu werden pfleget. Zu Comothau wird auch Berliner Blau, und Florentiner Lac, jedoch nur in weniger Quantitaet verfertiget.

Blechhammer hat es in der Gegend Pressnitz, Falckenau und Culm, dort seyn verschiedene gute Wercke, worunter das Pressnitzer für Allen den Vorzug behält, auch sehr viel weiss verzinnte Bleche verarbeitet, bei weiten aber nicht so viel erzeugen kann, als nur allein das Königreich brauchet, dahero denn auch noch sehr viel Sächssisch Blech herein geführet wird. Die übrigen Blechhammer, deren in der Gebürgsgegend noch verschiedene seyn, bestehen mehristen Theils in dem schwarzen Eisenblech. Messing wird alleine zu Grasslitz gemacht und ist wegen seiner gutten Gelbe, dann Gütte sehr estimiret, jedoch nicht hinreichend, die Messing-Arbeiter in Böhmen damit versehen zu können, weshalben dann auch in anno 1754 eine Messing-Niederlage von dem Österreichischen Messing hier zu Prag angeleget worden, welche seit einem Jahr her mehreren Fortgang also im Anfang genommen hat. Zinnbergwercke seyn in diessem Kreyss das zu Schlackenwalde und eines zu Platten; das Erstere ist das ergebigste und berühmteste, dessen Gütte ohnehin durch die Carlsbaader Arbeit aller Orten bekannt worden.

Die Drahtmühlen um Weypert, Grasslitz und dortorten haben wegen des guten Materialis einen sehr vortheilhaften Ruf, weshalben auch die dortige Eisendraht vor vielen Anderen ausgesuchet, und sonderlich in Carlsbaad zu Verfertigung deren Nadeln verbrauchet werden.

In denen Gewehr-Fabricaturen distinguiren sich in der Gütte des Gewehrs die Ortschafften Pressnitz, Weypert und Wernsdorff, in der Schönheit der Schifftung aber vor Anderen die Stadt Carlsbaad, welche bekanntermaassen allerhand Quincallerien von Stahl und Eisen verarbeitet, und durch die dort befindliche geschickte Arbeitere sauber eingelegte Arbeit produziret; der Güte des Gewehres halber ist Nichts auszustellen, maassen die Läufe wohl poliret und gut geschliefen werden.

Zu Comothau ist auch ein grosses Alaunbergwerck, wie auch zu Neudorf, und das Erste hat gute Anwehr, und der Alaun wird besonders belobet.

3) Bunzlauer Kreyss.

Ist wegen seiner Fabricatorum und des Handels, den er mit denen Benachbahrten von Laussnitz unterhält, ein glücklicher Commercial-Kreyss zu nennen. Die vortheilhaffte Gleba, die fischreiche Flüsse, Teiche, Seen und Bäche, die gute Viehzucht und andere Vorzüglichkeiten mehr, vermehren die Erzeugung seiner Naturalien, und Prag und Laussnitz, sonderlich Zittau befördern den Debit, dahero denn auch das Fuhrwesen dort in gutem Flor ist und Leute angetroffen werden, welche bis Lüneburg, Bremen, Hamburg, Berlin und Stettin unsere Waaren, sonderlich Glass und Leinwandten verführen. Die mehriste Produkta seyn: 1° der Flachs-Anbau, 2tens das Gespunst, 3tens die Fabricatur allerhand lein- und halb leinen Waaren, 4tens die Erzieglung feiner Wolle, 5tens die Tuch- und Zeug-Fabricatur sambt der Strumpf-Würckerey, 6tens Glass Hütten, worzu ferner kommen verschiedene Arth Ton, 7tens Edel-Gesteine.

Anlangend den Flachs-Anbau, so wird dieser in hiessigem Kreyss stark betrieben und der diessfällige Samen mehristen Theils durch die Fuhrleute Theils über Lüneburg, Theils über Bresslau und Frankfurt an der Oder, Theils auch über Bautzen im sehr billigen Werthe zugefüret, welcher mehristen Theils für Liefländischen, bis auf denjenigen der in der Nieder-Laussnitz und in den seevollen sogenannten Spin-Wäldern wachset und von darum auch der See-Lein gennenet zu werden pfleget, ausgegeben wird; weillen aber für die dortige und übrig angränzende Gebürg-Gegend die dort-kreyssige Erzieglung nicht zureichend ist, so wird der Abgang zum Theil von denen mährischen, zum Theil auch von denen Kreyssen im Flachlande, sonderlich aber von dem Chrudimer Kreyss ersezet und viel Flachs sonderlich gegen Reichenberg, Gabel und Zwickau zugefüret.

Gespunst. Die dort-kreyssige Gespunst hat mit denen übrigen Garn-
Sorten, welche Leutmeritz und Königgratz produziren, eine gemeinschaftliche
Verknüpfung, maassen dort rohe und feine Weeber-Schleyer und Lothgarn,
jedoch das Letztere nicht so viel, als deren zweyen Ersteren gesponnen und
zum Theil verarbeitet, zum Theil ausser Land nach der Laussnitz ver-
kaufft werden.

Leinen-Fabricatur. Diese bestehet mehristen Theils in zweyerley
Leinwands-Gattungen, deren eine die weisse Leinwand, die andere die bunte
oder gescheckete und gefärbte Waare betrefft. Die Erstere ist mehristen Theils
eine Gattung, so für den Zittauer Handel gehöret, mithin von der Gebürgs-
fabricatur des Königgratzer Kreysses um ein merkliches unterschieden; sie
bleibet dahero auch in ganzen Stucken und Schocken zusammengeleget, und
was Zittau, Lauban und andere Oerter nicht verlangen, findet auf inländischen
Märkten seine Anwehr.

Reichenberg hat eine besondere Arth bey Zusammenlegung ihrer Leinwandten, welche gemeiniglich in 2 oder 3 Stuck zerschnitten, in blau Papier
eingemachet, und von dem Juden in grösster Mänge abgekauffet und Theils
ad intra sonderlich zu Pilsen, Theils auch ad extra debitiret wird. Es werden
auch in diessem Kreyss und zwar auf denen Hertzog Bayrisch- und Graf
Gallasischen Herrschaften recht feine Sorten von Leinwanden zu 40 bis 80 fabriciret und auf die Friedländische Bleichen gegeben, welche Waare jedoch
entweder mehristen Theils bestelltes Guth, oder aber für die Zittauer Handelschaft diensam ist, und von darum auch so häufig nicht verfertiget sondern
das feine Garn-Materiale viel lieber nach Zittau und Schenau, wo gleichsam
der Sitz aller Tischzeugs-Fabricanten ist, verkaufet (wird).

Die bunte oder scheckigte Leinwand-Waare wird fast durchaus an die
Juden und auch nach Sachsen verkaufet, allwo dergleichen façonirte Waaren
in der Mode seyn. Die gefärbte hat ihre gewöhnliche Anwehr im Lande,
jedoch wird auch vieles davon durch die Zittauer nach der Schweitz geschickt,
vieles auch schon durch unsere eigene Kaufleute, besonders durch die zu
Friedland befindliche Compagnie Schwind und Schwieger-Sohn nach Hamburg
und in das Reich à dirittura verschickt; diesses seyn auch fast die einzige
Handels-Leute in diessem Kreyss, welche seith 3 Jahren einen unmittelbaren
Handel all ingrosso ad extra angefangen haben. Der übrige Handel dependiret mehristen Theils von der Discretion derer Juden.

Nun auf die Wolle und wollene Fabricaturen zu kommen, so hat diesser
Kreyss seines guten Bodens halber eine schöne Schaafzucht und viele Orth-
schaften aufzuzeugen, wo recht feine 2-schürige Wolle erzeuget wird, worunter
die Graf Schwerzische, die Fürst Fürstenbergische, die Baron Netolitzkische,
Desfourische, Gallasische und die der Dechantey zu Brandeiss gehörige Wolle
für allen übrigen im Kreyss praevaliren; ja einige von ihnen machen fast der
gesammten Wolle im Lande den Vorzug strittig. Allein von denen besseren
Sorten wird im Kreyss wenig verarbeitet, dahero auch die dortentige Zeug-
und Tuch-Fabricata mehristen Theils in ordinari und etwas Mittel-Sorten,
welche Reichenberg fabriciret und mit dieser Waare den Pilsener Jahr-Marckt
behauet, auch dort den stärkesten Debit findet, bestehen, und zum öfftern noch
diese zum Nachtheil wider sich haben, dass es bald an ächtem Farb-Materiali,
bald dem Werckzeug deren Tuch und Zeugmachermühlen, bald aber an der

Degrässirung oder aber an der Tuch-Schererey fehlet, und dass die allzuviele Woll-Fabricanten aus Mangel des Geldes und Credits, noch auch ausgiebiger Hülfsleistung, diese Gebrechen nicht curiren noch aber weitere Vorschritte in der feinen Arbeith thun können, sondern sich ihrem Schicksaal überlassen und mit der geringeren Wolle zufrieden seyn müssen.

Glass-Hütten. An Glass-Hütten ist in diesem Kreyss kein Mangel und es werden auf denen Desfouriach, Gallaschisch, Waldsteinischen und Pachtischen Herrschafften vortreffliche Cron- und Wand-Leichter, allerhand geschlieffen-, eingeschmöltzen- und gut vergoldete reine Glass-Sorten gemacht, deren sich zum Theil die Pragerische, Theils die Kamnizische und Nixdorffische Glass-Händlere zu ihrem Handel ad intra et extra bedienen. Wie denn vor 2 Jahren viele Lampen neuer Façon für den Türkisch-Gross-Sultan in diesem Kreyss gemacht und vor heuer Vieles für die Käyserin von Russland bestehend in grössten Häng- und Wandleichtern bestellet worden.

Edel-Gestein. Von Jaspiss, Topassen, Amatisten und Cristallen werden in diesem Kreyss sonderlich in der Gegend gegen das Schlesisch- und Sächsische Gebürge verschiedene Sorten gefunden, sonderlich in denen Gegenden um Friedland und Navarro. Es hat auch da und dorten gute Marmor- und Holtz-Steine. Belangend den Kreyss-Inwohner, so ist er nahrbahr und fleissig, sonderlich im Gebürge, und bemühet sich durch seiner Hände Arbeith und Industrie sein Schicksaal sich vergnüglich zu machen.

4) Leütmeritzer Kreyss.

Die Güte des Erdbodens ist in der Gegend gegen Prag zu vortrefflich, im Gebürge aber sehr unterschieden. Diesser Kreyss hat fast lauter Berge, so wie eine Kugel formiret seyn; an Theils Orten ist das Erd-Reich so leicht und locker, dass, wenn ein heftiger Wind und sonderlich ein Wirbel-Wind entstehet, es völlig hinweg geblasen wird, also dass nichts als der felsichte Grund übrig bleibet.

An Waldungen fehlet es im Gebürge nicht, welche aber an Theils Orten nicht genugsam geschonet werden, wodurch denn die Sorge vergrösseret wird, dass es mit der Zeit an Holtz gebrechen werde, denn diesser Kreyss liefert denen Sachsen eine grosse Menge Holtz, wodurch sie in den Vortheil kommen, ihre in vorigen Zeiten sehr ruinirte Wälder für ihre Bergwercker zu schonen. Weilen man aber bereits angefangen, die neue Anflüge zu schonen und mehreren Wald anzubauen, so wird wenigstens die Nachkommenschaft mehr und grösseres Holtz finden. Dieser Kreyss hat das Beneficium Navigabilitatis, weil dort die Elbe schon Schiffe traget, auf welchen viel Getrayd, Obst, Hopfen, Wolle und andere Nothwendigkeiten nach Sachsen verführet werden, wobei nur zu bedauern, dass jetzo die Böhmische Unterthanen mit ihren Schiffen nicht weiter als bis Pirna in Sachsen fahren können und dort ihre Waaren mit sammt denen Schiffen abladen müssen. An Flüssen, Seen und Teichen ist kein Mangel, dahero auch in diessem Kreyss der grösste Lachsen-Fang ist: Forellen, Aschen, Grundln und die famose See-Perschling seyn auch in diessem Kreyss zu haben. Es wachset auch in diessem

Kreyss der Böhmische Wein, welcher um Lowositz, Aussig, Culm und der
Orten angebauet wird, und Theils weiss Theils schielend ist, vor Allem aber
die Eigenschaft hat, dass er sehr in das Geblütt gehet und hitzig ist.

Der Unterthan stehet in der Gegend des Gebürges, so gegen Sachsen
anstosset, ziemlich gut, ist nahrsamb und industrioser denn jener, so im flachen
Lande wohnet und sich bloss vom Acker-Bau ernähret. Je mehr man zum
Gebürge kommt, je stärker ist die Industrie des Land-Manns, massen er alle
seine Felder mit fruchtbaren Obst-Bäumen der besten Sorten gleichsam ein-
gefangen hat und Selbiges in Sachsen mit gutem Nutzen versilbert.

Das Fuhrwesen wird auch starck betrieben, und verschiedene Herrschafften haben ganze Dörfer mit lauter Handels-Leüthen besetzet, welche
weit und breit ad extra handeln, worunter vor Andern die Kammnitzer Herr-
schaffts-Unterthanen, die von Greibitz und herumbliegender Gegend, dann die
Nixdorffer in der Hainspacher Herrschafft den Vorzug haben. Erstere handln
mit Glässorn in Alle Welt-Theile, bleiben 3 bis 4 Jahre auss, lassen inmit-
telst ihre Weiber würthschafften, und kommen sonach mit dem für die Waare
gelösetem Geld wieder nach Hauss, und continuiren diessen Handl immerfort
und fort dergestalten, dass diejenige Parthey, so in einem frembden Lande
den Handl besorget, von dannen ehender nicht zurück und wieder wegreiset,
biss nicht einer von seiner Freund- oder Nachbahrschafft und Compagnion ihn
abzulösen ankommen ist; dahero wird man auch in diesem Circul Leuthe
finden, die alle Europaeische Sprachen reden und verstehn.

Der Nixdorffer fanget seinen Handl gemeiniglich alla minuta mit einem
Schubkarren oder Kraxen an, biss er durch seinen Fleiss und Mühe sich
endlich so weit emporbringet, dass er ein Kramel in seiner Heimath auf-
richten oder all in grosso mit Ausswärtigen negociiren kann, und auf solche
Art leithet er ingleichen seyne Kinder ein. Eben dieser Handlung ist es zuzuschreiben, dass dorten wohlhabende, und mit nutzlichen Credit vorsehene
Leuthe anzutreffen.

Die beste Fabricata in diessem Kreysse seyn: 1. Das Gespünste, 2. die
Zwirnmacherey, 3. Weeberey von allerhand Leinwandten, 4. gezogene Arbeith,
5. eingetragene Arbeith mit Seiden, 6. worzu noch kommen die Bleichen,
7. Strumpf-Fabricatur, 8. Wollen-Zeug-Fabrique, 9. Tuch-Fabrique, 10. Stein-
Kohlen, 11. Allerhand Edelgestein, 12. Pappier, 13. Glass.

Das beste Gespinst, worunter auch starck- und leichtes Loth-Garn ist,
zeiget sich in der Gegend umb Pirgstein, Rumburg, Hainspach, Schluckenau,
und dort Orten, welches mehristen Theils nach Greiffenberg in Schlesien, und
nach Zittau, Lauban, etc. geliefert, und von dannen nach Hamburg, Holland
und so weiter verschicket wird. Ihre Garne lassen sie mehristen Theils
bleichen, wesshalben auch die von dergleichen Weissgarnen gemachte Leinwandten die weissgarnichte Leinwandten pflegen genennet zu werden. Zum
Consumo jedoch hat dieser Kreyss nicht genug Garne, sondern bekommet
viele auss Mähren.

In der Zwirnung hat es die Gegend umb Kammnitz, Kreibitz und Schönlinde weit gebracht, wie denn auch zu Schönlinde recht viele Wiessflecke
zu Garn- und Zwirn-Bleichen angeleget und adaptiret seyn. Ihre Zwirne seyn
jedoch mehr zum Nähen alss zum Spitzen-Klöppeln zu brauchen, steigen aber
in der Feine so hoch, dass sie denen Schlesischen nichts nachgeben. Dermahlen

ist der Antrag gemacht, dass man auch die leichte Garne, welche ihme Saatzer Kreyss zu Verfertigung seiner Spitzen auss Aunaberg holen muss, in diesem Kreyss fabriciret werden sollen.

Die Leinwandt-Weeberey floriret von der Gegend Kammnitz an bis Töplitz durch den gantzen Gebürgs-Strich. Sie ist vest, dicht, und die gemeineste Sorten seyn von 6—8, auch zu Zeiten 10 und mehr Viertel.

Für Allen aber excelliren die Rumburger und Georgswalder Herrschafften. Es werden dort herumb Leinwandten von 100 bis 150 Fr gemacht, auch Gattungen von 4—6 Ellen breit; doch müssen diese Letzteren allemahl zuvor bestellet werden, weilen es an Verlägern und dergl. Gross-Negozianten, so ein Capital in ein Magazin hinein stecken können, fehlet. Jedoch hat sich jetzo die Compagnie Salomon und Rupprecht hervorgethan, welche einen starcken Gross-Handl theils ad intra et ad extra unternommen hat. Für Allen distinguiret sich auch sehr die Graf Kinskysche Herrschafft Bürgstein, welche nicht nur die Leinwandt-Fabricatur sondern auch deren Appretur und Faconnirung emporzubringen besorget ist, und verschiedene gemahlte und gedruckte Leinwandten verfertigen lasset. Gezogene Arbeit war mir in wenigen Quanto anzutreffen und allein auf der Rumburger Herrschafft, wo zu Milnzbach nnd Warnsdorff geschickte Leuthe seyn, so die figurirte Arbeiten verstehen, jedoch die Mittel nicht besitzen das Werck all ingrosso zu betreiben, weilen sowohl das Werckzeug als auch die Desseinisten, welche die Muster abreissen und zu Zeiten selbst inventiren müssen, kostbahr seyn, hauptsächlich aber das Dorf Schönau in Sachsen, so mit dergleichen Artisten gleichsam angefüllet ist, zu nahe an denen Gräntzen lieget, und wegen ihrer stattlichen Einrichtung jedesmahlen leichteren Preyss alss unsere Leuthe machen kann.

Es fanget aber die Herrschafft Rumburg an, diese Fabricatur mit allem Eifer zu betreiben, und hat verschiedene neue Stühle angeleget, auch geschickte Reisser aufgenommen, also dass binnen wenig Jahren diesse Arbeit auch in Böhmen in Flor kommen muss.

Figurirte oder eingetragene Arbeit findet sich auf der Herrschafft Hainspach, allwo vortreffliche Tücheln mit Seide eingetragen, dann dergl. über zwerch gearbeithete Halb-Seiden-Zeuge gestreifft und mit Opern, so schön alss in dem hart anstossenden Sächsischen Ort Sebnitz fabriciret werden, wie ingleichen auf der Herrschafft Schluckenau und Rumburg. Rumburg und Hainspach haben auch in diesem Jahre verschiedene Barchet-Fabriquen angeleget, und gehen dermahlen würcklich 7 Stühle zu Hainspach. Bleichen seyn viele, die mehristen aber nur Haus-Bleichen. Das eintzige Rumburg und Schönlinde hat wohleingerichtete und mit allen Requisitis versehene Leinwandt-Bleichen, deren die Erstere von einem Engelländer Namens Allossop in diessem Saeculo angeleget worden, und ist das Press- oder Herrschafftliche Appretur-Hauss auch zu Stande gekommen, mithin pariret die dortendige Leinwandt-Waare in gleichem Grad der Schönheit mit denen Laussnitzischen. Es hat aber in diessem Jahr der Graf Joseph Kinsky auch eine Bleiche angeleget, dass man dermahlen würcklich 98 Garn-Bleichen zehlet, welche vor heuer mit Schlesisch- und Sächsisch-, dann Mährisch- und Böhmischen Garnen beleget seyn.

An Tüchern excelliret die Oberleidensdorffer Fabrique, so dem Herrn Grafen Waldstein zugehöret, und wo nicht allein auss Böhmisch- sondern

auch Spanischer Wolle gearbeitet wird.[1] Denn ist auch Leippa, wo gutte Mittl-
Tücher gemacht werden, in gutem Ruf.

An Strümpfen floriret die Gegend von Kammnitz, Leipa, Dux, Töplitz,
Aussig etc. und liefert deren eine grosse Menge, wovon die dreydrätige grosse
Stuck à 2 Fr, die zweydrätige à 1 Fr 30 xr auch 1 Fr 25 xr bezahlet, die
kurze Strümpfe aber proportionatim 25 gr. und 1 Fr und so weiter pflegen
verkaufet zu werden. An Zeigen persuadiret Osseg, denn es macht Kronrasche,
Chalons, Quinet, Mantl-Zeüg. Scott und Etaminet, doch hält es sich am
Mehristen bey dem Mantl-Zeüg auf, welcher die geschwindeste Anwehr hat,
und nimmt mehren Theils Sächsische einschürige Wolle. Die Färbereyen
seyn an beyden Örtern, sowohl zu Oberleidensdorff, als Osseg gut eingerichtet,
und die Färber selbst geschickte Leüthe.

Steinkohlen finden sich in der Gegend bey Gross-Briesen und Töplitz,
und die Anbrüche seyn nicht zu verachten. Edel-Gestein seyn in der Gebürgs-
Revier um Pürgstein, Kammnitz, Leippa, Töplitz, Geyersperg und der Orten
viele anzutreffen, wie auch Holtzsteine. Es seyn auch verschiedene Ertz-
Wercke vorhanden, sonderlich das Zinnwerck bei Graupen und Zinnwalde.
Granaten seyn in der Gegend von Dlasskowitz zu finden doch mehristen
Theils kleine Gattungen. Marmel und andere Steine, so zum Bauen, zum
Mühlweesen gebrauchet werden, seyn indem am Kreyss bey Tetschen anzu-
treffen. Die besten Pappiere werden in diesem Kreyss gemacht, sonderlich zu
Bensen, und eine grosse Quantitaet von denen Ordinari-Sorten gehet nach
Sachsen, besonders was Fliess-, Lösch- und grobes Pappier heisset.

Glasshütten seyn verschiedene aus Mangel genugsamen Holtzes eingegangen, andere aber wiederum in jenen Gegenden, wo man mit dem Holtz
besser zu oekonomisiren beflissen gewesen, wiederumb erhoben worden. Die
Graf Kinsky'sche Herrschafft Bürgstein hat zu Verfertigung deren Spiegeln
ein eigenes Spiegel-Schleif-Werck angeleget, auch eine Schmeltz-Fabrique von
Glass errichtet, welche mit der Zeit, wenn Alles zu Stande kommen ist, grossen
Nutzen dem Lande bringen wird.

Dieser Kreyss comerciret am stärckesten mit Sachsen, allwohin er seine
Naturalia und sonderlich Holtz und höltzerne Producta hinzuführen und zu
versilbern pfleget, davor aber zum Theil baumwollene Gespunsten, Türkische
Garn, Zwirnene Manufacta, Seiden und allerhand Armata und Material-
Waaren zurückzubringen pfleget.

5) Kaysl. Königl. Stadt Prag.
Pragerische Manufacturen.

Wie weit es in denen 3 königl. Prager Städten mit denen Fabricaturen
allerley Gattung kommen sey, solches zeigen die anliegende Proben von gold-
und silberne Borden und Spitzen, Seiden-Arbeit, wollenen Waaren und anderen Sachen, ohne deren Galanterien zu gedenken, welche da und dort von
geschickten Meistern und Künstleren fabriciret werden.

---

[1] Ueber Oberleutensdorf und seine Tuchfabrik vergleiche den Aufsatz Schlesinger's in den
Mittheilungen des Vereins für Geschichte der Deutschen in Böhmen, III. Jahrg., 5. Heft,
S. 133—146, worin auch auf den vorliegenden Bericht Bezug genommen ist.

Man hat in verschiedenen Haubtstücken schon gutte Progressen gemacht, und die Vollkommenheit wird sich durch fortsetzende Übung nach und nach auch einfinden, sonderlich wenn man denen Werckmeistern die Kunstgriffe anderer Fabricanten gleicher Gattung entdecken oder Ihnen gute Maass- und Verhaltungs-Reguln vorlegen und auf die Examinir- und Beschauung der Waare fürsorgen wird, worinnen man nur den französischen Ministre Colbert in puncto der Reformation deren frantzösischen Manufacturen imitiren darf.

Umb nun eine kurze Beschreibung von der Beschaffenheit deren Pragerischen Fabricatorum vor Augen zu legen, so zeigen sich zuvorderist die hier zu Prag verfertigte gold- und silberne Borten, Spitzen und Tressen unterschiedlicher Desseins, worunter sonderlich die Boreschoinische den Vorzug behalten. Dieser Boreschein ist mehr ein Verleger als ein Fabricant, maassen er 10 Possamentirern zu arbeiten giebt, das Arbeitslohn zahlet, und sonach die Waare verschleisset; er unterhält zu diesem Ende 4 Spinnmühlen in seinem Hause. Kern und Diringer thun desgleichen, und bemühen sich gute Desseins zu überkommen und selbige denen Fabricanten vorzulegen. Denen silbernen Borten fehlet die helle Weisse, denn sie schlagen mehr in das Blauliche hinein, weshalben darauf fürzusinnen sein wird, umb damit die Manipulation deren Leipziger, als welche ihre Borten recht in das schöne Weisse hineintreiben, imitiret werden möchte. Die Leonische Borten-Fabrique hat grossen Abgang; da jedoch der Eigenthümer derselben mit denen erforderlichen Mitteln nicht versehen ist, umb sich die Materialia und Instrumenta in genugsamer Anzahl und zu rechter Zeit zu verschaffen, so wird das Werck nur alla minuta betrieben. Weshalben wohl zu wünschen wäre, dass der Proprietarius sich mit Jemandem accompagniren möchte, umb die Vermögenheit zu überkommen, diese Fabricatur, wovon sehr Vieles von Freyberg auss Sachsen und von Nürnberg in die Böhmische Erbländer eintringet, all ingrosso besorgen zu können; zumahlen dermahlen so viel nicht gemacht werden kann als verlanget wird.

Die Seiden-Manufacta seyn ausser denen Bändern, Tücheln und Strümpfen ebenfalls lauter Minutien, indem die Fabricanten wegen Armuth etwas Grosses zu unternehmen und auf Hoffnung des Debits zu verfertigen unvermögend seyn. Viele von diese Fabricanten seyn der Liederlichkeit sehr ergeben und haben zu Zeiten die ihnen zur Verarbeitung gegebene Seiden versetzet und verkaufet, wodurch sie dann ihren gutgearteten Mitmeisteren einen üblen Ruf zugezogen und sie creditlos gemacht haben. Der beste unter ihnen ist, sowohl was die Redlichkeit als auch den Gusto und die Fabricirungs-Art betrifft, ein gewisser Grund, welcher aber wie schon oben gesagt nichts Grosses zu betreiben vermag, sondern nur bey denen Bestellungen verbleiben und die Seiden zuvor von denen Bestellern empfangen muss, ehe er zu einer Arbeit schreiten kan, weshalben er denn mehristen Theils zu Handen deren Juden arbeitet. Eben so ergehet es auch dem Fabricanten Rosengartten und dem Johann Wenker. Beyde seyn wohlverhaltene Leute, und der Erstere kan nicht so viel fördern als verlanget und gesuchet wird; weilen aber Beyde von geringen Mitteln und ohne Verlag seyn, so können sie mehr Stühle nicht ansetzen. Und diess ist überhaupt eine deren grössten Beschwerlichkeiten für die Prager Manufacturisten, weilen es hier an rechtschaffenen Kaufleuthen, so denen Arbeiteren einen Verlag geben und die Fabricata sofort abnehmen, gebricht, der Jud hingegen den Fabricanten sehr hart zu halten oder schleiderische Waare, welche nach diesem mit sambt dem Arbeiter in Discredit fallet, zu bestellen pfleget.

Um auf die Seyden-Färberey zu kommen, so seyn zwar 3 Färbere vorhanden, jedoch behält vor allen der Voppa, ein Italiäner, den Vorzug. Dieser Mann hat gute Nahrung und färbet nicht übel, nur allein die blaue und grüne Farbe renssiret nicht wohl, welches von ihm dem Wasser zugeschrieben wird. Das gantze Seidenwesen verdienete wohl eine mehrere Aufmerksamkeit und sonderlich eine Ueberlegung, wie man denen Fabricanten die Seiden in minderem Preiss als sie selbige dermahlen von denen Juden und aus Leipzig nehmen müssen, verschaffen könne. Worzu Vieles beytragen würde, wenn ad exemplum, wie es der Commercial-Consess vor einigen Jahren gethan hat, ein Wienerischer Kaufmann oder Niederläger hier in Prag eine Affter-Niederlage errichten möchte, maassen an einen guten Debit bey so beträchtlicher Fabricirung deren Strümpfe, Tücheln, halb und gantz seidenen Zeugen nicht zu zweifeln ist. Was die Kernische Woll-Fabricata betrifft, so zeigen sich in der Muster-Karte zuvörderist die Tücher, so dieser Kaufmann Niklas Kern hier zu Prag verfertigen und bey dem hiesigen Schönfärber färben lasset. Nechst dem unterhält er auch verschiedene Zeug- und Strumpf-Weeber-Stühle, auch eigene Kammsetzer, welche er verleget, und die Fabricata theils all ingrosso, theils im Gewölbe unter dem Ausschnitt verkaufet; der Waare ermangelt Nichts als die Wohlfeile, welche diesem sonst sehr gut pro Publico et Commerciali gesinnten Negocianten schon offt rekommandiret worden.

Unter denen Zeug-Arbeiteren in Prag ist der Daniel Sieber einer deren geschicktesten, welcher nebst unterschiedlichen Zeug-Sorten, auch das Beutel Tuch fabriciret und mehristen Theils zu Handen des Juden Neustädtl arbeitet.

Letztlichen zeigen sich auch die hiesige Spinnhaus-Manufacturen, welche gute Anwehr haben, sonderlich was die Friess und Flanellen betrifft. In puncto der dortigen Gespunst hat man den Vorbedacht genommen, eine perpetuirliche Schule so wohl von Flachs als Woll-Spinnern zu unterhalten, dergestalt dass die Neulinge immerfort von denen Alten abgerichtet und dieses Exercitium continuanter betrieben wird. Und nachdeme nun auch die kniegestrichene Gespunst dort eingeführet worden, so hat das Haus davon den Nutzen, dass es die sortirte und zu verschiedenen Zeug-Sorten taugliche Woll-Gespunst denen Zeug-Machern mit gutem Profit verkaufet.

Die dortige Fabricata bestehen in Kotzen verschiedener Gattungen, sonderlich nach Augspurger Art, wovon jene Sorte per 3 Fr dermahlen die grösste Anwehr findet, Mondur-Strümpfen, seidenen Decken, Boyen, Friess, Flanellen, flachsene und wollene Garnen, welche 2 letzte Capi bis dato ohnverarbeiteter verkauft werden.

Diese Hausarbeit unterhält dermahlen 164 Personen, jedoch wird auch der Gewinn von dem Salitersieden, Holtzschneiden und Handlanger-Arbeit bey dem königl. Schloss mit darzu gerechnet, worvon die Holtzschneiderey sehr beträchtlich ist und den Vortheil dem Publico zu Wege gebracht hat, dass die Stadt-Holtzschneider jetzo auch wohlfeiler arbeiten und fleissiger denn zuvor seyn.

Unter denen Revers-Boyen befindet sich ein Muster von Spanischer Wolle, welches recht wohl ausgefallen und preiswürdig ist.

Ausser obrecensirten Fabricaturen befinden sich noch verschiedene andere, als Degen-Gefäss, Stock-Knöpfe, und allerhand Galanterien worinnen die Pragerische Fabricanten sehr weit gekommen seyn, welche aber im Preyss noch nicht fügen und dahero auch mühsamer anzubringen seyn.

Jedoch Alles perfectioniret die Zeit, und von dieser ist zu hoffen, dass wenn nur die materia prima leichter zu erkaufen, das kostbahre Meister- und Ladengeld abgestellet und das Gesellenlohn besser reguliret seyn wird, auch dieses Gebrechen aufhören werde.

b) Aus den Haugwitz-Procop'schen ‚Reflexionen'.

De §. 347 usqu. ad finem Relationis werden endlich die besuchte Böhmische Fabriquen, und was man daselbst gesehen, kürzlich berichtet:

1mo dass das in Comutau verfertigt werdende schöne Berliner Blau, worauf noch die Verschleisse ermanglen, verdienet, dass alle Einfuhr des Ausländischen gänzlich verbothen werde.

2do Die Oberleutmansdorfer Tuch-Fabrique ist ein vollkommenes Werck und könnte die Schule der Tuchmacherey abgeben. Sehr rühmlich hiebey ist, dass alle Arbeit bis auf den Appretirungs-Meister durch Innländer geschiehet. Man findete hierbey nichts zu erinneren, als dass noch auf eine mehrere Wohlfeilkeit, wie auch die Ausbreitung in quanto, der Bedacht zu nehmen wäre, so unter anderen dardurch sonder Massgeben bewürcket würde, wann andere erbländische Meistere daselbst in dem modo manipulandi unterrichtet werden sollen, wo dan die Menge der Arbeitenden auch die unfehlbare Wohlfeilkeit, absonderlich bey Privat-Meistoren, welche mancherley Spesen, die eine aufgestelte Fabrique hat, nicht unterworffen sind, nach sich ziehen würde.

3tio Die bekannte Duxer Strümpf sind besser als alle ausländische dergleichen wollene Sorten, und würden also auf denen Leipziger Messen gewislich gute Anwehr finden.

4to Werden die Ursachen angeführet, warum Prag ungeacht seiner guten Situation in der Handlung nicht recht über sich kommen könne. Eine genauere Beurtheilung dieser Sache würde auch eine gründliche Untersuchung erfordern, dessentwegen man sich hierüber nicht zu äusseren vermag. Die aldortige Leder- dann Leonische Borten- und Spitzen-Fabrique scheinen ein grösseres Verlags-Capital nöthig zu haben. Die Hut-Fabrique derer Compagnie Söbeck und Keffenhüller aber ist stärcker, und soll auch an Verschleissen keinen Mangel haben. Bey dem Pragerischen Zucht-Haus findete man lediglich zu bemercken, dass dieweilen es das einzige in dem ganzen Königreich ist, das Unterkommen viel zu klein und eingeschränckt seye.

5to Die Kladruber[1] Tuch-Fabrique ist noch nicht in vollständigen Stand, und mit der Oberleutmansdorfer keinesweges zu vergleichen. Der Entreprenneur Beloux jedoch scheinet ein sehr geschickter Mann zu seyn, der

---

[1] Kladrub im Bezirke Pardubitz. Ueber die Tuchfabrik vgl. Sommer, Böhmen, V., 59.

lediglich ein Magazin von Spanischer Wolle wünschet, und sodann eine namhafte Quantität von Londres Seconds zu erzeugen erbietig ist.

6to Die Heralezer[1] Flanell-Fabrique ist in guten Stand und an denen Qualitäten nichts auszustellen, mit denen Preisen aber kan man es denen Hamburgern noch nicht gleich thun. Der Meister daselbst sticht die Kupfer-Platten zum Drucken und verstehet auch die Tractirung deror Calcas mit denen chymischen Farben. Ausser dem nun, dass die feine Woll-Spinnerey auf Sächsischen Rädln eingeführet ist, so findet man auch die Erzeugung der einschurigen Wolle, des Camelhares, dann der Röthe und Weide eingeleitet, eine Bleiche angeleget, und die feine Flachs-Gespünst auf einen besonderen Grad getrieben, beynebens die erforderliche Röthe-, Schneid-, Stampf- und Mahl-Mühle in einem Werck, dann einen Stampf zu Halb-Raschen, Ganz-Raschen und Leinwanden, wie auch eine Wasser-Mangel angeleget, dass also von diesen Dispositionen verschiedene Nuzbarkeiten zu hoffen sind.

7mo Zu Neu-Schloss[2] die Manipulation der dortigen Bleichen zu sehen, ware ausser der Jahres-Zeit, man hat indessen die Bleich-Plätze, Bleich-Hütten, Walcke, Mangl etc. gesehen, und Jenes bemercket, was allschon in der Relation beschrieben worden, ausserdem man kein Weiteres hier beyzurücken findet.

---

[1] Heralec, östlich von Humpolec im Bezirke Deutsch-Brod.
[2] Im Bezirke Böhmisch-Leipa.